为中华崛起传播智慧

To disseminate intelligence for the rise of China

中国战略性新兴产业研究与发展

R&D of China's Strategic New Industries

工程机械

Construction Machinery

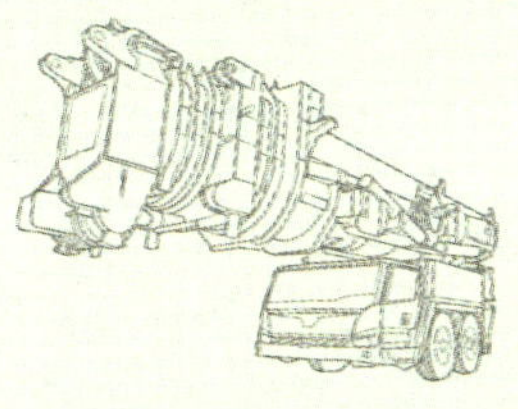

中国工程机械工业协会 组编

茅仲文 主编

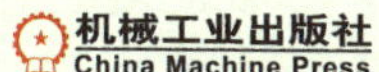

本书对我国工程机械行业的发展目标、发展思路、发展战略、发展政策等进行了全面、系统的分析研究，对产业发展和目前的瓶颈问题提出了具有指导意义的建议。本书分13章，第1~3章主要对工程机械的定义、类组划分、产品特点、发展回顾与现状进行了阐述；第4~5章对我国工程机械进出口贸易，以及利用外资情况进行了深入地分析；第6~11章研究分析了国际工程机械的发展情况及趋势，提出了我国工程机械行业的发展战略和发展目标，并介绍了一些目前我国正在进行和推进的基础性研究工作；第12章介绍了我国工程机械行业的国际化战略及重点企业；第13章提出了发展我国工程机械行业战略性新兴产业的政策性措施建议及企业发展战略提示。

本书将普及性、科学性有机地统一起来，既具有一定的思想和理论深度，又具有浅显易懂、实用的特点，既适合各级政府和行业决策机构制定政策和法规、学术研究机构规划研究方向参考，也适合企业决策者，技术、管理及市场人员，以及投资、证券行业及咨询机构的人员在规划、投资、研究、项目实施中使用。

图书在版编目（CIP）数据

中国战略性新兴产业研究与发展．工程机械/茅仲文等主编．-北京：机械工业出版社，2013.4

ISBN 978-7-111-41919-8

Ⅰ.①中…　Ⅱ.①茅…　Ⅲ.①新兴产业-产业发展-研究-中国②工程机械-机械工业-产业发展-研究-中国　Ⅳ.①F121.3②F426.4

中国版本图书馆CIP数据核字（2013）第083576号

机械工业出版社（北京市百万庄大街22号　邮政编码100037）
责任编辑：王亚水　王海霞　责任校对：陈延翔
北京画中画印刷有限公司印制
2013年5月第1版第1次印刷
170mm×242mm·20.44印张·355千字
标准书号：ISBN 978-7-111-41919-8
定价：158.00元

凡购本书，如有缺页、倒页、脱页，由本社发行部调换

电话服务	网络服务
社服务中心：（010）88361066	易览网：http://www.mepfair.com
销售一部：（010）68326294	机工官网：http://www.cmpbook.com
销售二部：（010）88379649	机工官博：http://weibo.com/cmp1952
读者购书热线：（010）88379203	**封面无防伪标均为盗版**

《中国战略性新兴产业研究与发展》

编委会

《中国战略性新兴产业研究与发展·工程机械》

执行编委会

主　　编　茅仲文

撰 稿 人　苏子孟　茅仲文　沙宝森　王长江

张金兴　王金星

《中国战略性新兴产业研究与发展》

编委会办公室

主　　任　郭　锐（兼）

副 主 任　李卫玲

成　　员　赵　敏　张珂玲　李　晶

序言

全球金融危机和经济衰退发生以来，美欧日俄等各国为应对危机、复苏经济、抢占未来发展的先机和制高点，都在重新审视发展战略，不断加快推进“再工业化”，培育发展以新能源、节能环保低碳、生物医药、新材料与高端制造、新一代信息网络、智能电网、海洋空天等技术为支撑的战略性新兴产业，在全球范围内构建以战略性新兴产业为主导的新产业体系。力图通过新一轮的技术革命引领，重新回归实体经济，创造新的经济增长点。这已成为很多国家摆脱危机、实现增长、提升综合国力的根本出路。可以预计，未来的二三十年将是世界大创新、大变革、大调整的历史时期，人类将进入一个以绿色、智能、可持续发展为特征的知识文明时代。那些更多掌握绿色、智能技术，主导战略性新兴产业发展方向的国家和民族将在未来全球竞争合作中占据主导地位，赢得全球竞争合作，共享持续繁荣进程中的主动权和优势地位。

为应对金融危机和全球性经济衰退以及日趋强化的能源、资源和生态环境约束，以实现中国经济社会的科学发展、和谐发展、持续发展，党中央、国务院提出加快调整产业结构、转变经济发展方式，加快培育和促进战略性新兴产业发展的方针，出台了《国务院关于加快培育和发展战略性新兴产业的决定》以及相关政策举措。可以肯定，未来5~10年将是我国结构调整与改革创新发展的一个新的战略机遇期，将通过继续深化改革，扩大开放，提升自主创新能力，建设创新型国家，实现我国科技、产业、经济由大变强的历史性跨越，我国经济社会发展将走出一条依靠创新驱动，绿色智能，科学发展、和谐发展、持续发展之路，实现中华民族的伟大复兴。

展望未来，高端装备制造、新能源汽车、节能环保、新一代信息技术、生物医药、新能源、新材料、绿色运载工具、海洋空天、公共安全等全球战略性新兴产业将形成十数万亿美元规模的宏大产业，成为发展速度最快，采用高新技术最为密集，最具持续增长潜力的产业群落。战略性新兴产业的发展需求也将拉动技术的创新突破和产业的结构调整，为包括我国在内的全球经济发展注入新的强大动力。

在世界各国高度重视培育和发展战略性新兴产业的新形势下，编著一套《中国战略性新兴产业研究与发展》图书，借鉴国外相关产业发展的成功经验，对行业发展思路、发展目标、发展战略、发展重点、投资方向、政策建议等方面进行全面、系统研究，凝聚对战略性新兴产业内涵和发展重点的认识，为国家战略性新兴产业发展规划的顺利实施，以及政府和有关部门制定促进战略性新兴产业发展的相关政策和法规提供参考，具有十分重要的现实意义。

《中国战略性新兴产业研究与发展》系列图书一期包括12个分册，对相应产业的阐述、分析均注重强调战略性新兴产业的六个主要特点：

一是**绿色**。战略性新兴产业属于能耗低、排放少、零部件可再生循环的“环保型”“绿色型”产业，无论从产品的设计、制造、使用，还是回收、再利用等整个生命周期的各个环节，对资源的利用效率与对环境的承载压力均要求达到最理想水平。

二是**智能**。新型工业化要求坚持以信息化带动工业化、以工业化促进信息化，即要实现“两化融合”。而“两化融合”决定了智能是未来产业尤其是战略性新兴产业的发展方向。所谓智能，是指制造过程的智能化、产品本身的智能化、服务方式的智能化。这些均是智能的最基本层次，它还具有其他更为丰富的内涵。如：智能电网，通过先进的传感和测量技术、先进的设备技术、先进的控制方法以及先进的决策支持系统技术的应用，可实现电网的可靠、安全、经济、高效、环境友好和系统安全等方面的智能；智能汽车不只是安全智能，还包括节能、减排、故障预警等方面的智能。

三是**全球制造**。随着全球化趋势不断深化，战略性新兴产业的发展成果也必将是由全人类共创共享。新产品的研制开发，不再由一个企业独自完成，需要集成各方面优势资源共同解决。例如iPhone在中国完成装配，但它的设计、研发以及许多零部件的供应都是在美国、日本、欧洲等国实现的，其本身就是一个全球化的产品。因而，未来的制造必然是全球化制造、网络化制造。

四是**满足个性化需求与为更多人分享相结合**。目前中国有13亿人口，印度有12亿人口，还有巴西、印度尼西亚等新兴国家、发展中国家也都要实现现代化。在全球如此规模庞大的人群中，既存在富裕阶层、高消费阶层，他们的消费需求是个性化、多样化的；又有占比较大的中产阶层、贫困人口，他们的消费需求是基本层次的，但也不能被忽视。两种类型的消费需求必须同时被满足，这不仅是构建和谐社会的需要，而且是构建和谐世界的需要。因此，我国发展战略性新兴产业，应该既要满足中高端个性化的需求，同时又要满足我国与其他发展中国家广大普通消费者的需求。要把个性化的设计、个性化的产品生产，与规模化、工业化的传统生产结合起来，不能完全抛弃传统的规模化生产方式。

五是**可持续**。要使有限的自然资源得以有效、可持续利用，发展利用可再生资源、能源，强调发展再制造、循环经济。无论是原材料使用，还是零部件制造，从研发、设计之初就考虑到了生产中的废料、使用后的遗骸的回收处置，使其能够重新得到循环利用。

六是**增值服务**。培育发展战略性新兴产业需要注意在设计制造过程中与产品售后、使用过程中提供相关增值服务。不应再局限于传统的观念，只注重制造本身，而不注重服务的价值。例如，发展电动汽车产业，必须首先解决好商业模式问题，包括充电桩建设、电池更换、废旧电池回收等服务方面，否则将无法广泛推广。

《中国战略性新兴产业研究与发展》系列图书内容丰富，资料翔实，观点鲜明，立意高远，并力求充分体现出“四性”，即科学性、前瞻性、指导性和基础性。

第一，体现**科学性**。所谓科学性，就是指以科学发展观为指导。科学发展观的核心是以人为本，总体目标是全面、协调、可持续，基本方法是统筹兼顾，符合客观规律。《中国战略性新兴产业研究与发展》系列图书既要能够为党中央、国务院提出的加快发展战略性新兴产业的总体战略服务，又不应受到行业、部门的局限，更不能写成规划或某些部门规划的解读材料，而应能够立足于事物客观规律、立足于全局。各分册编写组同志重视调查、研究，力求对国情、科技、产业及全球相关产业的发展态势有比较准确的把握，努力为我国战略性新兴产业的发展提供一本基于科学基础的好素材。这套图书立足基于我国国情，而不是简单地把发达国家的相关产业信息进行综合、编译，照搬照抄。当然，我国发展战略性新兴产业不能“闭门造车”，而是要坚持开放性，积极参与国际分工合作，充分利用全球优势资源，提高发展的起点和水平。因而，有必要参照国际成功经验与最新发展趋势，但一定要以我国国情和产业特点为根本出发点，加快培育和发展有中国特色的、竞争能力强的战略性新兴产业。

第二，体现**前瞻性**。一是能够前瞻战略性新兴产业的发展，因为这套图书是战略性新兴产业的发展指导书。二是能够前瞻战略性新兴产业技术的发展。为了做好这两个前瞻，必须要适当地前瞻全球经济、我国经济与战略性新兴产业发展的趋势。只讲发展现状是不够的，因为关于现状的资料很多，通过简单地网络搜索即可查到；也不能只罗列国外的某些规划和发展战略。《中国战略性新兴产业研究与发展》系列图书的编写注重有深度的科学分析与前瞻性的研究。

第三，体现**指导性**。《中国战略性新兴产业研究与发展》系列图书本身就是指导书，能够对产业、对技术、对国家制定政策，甚至在未来国家发展战略与规划的制定等方面发挥一定的引导作用与影响。虽然不能说这套图书可以指导国家战略与规划的制定，但是应该努力发挥其积极的引导作用。

第四，体现**基础性**。所谓基础性，就是指要能够提供战略性新兴产业的基础信息、基础知识，以及我国和有关国家在相关产业发展方面的基本战略，主要的法规、政策和举措，并尽可能提供一些基本的技术路线图。比如在轴承分册，就描述了一个轴承产业发展的路线图。唯有如此，《中国战略性新兴产业研究与发展》系列图书才能满足原来立项的宗旨——不仅要为工程技术界、大学教师、大学生与研究生提供学习参考书，为产业界的技术人员、管理人员提供决策参照，而且要为政府部门的政策法规制定者提供参考。

机械工业出版社是具有60年历史的专业性综合型出版机构，改革开放后，随着市场经济的发展，机械工业出版社不断改革转型，不但形成了完善的编辑出版工作流程和质量保证体系，而且编辑人员作风严谨，工作创新。

《中国战略性新兴产业研究与发展》系列图书不仅是一套科技普及书，更是一套产业发展参考书，必须既要介绍国内外战略性新兴产业的发展情况，又要阐述相关政策、法规、扶植措施等内容。因此，这套图书的组编单位、编写负责人和编写工作人员必须要有相关积累和优势。《中国战略性新兴产业研究与发展》系列图书所选的分册主编和作者主要是精力充沛的业内中青年专家，并由资深专家负责相应的编审、校审工作。现在看来大多数工作由中青年同志担当，是完全符合实际的。此外，这套图书的编著还充分发挥了有关科研院所、行业学会和协会的作用，他们的优势在于对行业比较熟悉，并掌握了较为丰富的资料。

最后，特别感谢国家出版基金对《中国战略性新兴产业研究与发展》系列图书的大力支持！感谢全体编写出版人员的辛勤劳动！

期望《中国战略性新兴产业研究与发展》为社会各界了解战略性新兴产业提供帮助，期待中国战略性新兴产业培育和发展尽快取得重大突破，祝愿我国在不久的将来实现由经济大国向经济强国的历史性跨越！

是为序。

2012年2月6日于北京

前言

工程机械是装备制造业的重要组成部分，主要服务于各类建设工程项目的施工、维护及相应的机械化作业。从我国工程机械行业组建的那一天起，就奠定了该行业在国防建设和国民经济发展中的重要地位。

我国工程机械行业生产与组织管理体系组建于1961年，当时由国务院和中央军委共同决定：在原第一机械工业部组建第五局（工程机械专业局），负责发展全国的工程机械产业。为该局确定的工作方针是"以军为主，兼顾民用"，所谓"以军为主"，就是以研发生产适用于当时工程兵和铁道兵所需要的机械化施工装备为主；所谓"兼顾民用"，就是要研发生产国民经济建设中国家重点建设工程所需要的施工装备。实质上，这一方针的含义就是全面发展工程机械。

高端工程机械产品技术复杂，涉及特种原材料、特种工艺、适应恶劣工况的动力系统、电液控制的传动部件、液压技术、电子技术及信息化网络技术等。这些技术的发展和应用，与军事装备业的发展有着密切的关联度，是"平战结合"的重要产业。历史告诉我们，工程机械对赢得战争的胜利起着举足轻重的作用。在国家大型能源基地建设、国家交通干线建设、海洋工程、大型国防掩体工程等复杂的高难度施工作业中，更是离不开工程机械的支撑。因此，发展高端工程机械制造业，对国民经济和国防建设具有重要的战略意义和现实意义。

我国工程机械制造业与其他制造业相比，起步较晚，但经过各方努力和社会需求的强劲拉动，工程机械的发展从无到有、从易到难、从小到大，特别是改革开放路线的实施，使我国用了五十年的时间，就完成了发达国家百年的发展里程。如今，我国工程机械制造规模已发展成为世界排名第一的制造大国，也是世界工程机械制造业消耗钢材、能源及其他资源最多的国家。面对我国资源、环境的巨大压力，工程机械产业应在节能、降耗、环保、循环经济、绿色设计与制造技术等方面转型发展，需要从产品技术路线、创新体系、产业政策、人才战略等方面进行深入研究。

近五年来，我国工程机械本土品牌也快速地进入了国际市场，与发达国家品牌在国际市场上展开博弈。然而在这场博弈过程中，我国工程机械产业发展仍然存在诸多软肋，主要表现在产品节能与环保技术、可靠性、产品生命周期与回收再利用等方面与国际先进水平有较大差距，这就是战略性新兴产业发展亟待解决的问题。

自2008年国际金融危机爆发以来，又引发美国次贷危机和欧洲诸国主权债务危机，给世界经济复苏蒙上了阴影。这种因历史原因逐渐形成的主权债务和次贷危机，短期内难以缓解，发达国家将面临经济改革和转型发展的选择，回归实体产业、创造新的经济增长点势在必行，从而诱发国际工程机械产业格局进入新一轮洗牌。我国工程机械产业发展将往何处去，方向在哪里？为适应新形势下的发展模式，需要有战略性的远见卓识。

《中国战略性新兴产业研究与发展·工程机械》的编写，就是要探讨我国工程机械产业在新形势下的发展思路。其目的就是：一是要尽快推进关键核心与基础技术的突破，确立高端制造技术的自主知识产权，变中国制造为中国创造，打造多个国际知名品牌，进入国际品牌寡头行列；二是要培养和发展20多家国际化企业，实现我国工程机械由制造大国向制造强国的转变，使产品的节能、降耗、减排、生命周期等指标进入国际先进行列；三是要关注和分析国际工程机械产业格局，分析国际工程机械各产业基地的优劣势环境与资本流向，从而制定长远的发展战略。

《中国战略性新兴产业研究与发展·工程机械》的编写，也是为了促进各级政府、基层单位及广大群众对工程机械战略性新兴产业的关注力度，为国家战略性新兴产业发展规划的顺利实施提供系统指导，统一各级机构对战略性新兴产业内涵和发展重点的认识，为政府、行业管理机构统筹布局战略性新兴产业提供建议，为制定战略性新兴产业相关政策和法规提供参考依据，为企业投资提供发展导向，开阔视野，提高认识。这是一项目的、意义、针对性很强的工作。

根据《中国战略性新兴产业研究与发展》编委会主任路甬祥副委

员长的要求，本套编写，图书内容要丰富，资料翔实，观点鲜明，立意高远，充分体现“四性”，即科学性、前瞻性、指导性和基础性。但由于编者经验不足，水平有限，书中难免存在缺陷和不足，恳请广大读者不吝赐教，指出错误，提出建议。

2012 年 6 月 26 日

编写说明

《国务院关于加快培育和发展战略性新兴产业的决定》确定了我国未来经济社会发展的战略重点和方向是战略性新兴产业，并且根据我国国情和科技、产业基础，又制定出现阶段重点发展节能环保、新一代信息技术、生物、高端装备制造、新能源、新材料、新能源汽车七大新兴产业。可见，未来5~10年七大战略性新兴产业将是国家重点支持、大力推广的产业。

为了使大家全面理解、准确把握、深刻领会国家这一战略决定的精神实质，了解其发展内涵，推动产业结构升级和经济发展方式转变，增强国际竞争优势，抢占新一轮经济和科技制高点。机械工业出版社在国家出版基金的支持下，组织各领域权威专家编写了一套《中国战略性新兴产业研究与发展》（以下简称《研究与发展》）图书。

《研究与发展》以国家相关发展政策和规划为基础，借鉴国外相关产业发展的成功经验，对产业发展思路、发展目标、发展战略、发展重点、投资方向、政策建议等方面进行了全面、系统的研究；对前瞻性、基础性和目前产业上有瓶颈限制的问题提出了有针对性的对策。

《研究与发展》采用分期分批的出版方式陆续出版发行，第一期出版的分册包括太阳能、风能、生物质能、智能电网、新能源汽车、轨道交通、工程机械、水电设备、农业机械、数控机床、轴承和齿轮。今后根据国家产业政策要求及各行业的发展情况还将陆续推出其他分册。

为了出版好《研究与发展》，机械工业出版社成立了《中国战略性新兴产业研究与发展》编委会，全国人大常委会路甬祥副委员长担任编委会主任。路甬祥副委员长对该套图书的编写高度重视，亲自参加编委研讨会，多次提出重要指导意见。他从图书的定位、内容选材、作者队伍建设和运作流程等方面都给予了全面和具体的指导，并提出了“六个特点”和“四性”的具体要求。

机械工业出版社还建立了完善的项目管理、编写组织、出版规范和网络支撑四个方面的工作体系来保证图书质量。各组编单位投入了大量的精力组织行业权威专家规划内容结构、研讨内容特色；参与图书编写的主创人员也不计报酬，自觉自愿地把自己的聪明才智和研究成果奉献给社会，奉献给国家。他们都担负着繁重的科研、教学、行业管理或生产任务，为了使此书能够早日与大家见面，他们不辞辛苦、加班加点。因为他们都有一个共同心愿——帮助企业快速成长，使中国由大变强。

在此，衷心地感谢为此项工作付出大量心血的组编单位、各位专家、各位撰稿人、编辑出版及工作人员！

尽管我们做了大量工作，付出了巨大努力，但仍难免有疏漏或错误之处，敬请读者批评指正！

《中国战略性新兴产业研究与发展》编辑部

2012年6月

CONTENTS 目录

第1章

工程机械的定义、类组划分及产品技术特点

我国工程机械行业管理系统自1961年4月24日宣告成立起，五十多年来几经变革，对工程机械的定义、产品范围、名称等的认定不够统一，某些产品划分与其他行业管理有交叉，造成在工程机械行业发展初期对其定义、产品范围、名称等存在着模糊概念，统计口径至今不清晰。2010年12月，《中国工程机械行业志》的正式出版，将工程机械的定义和产品范围进行了初步确认。为进一步明确工程机械的定义和产品范围，中国工程机械工业协会组织各分支机构，对工程机械的定义和产品范围进行了论证，于2011年6月1日颁发了《工程机械定义及类组划分》（GXB/TY 0001—2011）的协会标准，供工程机械的生产、管理、科研、教学、使用和维修者参考使用。

1.1 工程机械的定义

1. 工程机械的使用范围

根据国内外工程机械发展历史，各国工程机械的使用范围基本相同，主要用于土方工程、石方工程、流动起重装卸工程、人货输送工程和建筑工程的机械化施工与维护。

土方、石方工程种类繁多，而且土方与石方工程往往交叉出现，同一建设地点一般既有土方工程又有石方工程施工。土方、石方工程有两种基本形式，即挖方和填方：所谓挖方，是指在建筑地点将多余的土方和岩石挖掉，或在某地取土、取石待使用，在建筑物基础、山体隧洞、掩体工程、地铁隧道、水利疏浚、露天矿山建设初期表土的剥离工程等中，大部分为挖方工程；所谓填方，是指在建设地点施工时，要从别处运来土方或石方进行填充，将地面构筑得适合建筑设计的要求。道路修建过程中的路基平整工程中，则既有挖方又有填方。

石方与土方工程的不同之处，除了挖、填方的设备性能有区别外，其石料采掘与加工、碎石等工程所涉及的装备也比土方工程多，如凿岩机械、钻孔钻车、岩石掘进切削装备、冲击器、石料破碎筛分系列装备等。

人货输送工程包括垂直、水平、倾斜、堆垛四种基本形式，主要装备有电梯、扶梯、水平输送机、叉车及各种搬运机械等。

建筑工程的范围非常广泛，除房屋建筑和市政建设以外，还包括公路、铁路、地铁、机场、桥梁、水坝、港口、隧道及输送管线、旧城改造等各种基础设施建设工程，其几乎需要所有工程机械进行配套施工。

建筑工程的机械化施工与维护，是指在构筑物建设与维护过程中，为了保障作业安全、大大提高人工效率及保证施工质量所需要的各种机械化施工装备。人在工作中只是负责操作、管理设备，起辅助作用。综合机械化水平越高，使用人力就越少，效率就越高，越可降低施工成本，缩短工期。

2. 工程机械的定义

根据上述工程机械的使用范围，经过长期生产实践，社会各界对“工程机械”这一名词逐渐形成了统一的基本概念，对什么是工程机械达成了共识。

工程机械的定义是：凡土石方工程，流动起重装卸工程，人货升降输送工程，市政、环卫及各种建筑工程，综合机械化施工以及同上述工程相关的生产过程机械化所应用的机械设备，统称为工程机械。

国际工程机械制造业，在20世纪90年代以前主要集中在美国、德国、日本等发达国家，但涵盖的产品范围及行业名称略有差异：美国和英国称之为建筑与设备机械（Construction Machinery and Equipment），德国称之为建筑机械与装置，日本称之为建设机械，前苏联和东欧各国称之为建筑与筑路机械。我国工程机械制造业与上述国家相比，还包括铁路线路工程机械、场内搬运工业车辆、凿岩机械与风动工具、建筑装修机械、电梯及军用工程机械等。因此，在对国际工程机械产业发展规模和产业结构进行分析比较时，要区分分析比较的口径，相关产品类型要对号入座，这样才能作出正确判断。

1.2 工程机械类组划分

工程机械产品类、组划分及系列型谱的标定是在行业发展中不断完善的，早在1987年编写的《中国建筑机械四十年》和1998年编写的《中国工程建设机械五十年》大型文集中，对工程机械的行业名称、产品类、组划分都做过不同的明确表述，阐述了中国工程机械行业所包括的产品范围、分类及相关企业和产品的发展情况，对指导行业发展起到了一定作用。近十年来，随着我国工程机械产业的高速发展，产品门类不断补充，品种繁多，有些产品分类属性模糊，因此，根据当前行业发展与管理的需要，将工程机械产品类、组划分及系列型谱进一步统一、补充、完善，并于2011年上升为行业协会标准《GXB/T Y0001—2011》，以统一认识，便于管理。在本标准中，将工程机械行业产品划分为20大类，其中主机产品有19大类、109组、450种型式、1090多种系列产品；工程机械配套件，针对不同机种型式多样，本标准中只列出部分常用零部件。工程机械产品分类、组别、型式及系列产品名称详见附录A工程机械类别、组别、型式、产品系列名称划分。

1.3 工程机械产品的技术特点

为适应在不同的地理环境中和气候条件下使用，满足不同的施工作业要求，保证施工人员安全，实现对环境的绿色保护，工程机械各类产品都具有鲜明的技术特征。

1. 具有广泛的适应性

工程机械的作业环境极其复杂，需要适应从赤道至两极不同纬度地区的自然条件，从海滨、水下到高海拔地区的不同地理条件及其他高危环境（如抢险救灾、消防、防化学等）的施工与作业要求。因此，工程机械的作业性能既要耐高温、耐潮湿、耐腐蚀，又要适应沙漠地区的风沙与干热及高海拔地区高寒缺氧的恶劣环境；既要能上天（高空作业机械），又要能入地（地下开挖及施工机械），软（松软沼泽地）、硬（坚硬冻土带）均要达到作业要求；城市施工中更要求使用低噪声、少排放、灵活机动高效的施工装备，军工作业则要求快速反应能力等。这些要求给工程机械产品的研发与制造造成了很大的技术压力。

2. 要求适应恶劣的作业工况

工程机械的主力机型，如挖掘机、推土机、装载机、平地机、全地面起重机、盾构机及军用工程机械等，是在机体运行中完成作业过程的，需要有坚固的行走底盘和回转装置等机构；其作业对象有土方、石方、水泥和沥青混凝土等各种物料，工作条件恶劣多变，设备受力复杂，振动和磨损剧烈。因此，底盘与工作装置常处于满负荷和瞬间超大负荷工作状态，结构变形常常以弹性负荷方式破坏，要求在设备转移时有良好的越野性能。这些工况状态给工程机械的配套零部件，包括发动机和液压件提出了苛刻的技术要求。

3. 品种系列繁多，型号级别幅度宽

工程机械有 20 大类，共 109 组、450 型式、1 090 多种基本系列产品，上万种产品规格。对于同系列产品，如挖掘机的规格，其单斗容量范围为 0.01 ~ 168m^3；机重小的只有几千克，大型产品机重则超过 1 000t。这给产品的技术研发和生产组织带来了极大困难。

4. 研发人员的人才培养难度大

由于工况条件复杂，一台机械要配多种工作装置，甚至要对底盘进行改造，产品研发必须要了解施工工艺，对研发人员的技术水平要求高，因此人才培养难

度大。

5. 对配套动力装置有特殊要求

工程机械有内燃机、电动机、发电机与电动机组及空压机等多种动力源。要求配套动力装置能满足在低速大转矩工况下长时间运转、载荷与速度变化频繁、变工况连续运行及突破载荷等要求，具备转矩储备功能和一定的调速范围。在特殊环境，如高压、高寒与高温条件下，配套动力装置既要具有适应缺氧和高、低温的运行功能，又要承受运行过程中的振动、扬尘、日晒等恶劣工况。

6. 要有可靠的安全防护装置

为保证工程机械在各种施工现场安全作业，应对各种意外危险事故，必须配有周密的安全防护装置。为保证各类施工现场的安全作业，欧盟对工程机械安全防护装置的设计都有详细的要求和相关标准，我国工程机械产品出口欧盟市场往往会遇到这种壁垒。

7. 不同机种的配置成套性

在大型建设工程施工和生产作业过程中，要求不同的工程机械机种合理联合施工和作业，以便提高工作效率、缩短工期、降低成本、提高经济效益。工程机械成套性包括成套连续生产（施工）设备和多机种工程机械联合作业两种情况。

采用成套连续生产（施工）设备，如生产率为400～700m^3/h的斗轮挖掘机成套设备、生产率为1 500～2 000m^3/h的斗轮挖掘机连续开采成套设备等，要解决工艺流程中各机种的生产率配置、工序（机种）间的连续衔接、统一管理与控制等一系列问题。

采用多机种工程机械联合作业时，要解决好机种间的机级和机数的合理配置问题。例如，对于高速公路施工、高铁路基路轨施工、西气东输管道施工、长江三峡大坝合龙施工等工程，除了要解决机群配置问题以外，有的还要实行机群控制，以提高多机种工程机械的作业水平。因此，一个企业的工程机械产品技术开发能力和水平，还应包括不断地调查研究工程机械成套施工案例，认真理解用户需求，主动帮助用户获得更大的经济效益。这就是现在要提倡的提高服务水平，通过服务延伸产业链。

8. 基础零部件的通用性与专业性并存，给专业化生产带来多种不确定因素

工程机械专用柴油机、液压马达、液压泵、液压阀、液压缸等液压元件和系统，基本能适用于不同机种的工程机械，以专业化生产形式居多，但也有单一生产配套的情况，如某些特种柴油机、“OEM”液压元件等。例如，美国卡特彼勒公司、日本小松公司、瑞典沃尔沃公司都有独立配套元件，并有自己的配套标准；其他如“四轮一带”、驱动桥、回转支承、变矩器、变速器等也存在这种情况。因此，根据企业自身的发展情况和发展规模，走专业化还是走单一生产路线，经常是两难的选择；但有一条原则，应尽量走规模经济型的发展模式。

9. 要遵循环境保护与资源循环使用原则

近年来，工程机械产品在应用电子与计算机技术方面，促进发动机的节能减排，减少振动及使用循环材料等方面取得了长足进步。战略性新兴产业发展研究对工程机械来说具有明确的现实意义，特别是工程机械大量消耗钢材，发展再制造经济已经普遍受到社会关注。

第2章

我国工程机械发展回顾与启示

回顾历史，预测未来，这是分析事物发展的基本逻辑。新中国成立以来，工程机械制造业不断发展，并逐步成为我国装备制造业中的主要支柱产业，为国民经济不同时期的需求提供了近千万台的施工装备，做到了基本自给，进口为辅。在这一发展过程中，有必然规律，即工程机械技术水平随着科技进步、国民经济建设与社会需求的变化，不断地向前推进，追赶着国际先进潮流；但也有人治因素，它既能促进行业发展，也能干扰发展。回顾新中国成立后的60余年，工程机械管理体制与技术发展路线虽然曲折多变，但是每个时期，党中央与国务院都能及时予以引导，促利驱弊，使工程机械行业顺利发展。

2.1 我国工程机械行业管理体制的演变

纵观我国工程机械行业管理体制的演变，大体可分为四个阶段：一是生产资料私有制的社会主义改造完成期，二是计划经济管理体制与“两个制造管理体系”，三是向社会主义市场经济体制转型发展期，四是完善社会主义市场经济管理体制的发展期。

2.1.1 从新中国成立到生产资料私有制的社会主义改造完成期

新中国成立之初，我国基本没有规模性的工程机械制造企业，只有小型私营企业和作坊式工厂，它们主要修理和制造小型施工机具及装备，都是私人企业，只有几个军工企业。到了1956年，接受社会主义改造的私营企业完成了公私合营改造，1958年以后，多数又变成了地方国营企业。这个时期的管理体制特点是：多种经济成分并存，多层次的决策机构，对国营企业生产和流通的主要部分实行直接计划管理；其他经济成分的生产和流通，则是在国家计划的指导下，发挥市场调节作用。

中央直属国营企业生产的工程机械产品由原第一机械工业部（以下简称一机部）直接管理，统一编制长远发展规划，安排生产计划，组织物资供应，分配和销售产品；地方国营企业生产的工程机械产品由省市工业部门管理，这些企业的生产计划、物资供应、产品销售均由地方政府决策，产品归口列入国家计划。企业在完成国家和地方计划以后，可以自行承接生产任务并自行销售产品。

这一时期，因国家轰轰烈烈的经济建设发展的需要，企业通过测绘、仿造，使新产品不断问世，产品规格开始向中型发展。例如：抚顺挖掘机厂于1955年采用引进了前苏联的图样，生产出Э1003、Э1004、Э505、Э505型机械挖掘机，其中Э1004型挖掘机的斗容量达到$1m^3$；太原矿山机器厂（现太原矿山机器集团有限公司）于1956年测绘试制成功T1074型轮式装载机；抚顺重型机器厂于1957年试制成功17K-2M型抓斗起重机；1959年，宣化工程机械厂试制成功T1-54型（40kW）和T3-80型（58kW）履带式推土机等。这些都充分显示了当时工程机械行业的发展活力。

然而，到1958年以后的“大跃进”时期，大批企业下放地方，一些生产基础较好的企业为适应大炼钢铁的要求，部分转产矿山机械和冶炼设备，造成工程机械产品质量出现问题，能看不能用；有的企业则停止生产工程机械产品。更主要的是企业生产浮躁，只讲数量，不求质量，破坏了企业的技术规章制度，从而使我国刚刚兴起的工程机械产业遭受了巨大损失。

2.1.2 计划经济管理体制与“两个制造管理体系”

针对“大跃进”时期造成的国民经济发展失调状况，1961年，中共八届九中全会决定，对国民经济发展实行“调整、巩固、充实、提高”的八字方针；紧接着在1961年9月，中央发布《国营工业企业工作条例（草案）》，即《工业七十条》，一机部五局（工程机械专业局）在抚顺挖掘机厂召开贯彻《工业七十条》的工作座谈会，总结和交流工程机械企业贯彻《工业七十条》的工作经验，进而统一认识和做法，整顿企业管理。通过这次会议，建立健全了企业领导制度：在加强以厂长为首的生产行政管理系统的基础上，以技术管理为重点，加强计划、财务、劳动、物资管理。各企业通过这次整顿，大都达到了以下效果：

1）主要产品的技术文件基本完备并通过验证，为指导生产和提高产品质量提供了技术保障。

2）以总工程师为首的技术责任制、技术管理制度，按技术文件执行的技术秩序基本确立。

3）大部分设备得到了修复，计划检修和维修保养制度基本确立。

4）主要产品质量稳定，合格率不断提高。

1961年，中共中央还作出关于调整管理体制的若干暂行规定，下达了《关于当前工业问题的指示》。一机部五局根据党中央和部领导的指示精神，陆续收回了下放给地方的企业，以扭转工程机械行业工作的被动局面，并提出以经济办法管理工程机械行业，改变企业“大而全”“小而全”的低效率生产模式，开展专业化协作生产试点。这是第一次在工程机械行业提出专业化生产的概念。在这个时期，全国重点工程机械企业得到了恢复和发展。1963 年以后，还对一部分企业，如抚顺挖掘机厂、贵阳矿山机器厂、天津工程机械厂等企业进行扩建改造，使企业生产规模和行业规模得到了快速发展。

1964 年 5 月，中共中央根据国际形势发展需要，提出“三线”建设的方针，在第三个五年计划中，规定重点工业企业要“立足于战争，从准备早打、大打出发，积极备战，把国防建设放在第一位，加快‘三线’工业企业的建设。”当时一机部认为，“三线”建设对开发战略后方、改变机械工业布局有利，于是提出了机械工业开展“三线”建设的一系列方针政策：要求在生产能力配置上，沿海地区有的，内地都要建立相应的生产点；在企业组织结构上，要注意专业化协作；在生产布局上，要做到小集中、大分散，要成片成线地进行布点；在建设方法上，采取由沿海老厂迁建、援建、包建的形式，并充分利用“大跃进”时期的遗留工程。一场轰轰烈烈的“三线”规划建设项目就此拉开了序幕。工程机械因为兼顾军用，首先开始迁建，长江挖掘机厂、长江起重机厂、长江液压机厂、柳州工程机械厂、天水风动工具厂、黄河工程机械厂、宝鸡叉车厂等一批企业，包括一批军工企业，先后在西部地区靠山、隐山分散建厂。但是到 1966 年，举国上下的“文化大革命”运动开始了，十年动乱给整个国民经济和“三线”建设造成极大的干扰和破坏。工程机械“三线”建设项目在极端困难的环境下缓慢推进，不少企业和研究设计单位的技术人员坚持现场设计、办公、配合施工，使迁建企业建成并投产。

这些“三线”企业后来经过调整，有的发展了，有的又进行了二次搬迁，有的则在市场经济发展中被淘汰。如何评价“三线”项目，当事者各有说辞，但有一点可以肯定，它改善了我国的工业布局，带动了区域经济的发展，并在现阶段国家实施的西部大开发战略中发挥着重要作用。另一方面也应该认识到，搞工业项目不比农业项目，不能忽略工业建设项目的区位条件、配套条件、集群产业链、物流供应链、人力资源的储备与发展等因素，偏废其一，都将给企业发展带来隐患。

1978 年 12 月，中共第十一届中央委员会第三次全体会议总结了历史经验，批判了“左”的错误思想，作出了将党和国家的工作重点转移到社会主义现代化建设上来的战略决策。1979 年 4 月，中共中央又提出“调整、改革、整顿、提高”的新八字方针。一机部提出，首要任务是把企业整顿、恢复好，解决“文化大革命”给企业带来的管理混乱、产品质量下降的问题。在工程机械行业，开展了以提高质量为中心的整顿企业管理工作，重新恢复、修订了技术管理规章制度和技术标准，并取得了一定成效，为工程机械重新步入快速发展轨道提供了保障。

自党中央和国务院加快恢复经济发展以后，全国对工程机械的需求急剧上升，供需矛盾突出。1978 年 8 月国务院决定，为改善机械工业管理体制，建立“两个制造管理体系”，把政府对机械工业的管理职能一分为二：通用机械制造体系由一机部负责管理，专用机械制造体系由各使用工业部门对自身所需要的装备进行自行规划和组织生产，相关企业和研究机构由一机部划拨。显然，这项措施是计划经济的产物。根据这个决定，1978 年 8 月，一机部和国家建委在（78）一机计联字 1277 号文、（78）建会字 103 号文《关于建立专用设备和通用设备两个制造体系问题的报告》中决定：将一机部的 56 个工厂和长沙建筑机械研究所划归国家建委管理。同年 9 月，又下文将贵阳矿山机器厂等 5 个工厂划归国家建委。同时，交通部、铁道部、水利部、煤炭部、商业部、中国人民解放军总后勤部等部委，为了自身发展需要，解决工程机械设备供应不足的瓶颈问题，对其归口的工程机械企业实行直接管理并下达生产计划。这就形成了持续长达 20 年之久的工程机械“两个制造管理体系”，形成了多元化管理和多元化投资渠道。

“两个制造管理体系”的实施，结合 1985 年中央开始对经济管理体制的改革，将中央直属工程机械企业下放到地方管理，实行政企分开。工程机械行业从中得益的是充分发挥了中央和地方两者的积极性，投资来源多元化，由于产品的社会需求紧张，大量资金被投入工程机械行业。据工程机械行业中 180 ~ 200 家主要企业的统计资料显示，工程机械行业基建与技改投资，“六五”计划期间（1981 ~ 1985 年）只投入 5.8 亿元；到“七五”计划（1986 ~ 1990 年）期间达到 14.4 亿元，增长 148%；“八五”计划期间（1991 ~ 1995 年）猛增到 50 亿元，比上一个五年计划增长了 247%，投资额的增长速度超过机械工业其他行业的增长速度。工程机械企业数量从 1978 年的 380 家上升到近 1000 家，其中工程机械专业制造厂有 493 家，在这些专业制造厂中，年销售额达到 1000 万元以上的有 302 家，行业发展初具规模。

“两个制造管理体系”和企业下放，虽然促进了工程机械行业规模的迅速壮大，但也形成了工程机械行业重复建设、重复投资、重复引进技术的不良现象，生产厂点多、分散、规模小，背离了机械工业产业结构与产业链的发展特点，使行业力量分散，专业化生产难以推进，影响了行业发展。例如在叉车制造行业，1985 年规划发展万台生产规模的地区有陕西、安徽、江苏、浙江、湖南、天津，并由省市领导亲自出马争取项目；在技术引进方面，1985~1992年，有12家叉车生产企业分别引进了日本、德国、保加利亚、英国、加拿大、美国、丹麦7个国家12家公司的产品制造技术，使国内叉车制造行业形成万国牌局面。后来，由于配套资金不足，引进技术消化吸收后配件发展未得到落实，多数项目被搁置下来。在工程机械的其他产品领域也有类似情况，如建设部归口的挖掘机行业、混凝土机械行业、电梯行业都引进了多个国家知名公司的制造技术，但大部分都没有达到引进技术的预期目标。

针对上述情况，1988年初，原国家计划委员会根据国家机械工业委员会的建议，组织机械委、建设部、交通部、铁道部、水利部、林业部、冶金部、解放军总参谋部工程兵总部以及与工程机械关系密切的部门，共同成立了全国工程机械行业大行业规划管理办公室，办公室附设在机械委工程农机局。但由于部门利益和地方经济发展控制权的关系，企业原有隶属关系一时难以割断，政企职责分开难以得到落实，大行业管理办公室有责无权，并没有达到调控规划的目的，大行业管理办公室随着经济体制的改革于1994年自动消失。工程机械行业结构性矛盾依然突出，在向市场经济体制转型的过程中，部分企业付出了沉重的代价，有的企业现在已不复存在。

2.1.3 向社会主义市场经济体制转型发展期

随着改革开放的深入发展，1984年10月底，中共中央十二届三中全会一致通过了《中共中央关于经济体制改革的决定》，该决定明确提出：改革的基本任务是建立具有中国特色的社会主义经济体制，推进并提高社会生产力的发展水平。改革的中心环节是增强企业活力；建立自觉运用价值规律的计划体制，发展社会主义商品经济；建立多种形式的经济责任制，认真贯彻按劳分配原则；积极发展多种经济形式；进一步扩大国内外的经济、技术交流，启用懂业务、懂技术、有社会责任感的一代新人，造就一批社会主义经济管理干部队伍；加强党的领导，保证改革的顺利进行。该决定还指出：商品经济的充分发展，是社会经济发展不可逾越的阶段，是保证实现我国经济现代化发展的必要条件。该决定还分析了我国计划经济管理体制的弊端：政企职责不分，条块分割，国家对企业管得过多过死，忽视商品生产与价值规律的作用，分配方式中平均主义严重等。十二届三中全会的召开，为发展社会主义市场经济指明了方向，一系列的经济管理改革措施相继展开。

1. 深化机械工业管理体制改革，下放企业，实行政企分开

1985年初，党中央和国务院确定一机部为经济体制改革试点单位。一机部党组经大范围调研与交叉酝酿，最终提出了《关于机械工业管理体制改革意见的报告》，国务院很快以［1985］114号文批准了机械工业的改革试点方案。该方案明确规定：各部委、各省市机械厅局将直属企业一律下放到企业所在的中心城市管理；非机械部门下设的机械管理机构一律撤销；为了便于统一管理，将第一机械工业部更名为机械工业部，作为机械工业的主管部门。机械工业部要转变职能，严格执行政企分开，由部门管理转变为行业管理，由微观管理转变为宏观管理，由对企业的直接管理转变为间接管理，计划体制由指令性转变为指导性。

实行政企分开，就是把企业下放到地方。1985年年底，机械工业部直属的工程机械行业企业全部下放到地方或中心城市。下放企业是为了实现政企职责分开，增强企业的自我发展活力，保证扩大企业自主权的政策性措施得到贯彻执行，从而推动中心城市经济体制改革。加速各级机械工业管理部门职能的转变，让企业从政府附属物状态中解放出来，真正成为能够自主经营的经济实体。这就向实行全行业管理体制改革迈出了关键的一步，为部门和地方政企职责分开创造了条件。

但是，由于计划经济管理体制根深蒂固，各部门、各地区关于政企分开的改革举措实施得不平衡，政府有形或无形的手在一段时间内还是影响着企业自身的改革发展。特别是国有企业体制与机制改革，种种原因一直困扰着其发展，造成企业发展很不平衡，有的企业发展了，有的企业则破产了或被兼并了。

2. 扩大企业经营自主权

扩大企业经营自主权，实际在1985年之前就开始了。1980年，对试点企业实行利润上缴，用于建立生产发展基金、职工福利和职工奖励等，使企业发展生产、开发新产品、职工福利基金与利润挂钩；1983年和1984年，试点单位又实行利税制改革，对大中型企业按规定税种、税率交税，税后利润全部留给企业，增强了企业的自我发展能力。

扩大企业自主经营权，还包括给予一部分生产销售权，即企业在完成国家指令性计划任务后，可以根据社会需要和原材料、燃料、动力供应情况，编制国家计划外的生产计划，自行承揽任务和自行销售。这就是当时所谓的“双轨制”经济，一部分产品仍按计划指标组织生产，另一部分则按市场调节生产，按市场调节生产的产品，企业对其具有定价和外贸自主权。

3. 改革生产流通领域

在计划经济管理时期，工程机械行业各企业的生产任务由上级安排，材料靠上级指标供应，产品靠上级收购，企业只是完成国家指令性生产任务。改革开放以后，虽然仍有一部分由国家下达的指令性计划，但大部分是市场调节的指导性计划。许多企业在计划任务不足的情况下，不得不根据市场需要组织生产，进行自产自销，企业自行建设销售部门和销售网络，在 20 世纪 80 年代中后期，经常召开全国性或地区性的订货会议，俗称“罗马大会”，在订货会议上实施产、供、销对接。到 20 世纪 90 年代中后期，又由企业直销逐步演变成代理制，并加强了售后服务体系的建设。

2.1.4 完善社会主义市场经济管理体制的发展期

随着国家经济体制改革的不断发展和深化，对机械工业按行业进行科学管理，已经成为发展社会主义市场经济管理体制的迫切需求。国务院于 1992 年发布的《关于进一步搞好机械电子工业全行业统筹规划工作意见的通知》，给机械工业各行业的统一管理指明了方向。经过几年的酝酿和反复协商，并经民政部和原国家经贸委的多次协调，有关部门达成共识，共同确定由机械系统的工程机械主管部门牵头，组建涵盖机械、交通、铁道、水利、水电、冶金矿山、林业、军工等系统的工程机械生产企业、科研机构和相关高等院校的中国工程机械工业协会。组建方案报民政部审批后，中国工程机械工业协会于 1993 年 3 月 26 日正式成立。行业协会的成立，标志着社会主义市场经济的发展真正进入了以企业为主体、政府为主导的发展轨道，进一步促进了政企职责分开，把企业推向了市场。协会的任务是集中力量建立和完善市场经济运行的法律法规、行业标准等规则，为加入 WTO（世界贸易组织）作准备。但此时，无论是中国工程机械工业协会，还是 1984 年建设部组建的中国建设机械协会，都无法反映行业的真实情况，与政府和企业的沟通渠道不完整、不畅通，政府直接管理企业的情况依然存在。为此，1998 年，国务院［1998］6 号文和［1998］57 号文决定：撤销机械工业部，成立国家机械工业局，对全国的机械工业统一进行宏观指导管理；同时取消包括建设部在内的各有关部局对工程机械的管理职能，机械工业微观管理交由协会按市场经济运行法则进行。从此真正实现了对工程机械大行业的宏观管理，中国工程机械工业协会和中国建设机械协会共同制定了工程机械大行业管理办法及相关章程，两协会于 2002 年 3 月正式合并，组建了新的中国工程机械工业协会，从体制和组织上彻底结束了持续长达20年之久的“两个制造管理体系”。

这一时期的行业管理特征，主要是通过制定相关产业政策，利用国家专项资金，调动企业和地方的积极性，促进企业研发经营、改革创新，调整产业结构，走集约化发展道路，完善市场经济法律、法规及监督机制，主要措施有以下七个方面。

1. 加强宏观规划

20世纪90年代，工程机械已经是完全市场化的产品，企业发展由依靠国家投资转向依靠银行贷款和自有资金。受火爆的市场驱动，工程机械企业在全国如雨后春笋一样四处建设，扩大规模，企业数量迅速增加，点多分散存在，“大而全”和“小而全”问题，企业结构依然是“中间大两头小”。因此，在编制工程机械的“九五”和“十五”规划时，在国家有关部门的指导下，坚持以市场为导向，以改革企业经营体制、机制为发展动力，完善符合市场经济的现代化企业管理制度。工作的中心是针对工程机械多头管理遗留下来的行业结构进行调整，广泛调研各地用户系统的需求，征询和听取各方专家的建议，使规划纲要成为企业发展的指导，从而引导企业制定各自的发展战略，使企业向规模经济方向发展，行业生产集中度不断提高。

2. 创新体制、机制，激发企业活力

工程机械进入市场化运行之后，已经是多种经济成分并存，竞争态势逐步形成，国有大中型企业的改革、改制已成为关键问题，必须解决企业社会负担重、人浮于事、运营效率低的问题。企业内部组织不合理，“中间大、两头小”，规模效益差，专业化生产水平低，无法适应市场经济的发展规律。党的十五届四中全会的召开，为国有企业的改革指明了方向。首先在管理体制方面，引入三个机制，即竞争机制、激励机制和技术创新机制。同时，借鉴在市场经济中发展起来的民营及民营股份制企业、外资及合资企业的机制、企业结构和管理制度，着重搞好企业组织结构的调整工作，把国有企业的社会服务职能和其他非生产性设施逐步剥离出去，精简机构，做到岗位与绩效挂钩、奖罚分明，从而提高了员工的工作积极性。

3. 不断进行税制改革，增强国有企业发展活力

从1984年开始，为扩大企业财权，中央对国有大中型企业进行了多次税制改革，企业对其税后利润的分配和使用有了较大的支配权，给企业自我改造发展提供了资金保障。

4. 利用国家专项资金杠杆作用，不断改善行业结构

在“九五”“十五”期间，利用国家政策性专项资金，调动了地方财政和企业自筹资金，如贴息贷款、国债技改项目、科技创新财政补贴项目、国家级技术中心财政支持项目、高新技术产业和产品的减免税鼓励项目等。针对重点骨干企业，加大技术改造力度，提高生产集中度，发展规模经济，带动企业向集团化、专业化方向发展，促进企业升级、产品升级，提高企业的市场竞争力。

5. 支持大中型企业向国际化发展

自20世纪90年代末开始，国内工程机械市场需求快速增长，进口品牌、合资品牌的产品在中国市场的占有率迅速上升。为了支持本土品牌的发展，尽快缩短与国际先进水平的差距，对影响工程机械整机技术水平和质量的关键零部件，在国内采购配套无法满足要求时，鼓励企业进口配套，并采取优惠税率，提高产品市场竞争力，赢得市场，从而使我国工程机械行业在国内和国际市场上均争取到了发展空间。

6. 鼓励创新，优胜劣汰

为促进产品技术进步，达到节能、高效、可靠、安全与低排放的目标，对新产品销售实施减免税政策。同时，定期发布“鼓励、限制、淘汰”的产品结构调整目录，鼓励和鞭策企业走创新发展道路。将创新型技术改造和技术中心建设项目优先纳入国家金融优惠信贷范围，支持了一批创新型企业的发展，加速了企业的优胜劣汰。

7. 加强市场经济运行法律法规建设，与国际市场接轨

加入世界贸易组织，与国际市场接轨，也是对我国工程机械行业发展的一个挑战，市场准入方面的法律法规、知识产权、反倾销、贸易补贴等都将成为国际贸易摩擦的依据；在国内市场，对伪劣产品的管理、知识产权的保护、质量纠纷的解决、人才合理流动、低价恶性竞争的控制、流通渠道建设等，都应该制定运行规则。针对这些问题，行业协会在政府的指导下，卓有成效地完成了工作。

2.2 我国工程机械技术发展路线

我国工程机械制造业技术的发展，经历了半个多世纪的历程，行业重点骨干企业的产品研发与技术标准正逐步接近国际先进水平。在这一发展过程中，经历了艰难、曲折，甚至遭到非议的阶段。回顾中国工程机械技术发展路线和过程，是为了更好地认识战略性新兴产业工程机械行业的技术发展思路、发展目标、发展重点及发展措施。

我国工程机械行业，是为了满足国民经济和国防建设的需要而发展起来的，其技术水平也是随着装备制造业的技术进步、人才培养、国际先进工程机械技术的引进与相互交流而逐步提高的。受历史条件的影响和限制，每个阶段创新发展的路线和模式各不相同，但都是为了适应当时形势的发展需要，有时候是不得已而为之。行业技术发展历程证明，无论哪个时期，用哪种方式，只有不断提高创新研发水平，发展创新手段和创新机制，重视基础技术理论的研究，才是追、赶、超国际先进水平的基础，必须依靠先进的自有知识产权，才能进军国际工程机械高端市场，树立国际工程机械的强国地位。

我国工程机械技术发展路线大致分为四个阶段，即测绘仿制阶段、模拟仿制与自主开发阶段、技术引进阶段和消化吸收再创新阶段。每个阶段之间的发展既紧密衔接，又循序渐进，但不同时期又表现出各自的技术发展路线和特征。

2.2.1 测绘仿制阶段

新中国成立之初，我国不具备工程机械制造能力，仅在抚顺、天津、上海、沈阳及东南沿海一带，有几家作坊式的修理厂，仅能维修简单的施工设备和机具。

新中国成立后，国民经济从战乱后进入恢复时期，百废待兴，大规模经济建设需要技术装备。当时，第一机械工业部第三机器工业局组织一些工厂开始修配和制造中小型施工机械，其技术来源是测绘仿制日本遗留下来的和从前苏联进口的产品，如沈阳机械七厂（沈阳风动工具厂前身）测绘仿制了日本的 R39 型凿岩机，仿制了日本的 S-49 型和 01-55 型手持式凿岩机；抚顺矿务局机电厂（抚顺挖掘机厂前身）仿制成功了 110.4kW、220.8kW 矿井卷扬机。1954～1960 年，以引进前苏联技术为主，各企业根据国家需要接连不断地生产出卷扬机、凿岩机、挖掘机、混凝土搅拌机与振捣器、6t 以下塔式起重机、6～8t 内燃式压路机、T1-54（40kW）和 T3-80（50kW）型履带式推土机等，产品品种迅速增加，扩大了产品的规格范围，为国民经济和国防建设提供了 2 000 多台装备。

这一时期，我国工程机械产品开发基本是“照猫画虎”，以测绘仿制为主，缺乏对基础材料、力学性能的测试手段，制造工艺及设备落后，技术人员和技工匮乏，很难保证产品质量和达到用户部门的要求。特别是在 1958 年“大跃进”时期，只讲速度不求质量，试制的一些工程机械产品，如 80～100 马力（1 马力 =

735.5W）推土机、5～8t汽车起重机、斗容量1～4m^3挖掘机等，因设计和质量问题无法批量投入生产。针对这种发展情况，为解决工程机械产品的技术开发问题，各部委及军方根据各自的需求，广集人才，纷纷组建了工程机械研究所或研究室。

1956年，原建筑工程部施工总局筹建了建筑机械研究室，后来发展成为建设部长沙建设机械研究院和北京建筑机械化研究院。同年，又成立了施工机具研究所，并于当年并入中国建筑科学研究院；后改为施工组织与机械化研究所，主要从事建筑机械化施工状况的调研工作；以后又发展成为中国建筑工程研究院，后改为施工组织与机械化研究所；最后发展成为中国建筑科学研究院建筑机械化研究分院。

水电部于1956年组建水电部水电总局上海机械设计室，后改为水利部杭州机械设计研究所。

交通部组建了公路科学研究所筑路机械研究室，隶属交通部，主要从事路面机械的开发研究工作。

1959年，中国人民解放军工程兵组建了工程兵技术装备研究所，其中包括工程机械研究室。

当时，这些工程机械研究机构主要与生产企业合作，根据用户部门的需要进行产品设计开发。设计生产了15t与25t工业建筑用塔式起重机、红旗Ⅱ型轻型塔式起重机，10t与25t平移式缆索起重机，试制了40～58kW履带式推土机、生产率为135m^3/h的混凝土搅拌楼及蒸汽压路机等产品。这一时期，工程机械产品的品种显著增加，这些新成立的设计研究机构发挥了重要作用。

在人才培养方面，1953年9月，哈尔滨军事工程学院成立，设立工程兵工程机械专业；1954年9月，唐山铁道学院在机械系设置了为铁道运输服务的筑路机械及货物装卸机械专业，当年招生22名；1955年9月，武汉水运工程学院成立了工程机械专业，当时，该专业有教授1人、副教授9人、学生500余人；1956年9月，上海同济大学建立建筑机械教研室，组建了专门从事工程机械教育的师资队伍，1957年在此基础上设立了建筑机械专业，1958年定名为建筑与筑路机械专业，内设建筑机械专业化和建筑制品机械化课程。

1958年8月，北京水利水电学院成立，设立施工机械专业，招收130名学生，开设工程机械制造和修理课程。

1959年8月，交通部西安公路学院设立建筑与筑路机械专业，首届招收本科生 60 名，主要培养公路修建和筑路机械专业技术人员。

1960 年 12 月，一机部决定将太原机器制造学校收归一机部直接管理，改校名为太原重机学院，并于次年正式设立工程机械专业。

自 20 世纪 50 年代以来，这些学校的建设和发展，为工程机械开展理论研究、培养师资队伍、输送人才，起到了奠基石的作用，为以后工程机械进入自主开发阶段打下了基础。

2.2.2 模拟仿制与自主开发阶段

20 世纪 60 年代以后，由一机部五局统一领导管理的工程机械行业，首先加强了工程机械相关研究机构的建设，调整了专业研究所的建制，提高了研究实验水平；二是在“调整、巩固、充实、提高”八字方针的指导下，采取了一系列的技术措施，使产品技术水平和质量明显提高；三是根据国家需要，加强了对新产品的开发力度，逐步形成了系列化生产。

1. 加强专业研究所的建设，形成科研开发体制

1961 年，在各部委已经成立的各专业产品研究机构的基础上，一机部又批准建立第一机械工业部工程机械研究所，在北京原起重运输机械研究所施工机械研究室的基础上，组建了第一个行业性综合研究机构。同年 11 月，该所迁往广东省韶关市，1962 年 11 月又迁至天津建所。1964 年 8 月，一机部决定将抚顺挖掘机研究所并入天津工程机械研究所，并专门设立了挖掘机研究室。

1961 年 9 月，经一机部批准，沈阳风动工具研究所成立，负责凿岩机械与气动工具的产品设计研究与行业技术归口工作。1966 年，一机部将其迁往甘肃天水，改名为天水风动工具研究所。

1963 年 11 月，根据国务院 695 号文，将建工部建筑机械金属结构研究所的 4 个研究室组建成建筑机械研究所，主要负责工程起重机械、压实机械、桩工机械、钢筋机械、混凝土机械的研究与技术归口工作。天津工程机械研究所主要负责挖掘机械、铲土运输机械和液压与液力传动的研究开发与技术归口工作，从而奠定了工程机械行业的设计研究开发基础。

1974 年，一机部批准成立西宁高原机电产品研究所，研究方向以高压机电产品综合试验为主，首先开展工程机械试验。

1975 年 12 月 10 日，一机部根据国家计委的批示，以（75）一机计字 1498 号文决定，在河北省怀来县建立第一机械工业部工程机械、军用改装车试验场，

对工程机械与军用改装车等产品进行型式试验。

这样，从一机部五局成立到20世纪70年代末，工程机械行业已经形成以各部研究院所为基本队伍的科研力量，并同各高等院校的科研队伍和各重点骨干企业的技术力量相结合，形成了具有中国特色的科研开发体制。国家对行业的科研开发经费主要投向各专业研究所，包括新产品的开发经费。

2. 加强基础技术的研究，提高产品技术水平和质量

这一时期，各研究所和相关单位大力开展对工程机械基础理论的研究，如工程机械底盘接地力学、土壤切削理论、整机结构应力分析、稳定性、液压与液力传动理论等。在高等院校，借鉴前苏联的教材，逐步形成了我国工程机械专业的系统教学基础，并与企业联合进行“产、学、研”技术研发与攻关，取得了一系列的科研成果。

20世纪70年代开始，研究课题主要转向关键部件的研究与开发，如单涡轮与双涡轮液力变矩器、齿轮泵、多路阀、电磁阀、液压缸、低速大转矩液压马达、铲土运输机械的行星动力换挡变速箱等。同时，开始运用有限元理论进行结构件的分析计算，对整机和零部件进行台架试验，对履带式行走机构的易损件进行研究等。通过研究，履带式行走机构的寿命由1 000h提高到了4 000h。

20世纪80年代初，又开始进行工程机械多学科的综合性研究，如工程机械工况载荷谱的研究、功率标定、转向阻力的确定方法、挖掘机切削轨迹和装载机铲斗运动轨迹的研究、工作装置及其他有关机构的受力分析与优化设计、随机振动与噪声治理、液压与液力传动中的流体力学研究、材料冷热处理及摩擦磨损机理研究等。

通过对零部件的研究和开发，进一步促进了整机的开发设计，提高了整机产品的自主开发水平。例如1981～1985年，天津工程机械研究所在一机部的领导下，组织全国21家单位，对轮式装载机进行了36个项目的试验研究，包括传动系统、液压系统、整机可靠性与稳定性研究攻关，冷热加工工艺攻关等项目，都达到了预期目标。通过这一轮的试验研究，装载机的整机传动效率提高了3%～5%，作业效率提高了10%，油耗下降到245g/(kW·h)，整机大修期寿命由3 000h左右提高到5 000h。同时，提高了产品系列化与标准化水平，基本掌握了装载机的工况载荷谱、整机与部件的先进设计方法、整机与部件的强化试验技术。这些研究项目的完成，为我国装载机发展走自主开发路线铺平了道路。至今，应用本土技术的装载机仍牢牢把握着国内市场；以后，又通过吸收外国先进

技术，不断实现再创新，开始大量出口。装载机的研究与开发说明了一个道理，产品技术只有走以自主创新为主的发展道路，主动权才能永远掌握在自己手里。

3. 加强新产品的研发，逐步实现系列化生产

这一时期，根据国家需要，在工程机械各研究所的组织和带动下，在有关高等院校和企业的密切配合下，通过以自主开发为主的技术路线，大力开发了一批新产品，到20世纪80年代初，产品种类已发展到了50多个，多数产品填补了国内空白。其中，挖掘机、推土机、装载机、汽车起重机、塔式起重机、内燃平衡重式叉车、混凝土搅拌机、振动器、压路机、凿岩机及风动工具等产品已形成我国自有的系列化产品。有21项科技成果荣获1978年第一届全国科学技术大会奖，有8项荣获第一机械工业部科技成果奖。这些产品的开发与相关技术的突破，都是通过借鉴国外先进技术，由我国自行开发出来的。这时，工程机械行业的技术开发已从模拟仿制为主走上了以自主开发为主的路线，产品技术水平显著提高，主要体现在以下七个方面：

1）液压和液力技术逐步融合到工程机械产品中，应用在大型产品上。例如，液压传动的挖掘机、推土机、轮式装载机、汽车起重机、叉车等产品，都全部或部分实现了液压化，提高了设备的传动效率和工作效率。

2）振动技术得到了推广应用。例如：高频插入式混凝土振动器实现批量生产，其寿命接近国际先进水平，1978年产量达到78 468台；研制出采用机械传动的振动压路机、振动拔桩机等。

3）自动化技术、电液控制技术及计算机技术开始应用于科研、监测、设计等方面，如自动化控制的混凝土搅拌楼和实验室测试装置等。

4）新材料、新工艺的研究有了较大突破，如低合金高强度钢材、粉末冶金、离子喷涂、离子氮化、以焊代铸等。

5）产品的结构性能有了较大改进，如汽车起重机采用的圆角箱式伸缩臂、装载机采用的铰接式全液压转向器、推土机和装载机采用的液力换挡变速箱、液压挖掘机采用的滚子式回转支承与摆线行星传动装置等。

6）测试技术水平大为提高。在这方面，研究所和骨干企业由空白状态，发展到能够进行结构强度（应力）试验、振动特性测量、整机性能测试、液压系统和液压元件的试验与检测、零部件台架试验，多数产品能完成型式试验。

7）开始制定相关标准，使产品质量有据可依。到1978年，已经制定20个部颁标准和13个专业化标准。

2.2.3 技术引进阶段

这一阶段，大力引进国外先进技术，全面提升了产品技术和制造工艺水平。

工程机械的技术引进，其实从20世纪50年代就开始了。当时，根据《中苏友好同盟条约》，我国由苏联援助得到了一批工程机械产品和制造技术资料，如Э505、Э1004、WK4型机械式挖掘机，建筑师Ⅰ型2~6t塔式起重机，T-80型推土机，凸144型平地机，C120和C143型混凝土搅拌机及凿岩机械和风动工具等；同时，引进了苏联的设计计算资料和标准数据、制造工艺技术资料，包括部分大学教科书。在当时的历史条件下，这些引进技术和资料对我国工程机械的起步和行业发展有重大的促进作用。此后，直到改革开放前，工程机械的发展一直以自主开发为主，处于比较封闭的状态。主要通过仿制和自行设计开发的技术路线，构成了我国工程机械系列产品的基本框架，但总体技术水平比国际先进水平落后很多。

改革开放以后，特别是1985年商品经济政策的实施，大部分产品由计划指标转向市场调节运作，向市场经济逐步转轨。这一改革措施，加快了国民经济的发展速度，城市改造与建设、交通运输业、电力、水利、矿山等基础设施建设大范围地展开，对工程机械的需求紧迫，对产品性能指标的要求越来越高，且需求品种多，原有的工程机械制造水平已不能满足市场需求。十一届三中全会以后，由国家经济贸易委员会汇总并提出了要引进的3 000余项国外先进技术，以改造我国的工业企业。工程机械行业因形势需要行动最快，在1979年初就建立了技术引进班子，组织研究所和企业考察国外技术和进行技术引进谈判。机械工业部率先组织山东推土机总厂、上海彭浦机器厂、黄河工程机械厂、天津工程机械研究所、机械工业部第一设计院考察日本小松制作所，并于1979年9月签约引进小松制作所的D85A/220马力、D80A-18/220马力、D155A/320马力履带式推土机的全套设计制造技术。紧接着，建设部组织引进了瑞士迅达公司的电梯制造技术，并组织签订了中外合资中国迅达电梯有限公司的合同。

从此拉开了技术引进的序幕，中国工程机械制造技术的发展由以模拟仿制与自主开发为主的路线转入以技术引进为主的路线。1979—1998年，通过不同形式，与15个国家70多家公司签约引进了174个项目，其中，德国公司20家、日本公司18家、美国公司16家、法国公司4家、意大利公司5家、英国公司4家、西班牙公司3家、瑞典公司4家，还有澳大利亚、加拿大、丹麦、韩国等。技术引进的高峰期主要集中在1983—1993年，引进涉及的产品范围达到260多个系列规格，几乎覆盖了整个工程机械产品范围。1979—1998年工程机械主要产品技术引进情况见表2-1。

表2-1 1979—1998年工程机械行业产品技术引进情况

序号	引进产品类别名称	引进机型数量/个	技术来源公司数量/个	参与引进的企业数/家	引进时间段
1	挖掘机	23	5	12	1982—1994年
2	推土机	14	5	8	1979—1987年
3	装载机	10	7	10	1985—1996年
4	平地机	8	4	4	1984—1988年
5	自行式铲运机	2	1	1	1984年
6	塔式起重机	4	1	4	1983—1994年
7	轮胎式起重机	22	8	9	1983—1994年
8	履带式起重机	2	2	2	1983—1984年
9	叉车	38	10	11	1985—1993年
10	压路机	13	6	6	1984—1994年
11	桩工机械	13	5	6	1983—1998年
12	摊铺机	16	5	4	1985—1996年
13	混凝土搅拌楼	17	17	11	1984—1995年
14	混凝土输送泵	23	14	18	1982—1995年
15	混凝土搅拌运输车	9	6	7	1982—1995年
16	混凝土输送泵车	10	8	8	1990—1998年
17	凿岩钻车(机)	13	6	7	1984—1992年
18	液压冲击锤	12	3	3	1985—1997年
19	多用途养护车	2	2	2	1985—1993年
20	其他机种及零部件	16	8	12	1979—1996年
	合计	267	123	145	

通过技术引进和消化吸收，我国工程机械制造技术水平迈上了一个新台阶。特别是成套性技术引进项目，包括产品技术资料、技术标准、相关配套技术、测试手段、制造工艺、人才培训等，由于引进齐全，为引进后的消化吸收及自主创新提供了良好的发展基础。例如，山东推土机总厂于1979年引进的日本小松制作所的推土机制造技术、合肥叉车总厂于1986年引进的日本TCM株式会社的

1～10t内燃平衡重式叉车制造技术，通过系统地消化吸收和再创新，逐步转化为我国自主品牌的推土机和叉车生产的研发制造体系，并不断跟踪国际先进水平，使我国的推土机与叉车技术与国际先进水平的差距越来越小。这两个引进项目是整个技术引进工作的范例，其特点是：

1）产品引进技术方向适合市场、适合国情，结合当时我国产品开发的基础条件，通过努力，有望达到预期的引进目标。

2）整机与关键零部件技术同步引进，解决了引进后配套技术落实难的问题，包括变速箱、液力变矩器、制动器、履带总成、热模锻、真空负压造型、树脂砂造型等相关工艺专有技术。

3）产品和制造技术资料齐全，包括产品整机和部件技术资料、工艺技术资料、标准、CAD产品开发计算机软件，并进行现场培训，掌握资料以外的实际操作技术，为引进后的消化吸收提供了全面的技术支撑体系。

4）在消化吸收与国产化过程中，结合企业技术改造开展技术攻关，坚持等效替代，不降低验收标准，保证了引进产品的技术水平。

5）根据引进产品的技术要求，将其与企业技术改造紧密结合，增添产品研发测试仪器设备、可靠性测试手段、先进的数字化工艺装备，提高了企业的消化吸收能力，使引进技术产品尽快投入批量生产。

6）技术引进后，继续跟踪产品的国际技术发展趋势，提高自我创新开发能力，逐步形成自主技术品牌。

这种技术引进模式，也为其他引进项目提供了可借鉴的思路，如压路机、沥青摊铺机、塔式起重机、全地面汽车起重机、混凝土泵车等引进项目，都取得了良好的效果。

在进行一系列产品技术引进的同时，为达到产品技术引进目标，在国家产业政策的引导下，加大了相应企业的技术改造力度，“八五”计划期间投入相应技术改造的资金达50亿元，比“七五”期间增加了36亿元。其中，70%以上的资金是配合技术引进项目实施的，购置进口关键设备达200多台，重点骨干企业关键零件的生产实现了数字化加工，如数控切割机、数控冲床、焊接机器人、数控切削加工机床及加工中心等，为技术引进项目实现国产化发挥了重要作用。

但是，从表2-1中可以看出，技术引进工作一度出现管理无序的局面，有些技术引进项目“醉翁之意不在酒”，其目的是通过技术引进争取国家政策性技术改造贷款资金。一时间重复引进项目多，一种产品技术来自多个不同的国家和不同的公司，造成不同的技术标准和技术体系很难在国内建立专业化配套生产，使有些技术引进项目半途而废，技术资料束之高阁，没有达到预期的引进目的。因此，1990 年以后技术引进的发展思路逐渐淡出，1990 ~ 1998 年，工程机械行业只引进了 30 个项目，其中 1995 年以后只有 5 个项目。1998 年以后，又在技术引进发展的基础上，重新走上了以自主创新为主的发展道路，通过国际化合作，努力打造具有国际竞争力的自主品牌。

2.2.4 提高整机集成自主研发水平，走国际化发展道路

“八五”以后，市场经济发展竞争态势日益加剧，特别是国家重点建设工程项目，在工程建设招标活动中，施工进度、质量、成本成为竞争的焦点，从而对先进、可靠、施工质量好的工程机械产品的需求倍增，甚至在工程招标书中明示使用进口设备才能中标。在这种形势的驱动下，直接进口的整机数量逐渐上升，进口额从 1990 年的 3.29 亿美元上升到 1995 年的 19.01 亿美元，五年内增长了 478%，而且可以享受进口减免税政策。一时间国际跨国公司，如卡特彼勒公司、小松制作所、利勃海尔集团、ABG 仪表集团、戴纳派克公司、福格勒公司、普斯迈斯特公司、施维英公司等的产品在国内市场上随处可见。尽管国内也有技术引进的同类产品，也是采用进口的关键零部件进行配套生产，但由于整机进口可享受优惠或免税待遇，而关键零部件的进口仍维持较高税率，使得在国内生产出来的产品与进口整机的价格相差无几，并没有竞争优势，还不如引进进口原装整机。这就是当年所谓的政策倒挂现象。

除了直接进口原装整机以外，外资品牌在中国境内投资办厂或合作的兴趣也逐渐升温，工程机械行业在 1994—1996 年的 3 年间，吸收外资达 51 463 万美元，比 1981—1993 年 13 年间吸收的外资（6 793 万美元）增长了 658%。境外跨国公司的知名品牌产品在国内组装生产销量迅速上升，本土品牌产品在市场竞争中承受着很大压力，例如，挖掘机、电梯、全地面汽车起重机、路面铣刨机等产品的国际品牌，在我国市场上的占有率达到 85% 以上。在这种情况下，我国工程机械面对内外受挤的发展趋势，必须走出一条以自我发展为主的技术路线，要充分利用国际资源，在全球范围内优选关键零部件为我所用，突破所谓达到整机国产化率指标要求的保守观念，大力提升整机集成创新的技术水平，走国际化发展道路，使行业主要机型技术接近或达到国际同类产品的水平。为此，在“十五”

和“十一五”期间，主要加大了以下各方面的工作力度：

1）工程机械行业在编制“十五”和“十一五”发展规划时，根据上述思路，将调整行业产业结构作为主要方向，抓大放小，把工程机械行业主要企业推向国际化发展轨道。

2）国家相关政策向大型企业技术中心、自主创新体系发展方面倾斜。经过10多年的努力，行业内已建成17个国家级技术中心，自主研发水平有了大幅度提高。

3）在技术开发方面，加大了对计算机应用软件的引进和开发，如有限元分析、整机和零部件的模拟仿真、模块化设计、集CAD/CAM/CAPP及PDM产品数据管理为一体的新产品开发与生产管理体系；在硬件方面，各种型式试验、检测装置、整机与零部件的可靠性实验不断得到完善和提高。

4）通过国际交流，在“七五”“八五”期间大量引进整机技术的基础上，借鉴各种机型的开发思路，大大提高了新结构、新产品的开发水平，自主研发的新产品不断问世。

5）国家调整了关键零部件的进口税率，对国家急需或进口量大的产品加强了审核管理制度。另一方面，对于自主创新所需的关键配套零部件，不但调低了其进口税率，有的还可享受进口关税和增值税的减免政策，或者进行技贸结合，大大提高了整机销售竞争力。

这些措施和政策的实施，使我国工程机械产品的综合技术水平得到了跨越式发展，不仅增强了在国内市场的竞争力，而且走向了国际市场。从2006年开始，我国工程机械进出口贸易由逆差转向顺差，而且出口增长额一路飙升，由2005年的出口29亿美元开始，只用了6年时间，就达到了2011年的159亿美元，成为国际工程机械的出口大国。

自我国工程机械走上自主集成开发和国际化发展道路以来，一是产品更新换代周期加快了，一个产品不再是十年不变的老面孔；二是采用国际化优选的配套原则，产品质量的可靠性明显提升；三是产品的智能化和信息化水平与国际先进水平的差距缩短了，计算机总线控制技术、电液比例控制技术、故障自诊断与远程控制技术、节能减排的系统化设计技术已经得到了普遍应用。特别是近十年来，每年都有十多个项目获得中国机械工业科学技术奖。其中，获一等奖的有16个项目，获二等奖的有72个项目，产品技术基本接近或达到了国际先进水平；获三等奖的项目有117个，产品技术也处于国内领先水平。详情见附录B。

第3章

工程机械行业发展现状及存在的问题

3.1 行业规模

改革开放以来，我国经济发展取得了举世瞩目的伟大成就。在国家重大建设项目、国防建设、抢险救灾、房地产等行业的发展中，工程机械起着重要的支撑和保障作用，在国民经济及国际工程机械行业中的地位不断上升。近十年来，工程机械行业营业收入规模、主要产品销售量、企业规模等的发展速度，保持在年均20%以上的增长率。其增长动力主要来自五个方面：一是过去十年中，GDP保持在10%左右的高增长率，GDP增量中大部分来自固定资产投资，尤其是设备的采购，正常年份对工程机械的需求占固定资产投资总额的1.7%～1.9%；二是过去十年中，城市化率由26%上升至51.13%，促进了房地产业和城市基础设施建设的高速发展，带动了对工程机械的需求；三是公路、铁路、机场、水利与电力建设、采矿业、西部大开发及区域经济的超常规发展，带动了对工程机械需求的高速增长；四是施工方法发生改变，机械化施工比例不断提高；五是对国际市场贸易由逆差转为大顺差，年出口量和出口额大幅度增长，近五年来保持在年均30%以上的增长率，外需依赖开始显现。

截至2011年，我国工程机械行业固定资产达到864亿元，职工33.85万人，年营业收入在2 000万元以上的规模型企业数量达710多家。2011年，全行业主营业务收入达到5 465亿元，同比增长25%。塔式起重机、履带式起重机、轮胎式起重机、高空作业车、叉车、挖掘机、推土机、装载机、平地机、非公路自卸车、压路机、摊铺机、沥青混凝土搅拌站、商品混凝土机械、旋挖钻机等17种产品，2011年的销量达到951 151台，其中出口104 626台，占总销售量的11%；到2015年，我国工程机械规划出口量目标要达到总销售量的20%左右，成为世界工程机械产品的制造和出口大国。

3.1.1 2001—2011年工程机械行业营业收入发展规模

2001—2011年，除了2004年因国家宏观调控政策压缩固定资产投资和2008年受国际金融危机的影响以外，工程机械行业发展都保持了高速增长的态势。其中，全行业营业收入2001—2003年年均增长率达到29.57%，2006—2010年年均增长率达到27.93%。2000—2011年工程机械行业营业收入及年增长率见表3-1，发展趋势如图3-1所示。图中黑影部分不包括电梯与扶梯、叉车、凿岩机械与风动工具、装修机械等产品，其比较口径与国际工程机械产品范围基本相同。

表 3-1　2000—2011 年工程机械行业营业收入及年增长率

年份	全行业营业收入		全行业营业收入（不包括电梯与扶梯、叉车、凿岩机械与风动工具、装修机械等）	
	营业收入/亿元	年增长率（%）	营业收入/亿元	年增长率（%）
2011	5 465	25.2	4 537	24.8
2010	4 367	38.3	3 636	45.1
2009	3 157	13.8	2 505	22.8
2008	2 773	24.7	2 040	27.5
2007	2 223	37.2	1 600	28.0
2006	1 620	28.4	1 250	62.3
2005	1 262	9.0	770	2.7
2004	1 157	11.7	750	3.4
2003	1 036	34.0	725	20.8
2002	773	38.0	600	59.6
2001	560	16.7	376	40.3
2000	480		268	

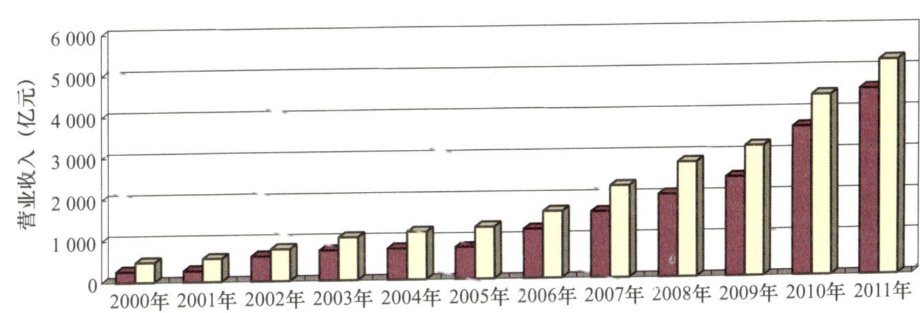

图 3-1　2000—2011 年工程机械行业营业收入发展趋势

3.1.2　主要产品年销售量发展规模

1. 挖掘机

挖掘机包括履带式挖掘机和轮胎式挖掘机、挖掘装载机、挖沟机、斗轮挖掘机等产品，是土石方工程施工、矿山开采的主要设备。产品使用可靠性、节能增效水平是决定挖掘机市场销售的关键因素。

改革开放以来，经济建设高潮对挖掘机需求的拉动明显，挖掘机产量从1979年的1 437台到1999年达到6 114台，当年销售5 998台，基本没有库存，这20年增长了3.25倍；同时进口量急剧上升，1990年进口549台，1993年进口量达到6 731台，1999年则超过10 000台，挖掘机需求缺口越来越大。为了缓解挖掘机供不应求的局面，从20世纪80年代中后期开始，建设部先后组织引进了国外多家公司的挖掘机先进制造技术，但由于相关配套技术及引进技术的消化吸收没有跟上节奏，导致迟迟未能形成生产能力。这时，许多跨国公司对中国挖掘机市场产生了浓厚兴趣，1994—1996年，韩国大宇重工烟台有限公司、韩国现代常州工程机械有限公司、美国卡特彼勒徐州有限公司、日本小松山推工程机械有限公司、合肥日立挖掘机有限公司及成都神钢建设机械有限公司六大中外合资企业纷纷建成并投产，分享中国巨大的挖掘机市场。国内原有挖掘机企业，由于产品技术和企业生产工艺装备水平落后，更主要的是企业体制与机制无法与外资管理企业抗衡，到2000年，外资品牌挖掘机产品在我国市场上的占有率达到88%。国产品牌和技术引进的挖掘机产品被挤出市场，国内原有六大挖掘机企业的位置被6家外商投资企业所代替，面临破产或被兼并重组的局面。

21世纪初，我国工程机械行业实行了大行业管理以后，从政策和创新研发方面加强了对本土品牌挖掘机企业的扶持力度，优化产品设计，鼓励选用进口液压系统及发动机，产品技术水平不断提高，新一代我国品牌挖掘机研发生产正在崛起，国内市场占有率从2000年的12%上升到2011年的38%。挖掘机生产企业发展到46家，其中外资品牌有14个；挖掘机年销售量由2000年的7 926台增长到2011年的17万多台。2000—2011年挖掘机年销售量见表3-2，发展趋势如图3-2所示。

表3-2　2000—2011年挖掘机年销售量

年份	销售量/台	年增长率(%)	年份	销售量/台	年增长率/%
2000	7 926		2006	52 014	52.75
2001	12 397	56.41	2007	71 697	37.84
2002	19 709	58.98	2008	84 765	18.23
2003	34 884	76.99	2009	105 254	24.17
2004	33 769	-3.20	2010	168 594	60.18
2005	34 052	0.84	2011	173 712	3.04

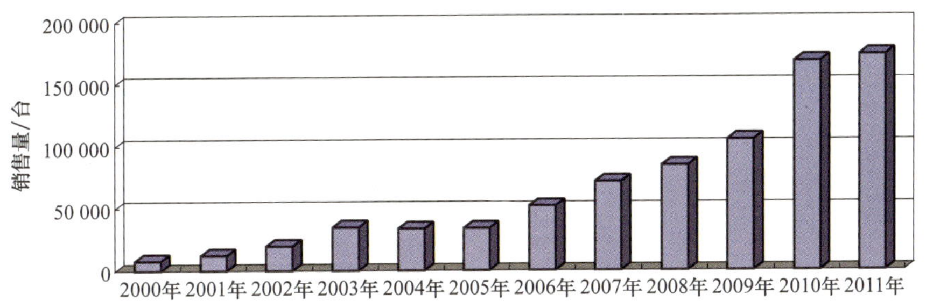

图 3-2 2000—2011 年挖掘机年销售量发展趋势

2. 装载机

装载机是土石方工程运输、散料装卸、林牧区作业、市政工程与环卫建设等场合的主力装备，其用途广泛、产品销售规模大、生产企业多。回顾装载机的发展历史，在 20 世纪 80 年代中后期后，机械工业部重点扶持了装载机的创新研发和技术攻关，加大了对重点企业的扶持力度，提高了装载机的生产技术水平。因此，本土品牌的装载机产品一直主导着国内市场，并有大量出口。2011 年，装载机出口量达到 38 489 台，占销售总量的 15. 58%。装载机的发展轨迹与挖掘机形成了鲜明的对照，除了特大型装载机以外，境外装载机品牌基本上进不了我国市场。2000—2011 年装载机年销售量见表 3-3，发展趋势如图 3-3 所示。其中，2011 年装载机销售量达到 246981 台，成为世界第一装载机生产大国。

表 3-3 2000—2011 年装载机年销售量

年份	销售量/台	年增长率(%)	年份	销售量/台	年增长率/%
2000	20 857		2006	129 793	20. 92
2001	26 352	26. 34	2007	161 628	24. 53
2002	43 349	64. 50	2008	159 940	-1. 04
2003	69 666	60. 71	2009	149 355	-6. 62
2004	91 334	31. 10	2010	216 609	45. 03
2005	107 336	17. 52	2011	246 981	14. 02

3. 推土机

推土机是土方平整、短距离移送的关键设备，其工况条件恶劣，历来被认为是工程机械行业技术含量高、难度大的一类产品。技术含量主要体现在高强度、高可靠性、耐磨损、作业的智能化操作水平、噪声与振动控制等方面，这

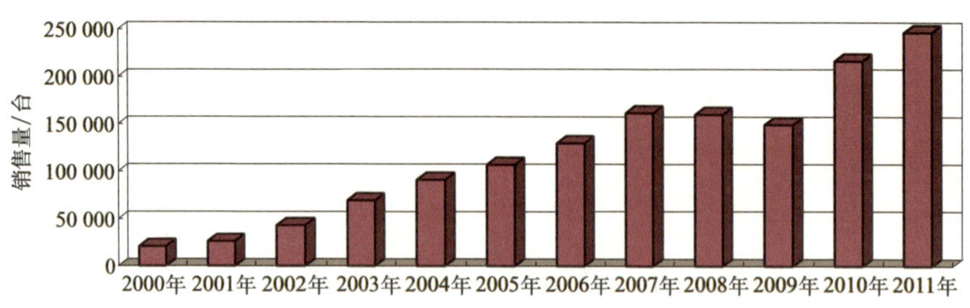

图 3-3　2000—2011 年装载机年销售量发展趋势

是困扰推土机技术创新的难点，致使推土机生产企业在国内外均为数不多。在我国因历史原因，推土机产品的销售利润空间小、风险大，因此重复建设的新生企业少，也无外资企业涉入。近五年来，我国推土机产品的性价比不断提升，出口市场越来越好，发展空间大，从 2001 年出口量只占行业销售总量的 5.5%，到 2011 年上升到 25.2%，达到 3 504 台，是我国工程机械行业出口创汇的重点产品之一。

我国推土机的生产销售基本保持平稳增长的态势，见表 3-4，发展趋势如图 3-4 所示。除因 2004 年国家紧缩基本建设投资和 2009 年受国际金融危机影响外，其余年份的产、销量均呈平稳增长态势。2011 年开始，受国内外宏观经济影响，推土机销售量呈现回调趋势。

表 3-4　2000—2011 年推土机年销售量

年份	销售量/台	年增长率(%)	年份	销售量/台	年增长率/%
2000	2 941		2006	6 087	19.45
2001	3 170	7.78	2007	7 207	18.40
2002	4 750	49.84	2008	8 776	21.77
2003	7 475	57.37	2009	8 599	-2.02
2004	5 611	-24.94	2010	13 911	61.77
2005	5 096	-9.18	2011	13 904	0

4. 平地机

平地机是地面平整和道路施工的关键设备，与挖掘机、推土机等产品比较，平地机承担的工程量相对较少，且作业效率高，因此其在工程建设中的需求量少。在我国工程机械市场，平地机的销售量只有挖掘机的 3%、装载机的 2.5%、

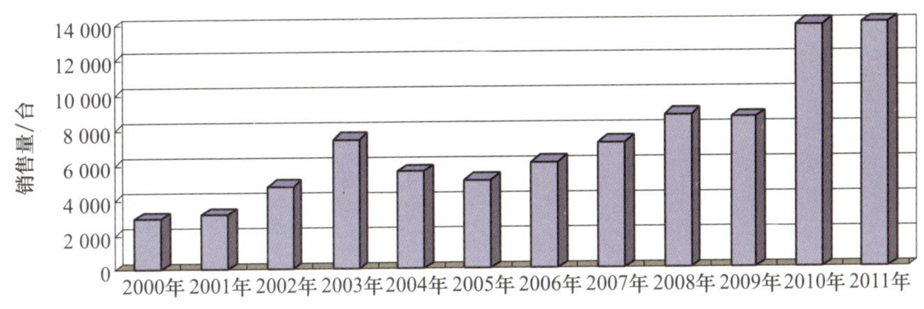

图 3-4 2000—2011 年推土机年销售量发展趋势

推土机的 30% 左右。由于平地机的生产批量小，有时甚至为单件生产，在发达国家占用的劳动力成本比较高，这就使我国制造的平地机的销售量和性价比在国际市场上更有竞争力。

2000—2011 年我国平地机年销售量见表 3-5，发展趋势如图 3-5 所示。1998 年后，我国生产的平地机的产品技术水平不断提高，与发达国家的差距逐步缩小，平地机出口量迅速上升，由 2005 年的 1754 台发展到 2011 年的 2375 台，成为国际平地机第一生产大国和出口大国。今后，发展好平地机的出口市场，就是我国平地机制造企业的发展空间。

表 3-5 2000—2011 年平地机年销售量

年份	销售量/台	年增长率(%)	年份	销售量/台	年增长率/%
2000	834		2006	2 277	29.82
2001	707	-15.22	2007	3 893	70.97
2002	1 212	71.43	2008	4 239	8.89
2003	1 727	42.49	2009	3 608	-14.89
2004	1 788	3.53	2010	4 200	16.41
2005	1 754	-1.90	2011	5 059	20.45

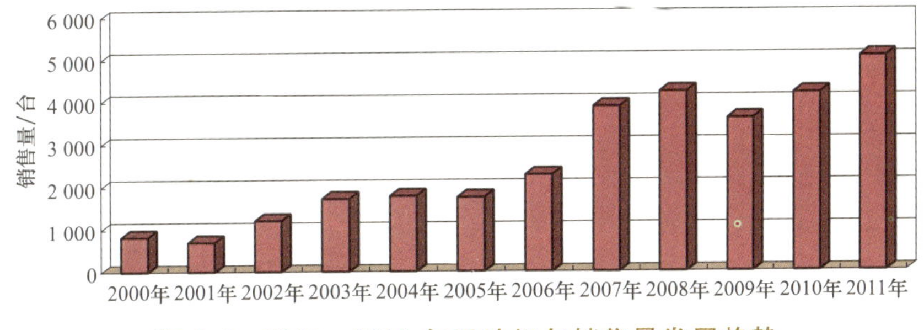

图 3-5 2000—2011 年平地机年销售量发展趋势

5. 压路机

压路机是压实机械中的主流产品，包括静作用压路机、轮胎压路机、振动压路机、冲击压路机等产品，主要用于路基、路面及场地压实施工。

我国生产压路机已有较长的历史，从 1952 年生产 6～8t 两轮内燃压路机开始，至今已能生产各种工况所需求的 22 种不同规格全系列产品，最大吨位达到 28t。现有压路机生产企业 20 多家，其中年销售量超过 1000 台的有 7 家。20 世纪 80 年代中期以后，我国先后引进了西班牙 Comoplesa、瑞典戴纳派克、德国宝马路、法国 Vibromax、日本 Kawacshaka 等公司的先进压路机设计制造技术，经过消化吸收，只有戴纳派克和宝马路公司的产品技术转化较快，引进产品基本上实现了国产化，以后经过消化吸收再创新，逐步形成了具有自主知识产权的系列化产品。到 21 世纪初，凭借成熟的压路机设计制造技术，我国压路机制造业进入了高速发展期，销售量从 2000 年的 5592 台增长到 2010 年的 25 581 台。

2000—2011 年压路机年销售量见表 3-6，发展趋势如图 3-6 所示。图中显示，2003—2007 年，我国压路机生产销售处于调整期。随着高等级公路建设项目的减少，压路机国内市场开始疲软，部分企业于是根据自身产品的性价比优势开拓国际市场，出口量从 2007 年的 2400 多台到 2009 年以后突破万台，占总销售量的 50% 左右，扭转了我国压路机行业发展停滞不前的局面。这就提醒压路机重点制造企业，在今后的产品定位、市场开拓战略中要进一步向国际化发展，做强产业链，做好服务链；必要时相互联合，实现优势互补，向规模效益方向发展，做成压路机行业的国际产业巨头。

表 3-6　2000—2011 年压路机年销售量

年份	销售量/台	年增长率(%)	年份	销售量/台	年增长率(%)
2000	5 592		2006	9 176	11. 41
2001	6 031	7. 85	2007	9 437	2. 84
2002	8 837	46. 52	2008	10 885	15. 34
2003	12 308	39. 28	2009	19 852	82. 38
2004	10 706	-13. 02	2010	25 581	28. 86
2005	8 236	-23. 07	2011	21 617	-15. 5

6. 沥青混凝土摊铺机

沥青混凝土摊铺机是高等级公路修建的必备设备，它的运行控制系统和作业

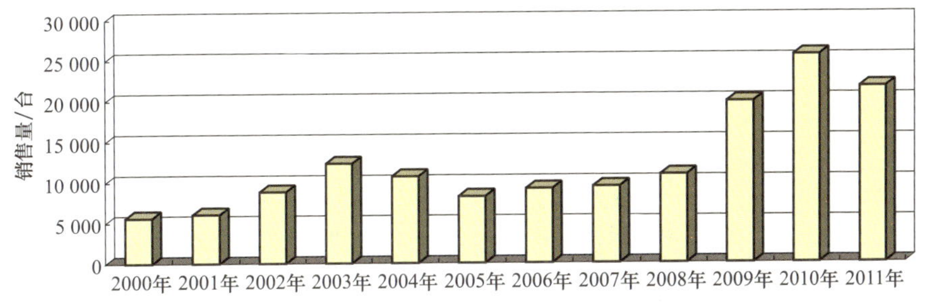

图 3-6　2000—2011 年压路机年销售量发展趋势

功能直接影响沥青摊铺质量。沥青混凝土摊铺机产品技术含量高，配套技术难度大，20 世纪八九十年代，我国高等级路面用的沥青混凝土摊铺机基本依靠进口。为此 1986—1993 年，先后引进了多家国外公司的摊铺机设计制造技术，通过消化吸收，关键配套技术采取与国外合作的形式，逐步形成了国产系列摊铺机产品。以后又在关键零部件和控制方面进行了创新攻关，使沥青混凝土摊铺机的研发水平不断提高。目前，我国开发制造的沥青混凝土摊铺机的综合技术水平已接近国际先进水平，完全能满足高等级公路施工质量的要求，不仅在国内市场占据主导地位，出口量也逐年增长，2011 年出口量达到 700 台以上，销售总量约占全球的 40%。2000—2011 年沥青混凝土摊铺机年销售量见表 3-7，发展趋势如图 3-7 所示。

表 3-7　2000—2011 年沥青混凝土摊铺机年销售量

年份	销售量/台	年增长率(%)	年份	销售量/台	年增长率(%)
2000	420		2006	1 129	24. 89
2001	450	7. 14	2007	1 284	13. 73
2002	1 064	136. 44	2008	1 165	-9. 27
2003	1 306	22. 74	2009	1 678	44. 03
2004	1 363	4. 36	2010	2 939	75. 15
2005	904	-33. 67	2011	3 266	11. 13

7. 轮胎式起重机

轮胎式起重机主要用于交通、能源、原材料、城乡建设工程、工矿企业及现代国防建设等行业，承担着货物垂直升降吊运、设备安装与拆卸和抢险救灾等工作。

轮胎式起重机主要包括汽车起重机、全地面起重机、轮胎起重机、随车起重

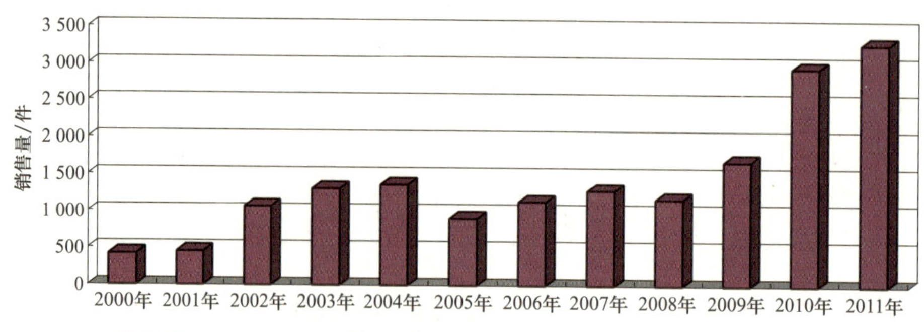

图 3-7 2000—2011 年沥青混凝土摊铺机年销售量发展趋势

机等。其中，随车起重机是安装在载重汽车底盘上的吊具。在我国轮胎式起重机的发展初期，都是利用汽车底盘进行改造，主要研发制造上车的吊装系统，但汽车底盘早已不能满足轮胎式起重机的技术发展要求。至今，我国轮胎式起重机制造业已经完成了汽车底盘的系统化开发和相关配套技术的同步发展工作，产品系列规格及技术水平进入了国际先进行列，不仅占据了国内市场，出口量也达到了总销量的10%以上，2011 年出口量达到 3545 台。2000—2011 年轮胎式起重机年销售量见表 3-8，发展趋势如图 3-8 所示。从图形走势可以看出，轮胎式起重机的年销售量近十年来一直保持平稳增长，但 2010 年以后，轮胎式起重机内需销售量的增长空间越来越小，今后的发展空间主要在国际市场，特别是发展中国家和地区。

表 3-8 2000—2011 年轮胎式起重机年销售量

年份	销售量/台	年增长率(%)	年份	销售量/台	年增长率(%)
2000	3 368		2006	14 312	29. 54
2001	4 049	20. 22	2007	20 933	46. 26
2002	6 426	58. 71	2008	21 436	2. 4
2003	9 646	50. 11	2009	28 627	33. 55
2004	11 594	20. 19	2010	35 361	23. 52
2005	11 048	-4. 71	2011	35 582	0. 6

8. 履带式起重机

履带式起重机是一种不需要铺设轨道的自行式起重机，有电力驱动和内燃驱动两种类型，整机可以空载行走，有时也可以负载移动。

我国履带式起重机发展起步较早，早在 20 世纪 50 年代，就在工业建筑中得到了广泛应用。最早的履带式起重机是在挖掘机底盘上发展起来的，其自重大，

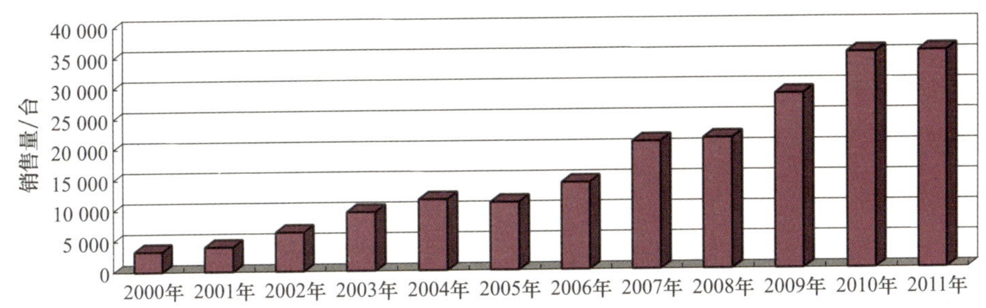

图 3-8　2000—2011 年轮胎式起重机年销售量发展趋势

使用不方便。后来施工单位为了降低施工成本，大量采用“抱杆”和“桅杆”式吊装设备，同时轮胎式起重机向大吨位发展，也取代了履带式起重机的作业，致使我国履带式起重机在 20 世纪 80 年代前一直没有发展起来。

1983 年，抚顺挖掘机厂以技贸结合的方式引进了日本日立建机的 KH125、KH183、KH500 和 KH700 四个机型的履带式起重机，促进了我国履带式起重机的研发生产，逐步形成了我国的系列化履带式起重机产品。

随着我国经济建设节奏的加快，施工效率的提高，大型设备安装和场地物料吊运工作量越来越大，从 20 世纪 90 年代末开始，履带式起重机的市场需求发展强劲，最大起重量为 200 ~ 3200t 大型履带式起重机的进口量急剧上升。因此，2004 年以后，我国履带式起重机的研发生产又步入了快速发展轨道，不仅销售量大幅度增长，大吨位（400t、600t、800t、1 000t、1 250t、1 600t、3 200t）履带式起重机产品也不断被开发出来，并成功完成了大型设备（包括核电工程）的吊装任务。履带式起重机的年销售量从 2003 年的 60 台发展到 2011 年的 1981 台，其 2000—2011 年年销售量见表 3-9，发展趋势如图 3-9 所示。2011 年，我国履带式起重机的出口量达到 767 台，占销售总量的 38. 7%，一跃成为世界履

表 3-9　2000—2011 年履带式起重机年销售量

年份	销售量/台	年增长率(%)	年份	销售量/台	年增长率(%)
2000	7		2006	506	79. 43
2001	44	528. 00	2007	906	79. 05
2002	42	-4. 55	2008	1 643	81. 35
2003	60	42. 86	2009	1 043	-36. 52
2004	248	313. 33	2010	1 687	61. 74
2005	282	13. 71	2011	1 981	17. 43

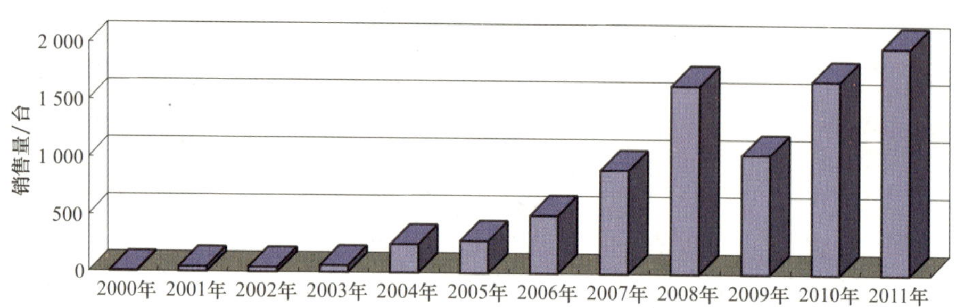

图 3-9　2000—2011 年履带式起重机年销售量发展趋势

带式起重机的制造大国。目前，履带式起重机的主要生产企业有抚挖重工机械股份有限公司、上海三一科技有限公司、徐工集团工程机械股份有限公司和中联重科工程起重机分公司四家，其销售量占全国总销售量的 93%。

9. 塔式起重机

塔式起重机是臂架式起重机的一种。按结构形式可以分为固定式、移动式和自升式（内爬式和附着式）；按回转形式可分为上回转式和下回转式；按变幅方式可分为小车变幅式、动臂变幅式和折臂变幅式；按使用性质又可分为民用建筑用、工业建筑用等。塔式起重机的主参数为起重力矩（t · m）。

自 1978 年改革开放以来，我国塔式起重机的产量得到了稳定增长。1978 年产量只有 481 台，累计产量也只有 2 777 台，1983 年产量达到 1 331 台，累计产量达到 11 920 台，呈缓慢增长态势。1993 年以后，由于国民经济建设速度加快，特别是房地产业开发项目大量启动，促进了塔式起重机的需求快速增长，其产量不断扩大，规模由以小吨位为主向中大吨位发展，企业数量迅速增加。到 1998 年，我国已成为塔式起重机需求量和销售量最大的国家，生产企业数达 130 多家，年生产能力达 10 000 多台。

2000—2011 年塔式起重机年销售量见表 3-10，发展趋势如图 3-10 所示。从图中可以看出，由于房地产业的高速发展，2005 年以后，我国塔式起重机的年销售量迅速增长，到 2011 年达到 5 万台以上。其中大型塔式起重机的比重上升，规格在 60t · m 以上的塔式起重机的比重由 20 世纪 90 年代的 36% 提高到 40%，工业用大型塔式起重机的最大规模已达到 5200t · m，我国已成为名副其实的塔式起重机制造大国。但是在 2011 年以后，我国塔式起重机生产能力过剩情况明显，特别是在房地产调控政策出台以后，塔式起重机的销售量受到了影响，国内市场需求趋向饱和。今后，塔式起重机的生产发展主要侧重于产品的结构调整和升级换代，进一步拓展国际市场。

表 3-10 2000—2011 年塔式起重机年销售量

年份	销售量/台	年增长率(%)	年份	销售量/台	年增长率(%)
2000	5 197		2006	19 422	53. 30
2001	6 236	19. 99	2007	31 020	59. 71
2002	11 500	84. 41	2008	29 918	-3. 55
2003	10 375	-9. 78	2009	36 300	21. 33
2004	8 255	-20. 43	2010	43 400	19. 56
2005	12 693	53. 76	2011	54 248	25. 00

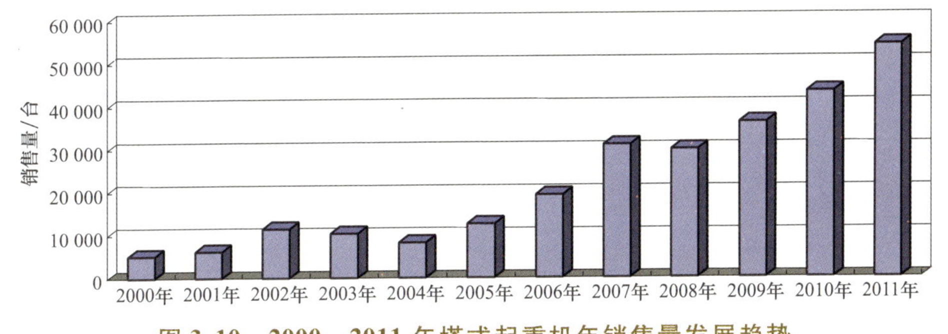

图 3-10 2000—2011 年塔式起重机年销售量发展趋势

10. 叉车

叉车是一种能兼做货物搬运和装卸的机动工业车辆。这类产品可用于工厂企业、车站、港口码头、矿山及各种仓库的货物提升、堆垛、装卸作业，也可完成短距离输送任务，是现代化生产中必备的物料搬运机械。

叉车产品主要有两大类：一类是内燃叉车，又可分为平衡重式叉车和侧面叉车两种，其中平衡重式叉车包括集装箱叉车和正面吊运机；另一类是电动叉车，电动叉车的品种比较多，有平衡重式、前移式、插腿式、步行式、防爆电动式、堆垛式和拣选式等。

我国叉车生产发展起步晚，在 20 世纪 60 年代以前，基本由企业自行发展，没有纳入国家重点发展规划“七五”计划开始到“八五”计划期间，叉车生产开始得到国家的重视，先后对部分叉车企业进行了技术改造，提高了我国叉车的生产能力，到 2000 年，叉车年销售量已达到 2 万台的水平。

从 21 世纪初开始，随着我国经济总量的持续高速增长，加入 WTO 以后，进出口贸易货物周转量大幅增加，国内物资流通及专业化生产的大幅度发展，大大刺激了对叉车产品的需求，其增长速度几乎不受宏观经济调控的影响，叉车销售量不断飙升。2000—2011 年叉车年销售量见表 3-11，发展趋势如图 3-11 所示。叉车年销售量从 2000 年的 21 246 台到 2011 年达到 313 847 台，十余年之中增长了 13.7 倍，这是世界叉车发展史上的奇迹。从 2009 年开始，我国内需市场拉动开始乏力，由出口带动叉车继续保持好的增长势头。2011 年，叉车出口量达到 84 249 台，扣除出口，内需市场只比上年增长了 8%。因此，“十二五”期间，叉车发展的战略重点为出口贸易，在兼顾内需的基础上加大出口力度，特别是新兴经济国家是叉车发展的新兴市场。

表 3-11　2000—2011 年叉车年销售量

年份	销售量/台	年增长率(%)	年份	销售量/台	年增长率(%)
2000	21 246		2006	106 669	56.62
2001	33 153	56.04	2007	163 320	53.11
2002	32 977	-0.05	2008	172 519	5.63
2003	48 607	47.40	2009	163 758	-5.08
2004	57 593	18.49	2010	259 669	58.57
2005	68 108	18.26	2011	313 847	20.86

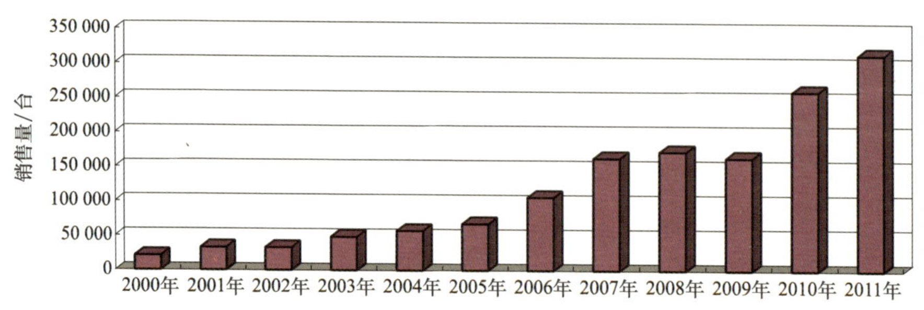

图 3-11　2000—2011 年叉车年销售量发展趋势

11. 商品混凝土机械

所谓商品混凝土，是指在固定的混凝土搅拌厂（站），将搅拌好的混凝土半成品以商品的形式供应给施工用户进行现场洗灌。对于大型工地，如水坝，可将搅拌站设置在施工现场，以便尽快将混凝土送到工地，提高经济效益，其生产工艺与混凝土搅拌厂的生产工艺相同。商品混凝土的推广应用，不仅可以提高作业效率，减少原材料消耗，更主要的是商品混凝土的配料、搅拌都有严格的标准和操作规范，能满足现代化建筑工程的质量要求，所以推进混凝土商品化集中生产势在必行。

商品混凝土的搅拌与输送设备主要包括混凝土搅拌楼、混凝土搅拌运输车、混凝土泵、混凝土泵车、混凝土布料杆等及其他配料辅助设备。这里主要涉及的是混凝土搅拌楼、混凝土搅拌运输车、混凝土泵及泵车四大主流产品。

我国商品混凝土的正式推广是从20世纪90年代初开始的，部分企业开始研制生产商品混凝土机械，但当时的产品技术水平和质量与进口产品相比差距明显，重点工程施工用的商品混凝土机械以进口为主，不采用国产产品。

随着我国建筑业的快速发展，我国商品混凝土机械从技术引进、消化吸收开始，产品技术和产能迅速发展，企业得到了很好的效益回报。据当时部分数据统计，1991—1996年，我国商品混凝土机械4种主机的销售量从404台发展到3 717台，增长了8.2倍，各产品来源及增长情况见表3-12。

表3-12　1991年和1996年商品混凝土机械产品来源及增长情况

（单位：台）

年份	混凝土搅拌楼			混凝土搅拌运输车			混凝土泵		
	国产	进口	小计	国产	进口	小计	国产	进口	小计
1991	92	29	121	107	44	151	94	38	132
1996	323	336	659	635	1 476	2111	791	156	947
增长率（%）	251	1 058.6	445	493.46	3254.5	1 298	741.5	310.5	617.4

注：混凝土泵车当时还没有推广使用，故未统计在内。

由于商品混凝土机械市场需求紧张，产品研制利润空间大，许多企业投入到商品混凝土机械的技术引进和研制开发中来，使我国商品混凝土机械跨入了大发展阶段。1994—1998年，国内26家企业先后引进了7个国家的44项商品混凝土机械设计制造技术，当时世界上最先进或比较先进的商品混凝土机械设计制造技术都被引入我国，但有些关键控制技术和配套部件没有引进过来，在以后的生产中还需进口。在引进技术的同时，国内许多企业，包括行业外的一些企业纷纷转向商品混凝土机械制造业，生产企业数量由1991年的几家发展到21世纪初的60多家，多数企业一年只能生产几套设备，重复引进和重复生产情况十分严重。因此经过这一轮的发展，尽管市场需求快速增长，直接进口量却在大幅下降，进口额由1991年的2亿美元下降至1998年的5 736万美元，1998 年只进口混凝土泵 94 台、混凝土搅拌运输车 283 台、混凝土搅拌楼 205 台、混凝土泵车 40 台。

自建设部关于促进商品混凝土发展政策出台以后，产品销售量不断攀升，产品技术不断趋向成熟和稳定，使我国成为了国际商品混凝土机械的制造大国，并逐步走向世界市场。到 2011 年，混凝土泵的出口量达 2 621 台，占其销售总量的 37.2%；混凝土搅拌运输车的出口量为 2 980 台，占其销售总量的 7.1%；混凝土泵车出口 4763 台，占其销售总量的 46.7%。2000—2011 年商品混凝土机械年销售量见表 3-13，发展走势如图 3-12 ~ 图 3-15 所示。表中统计的数据是行业中主要企业的销售发展情况。据中国工程机械工业协会混凝土机械分会的初步统计，2011 年，我国混凝土泵车的销售量已突破 10 000 台，混凝土搅拌运输车销售量达 40 000 台，混凝土泵销售量超过 7 000 台，混凝土搅拌楼销售量近 6 000台。

表 3-13　2000—2011 年商品混凝土机械年销售量

（单位：台）

年份	混凝土搅拌站		混凝土泵		混凝土搅拌运输车		混凝土泵车	
	销售量	年增长率(%)	销售量	年增长率(%)	销售量	年增长率(%)	销售量	年增长率(%)
2000	374		1 113		1 668		285	
2001	486	29.95	1 825	63.97	2 971	78.12	302	5.96
2002	890	83.13	2 835	55.34	5 700	91.85	485	60.60
2003	894		2 966	4.62	8110	42.28	858	76.90
2004	1 321	47.76	2 593	-12.58	6 355	-21.64	1 027	19.70
2005	1 300	-1.56	3 500	34.98	6 500	2.28	1 200	16.85
2006	1 992	53.23	3 108	-11.20	7 450	14.61	1 890	57.50
2007	1 847	-7.28	3 975	27.90	9 693	30.11	3 855	103.97
2008	2 980	61.34	4 160	4.65	10 335	6.62	4 257	10.45
2009	4 949	66.07	5 551	33.43	23 539	127.76	5 186	21.73
2010	6 180	24.87	7 260	30.79	35 793	52.06	7 964	53.57
2011	5 866	-5.10	7 040	-3	41 698	16.50	10 190	27.95

12. 旋挖钻机

旋挖钻机是桩工机械家族中的新成员，是灌注桩施工的重要设备。在我国市

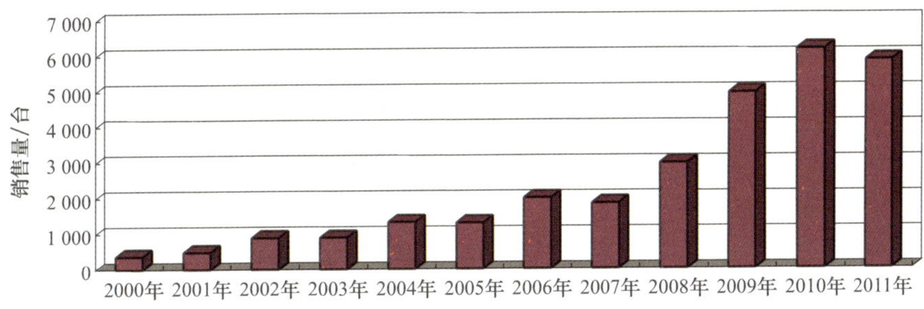

图 3-12 2000—2011 年混凝土搅拌站年销售量发展趋势

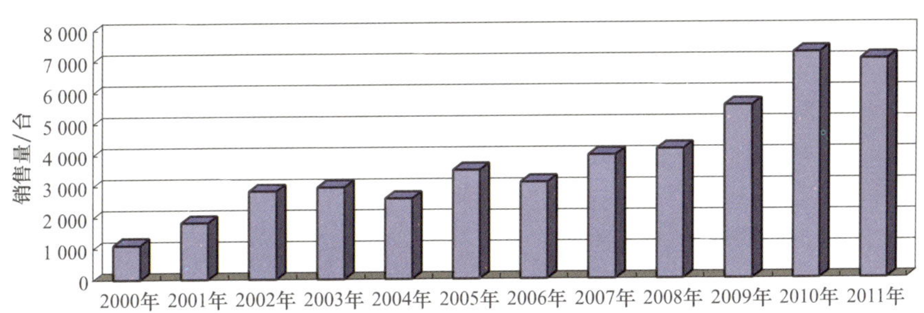

图 3-13 2000—2011 年混凝土泵年销售量发展趋势

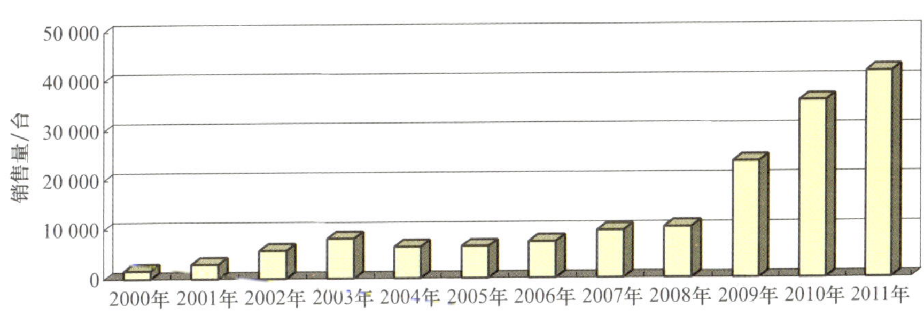

图 3-14 2000—2011 年混凝土搅拌运输车年销售量发展趋势

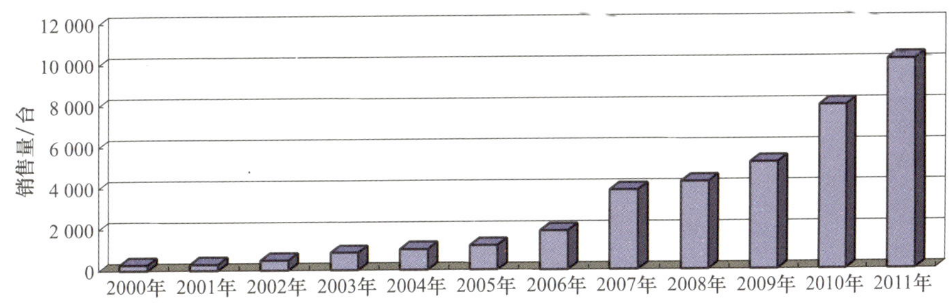

图 3-15 2000—2011 年混凝土泵车年销售量发展趋势

场，该产品在20世纪90年代才开始得到应用，而且都是进口产品，其价格昂贵，单台价格为70~100万美元。2000年我国开始生产旋挖钻机，2001年销售3台，由于旋挖钻机进行桩基施工时具备灵活、高效、质量好等特点，产品一上市，就引起了人们对它的青睐，发展速度很快。2001—2010年旋挖钻机年销售量见表3-14，发展趋势如图3-16所示。从2005年开始，其销售量一度突飞猛进，当年出口4台，创汇296万美元；2010年出口达到135台，创汇7 695万美元。

表3-14　2001—2010年旋挖钻机年销售量

年份	销售量/台	年增长率(%)	年份	销售量/台	年增长率(%)
2001	3		2006	368	209.24
2002	23	666.67	2007	546	48.37
2003	77	234.78	2008	1 007	84.43
2004	95	23.38	2009	1 264	25.52
2005	119	25.26	2010	2 111	67.01

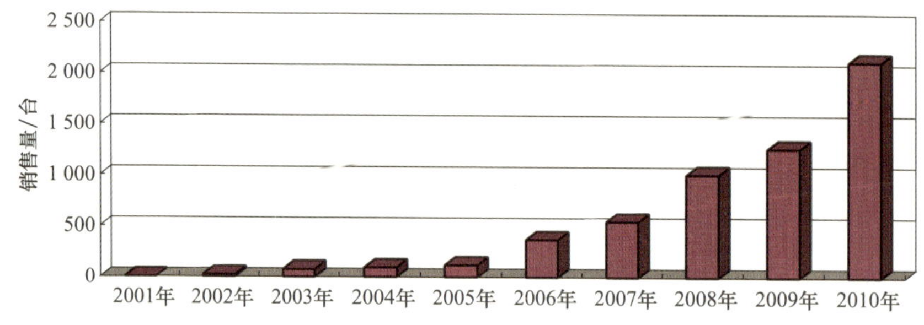

图3-16　2001—2010年旋挖钻机年销售量发展趋势

由于旋挖钻机研发生产的投资回报率高、市场好，所以旋挖钻机一上市，许多企业便跟进开发生产，到2010年，全国旋挖钻机的生产企业数量达到20多家，产品由5年前的供不应求变成产能过剩、价格下降。其中，北京三一重工股份有限公司、湖南山河智能机械股份有限公司、中联重科股份有限公司和上海金泰工程机械有限公司4家企业的年销售量达到200台以上；郑州宇通重工有限公司、徐州徐工基础工程机械有限公司、山东福田雷沃重工股份有限公司、北京南车时代机车车辆机械有限公司4家企业的年销售量达到100台以上。

旋挖钻机产品市场需求的快速增长，与我国铁路、公路、桥梁、城市地铁轻轨等建设进入高峰期密切相关。目前这些建设已进入调整期，市场需求的增长空间越来越小，旋挖钻机在国内市场的销售情况由供需平衡开始转向供过于求，市场竞争已将产品利润摊薄，包括出口市场单台销售价格下降了 5 ~ 7 万美元，低价恶性竞争形势正在蔓延。针对这种发展趋势，行业竞争的焦点应从价格转向品牌建设。目前的这种行业生产格局是在特定的历史条件下形成的，今后很难有这种快速发展机会，我国旋挖钻机生产企业有 4 ~ 6 家就可满足市场需求。在战略上，建议各企业进行联合，进一步提高生产集中度，集中力量做好品牌，通过政策和市场机制淘汰一批企业，进一步把市场转向国际，推出品牌产品，这样才能有更大的发展空间。

3.1.3 大型企业向“规模收益递增”型发展

在市场经济活动中，一个行业、一类产品或一家企业的发展规模是显示其市场竞争力的重要综合指标。在不同规模下，生产要素组合形式、专业化、科技进步力度和模式、资源配置和营销信息化成本等都会有不同的展现，符合经济规模和“规模收益递增”的发展模式，市场竞争力就会逐渐增强。因此，评价一个行业或一家企业的竞争力时，必须把产品生产制造的经济规模和“规模效益递增”结合起来考虑，通常用核心竞争力指标来衡量。工程机械大部分产品属于规模经济型产品，只有大型、特大型和服务面很窄的专用设备与规模经济的关联度不大。例如：挖掘机、装载机、推土机、叉车、轮胎式起重机等产品都属于规模经济型产品，其中挖掘机的生产经济规模为 800 ~ 1 000 台，竞争性规模应在 2 000台以上；装载机的生产经济规模为 3 000 台，竞争性规模应在 5 000 台以上；推土机的生产经济规模为 800 台，竞争性规模应在 1 500 台以上；叉车的生产经济规模为 5 000 台，竞争性规模应在 1 万台以上；轮胎式起重机的生产经济规模为 1 000 台，竞争性规模应在 1 800 台以上。根据经济规模理论，规模越大，固定成本摊销越少，虽然大型、特大型和服务面窄的专用设备往往是单件小批量生产，但只要抓好产品研发工作，吸收其他国家的先进制造技术，在发展中国家进行制造时，固定成本同样可以大幅降低，要比在发达国家中制造更有竞争优势。这是 21 世纪以来，工程机械制造业向发展中国家（特别是中国）转移的主要原因之一。

从 21 世纪初开始，我国工程机械行业大型企业的生产规模不断扩大，实现了“规模收益递增”的快速发展。2000—2010 年，我国工程机械行业的营业收入已从 480 亿元上升到 4 367 亿元，利润由 21.8 亿元上升到 452 亿元，营业收入增长了 8.09 倍，利润则增长了 19.73 倍。这就是大型企业“规模收益递增”发展所作出的贡献。我们从中选出发展轨迹具有可比性的16家大型企业，将其2000年和2010年的营业收入和利润情况列于表3-15中。从表中可以看出，这16家企业的总营业收入从2000年的120.86亿元发展到2010年的2 716.67亿元，利润由6.337亿元增长到285.29亿元。其中，营业收入增长了21.48倍，利润则增长了44.02倍，利润增长幅度高于营业收入增长幅度22.54倍。这些数据充分说明，由于大型企业生产规模的快速发展，其带来的经济收益的增长速度是其他企业不可相比的，这就是“规模收益递增”型的发展模式。

表3-15 16家大型工程机械企业2000年和2010年营业收入与利润

（单位：亿元）

序号	企业名称	2000年		2010年	
		营业收入	利润	营业收入	利润
1	徐工集团工程机械有限公司	40.58	0.526	660.26	37.31
2	中联重科股份有限公司	2.31	0.620	508.58	56.62
3	三一重工股份有限公司	8.10	1.860	455.75	83.55
4	广西柳工集团有限公司	9.62	0.098	237.69	23.46
5	成都神钢工程机械(集团)有限公司	7.43	0.024	156.06	13.74
6	山推工程机械股份有限公司	5.66	0.021	133.99	11.65
7	中国龙工控股有限公司	5.67	0.340	120.20	21.42
8	厦门厦工机械股份有限公司	6.83	0.310	103.32	7.43
9	杭叉集团股份有限公司	2.38	0.183	71.31	2.54
10	山东临工工程机械有限公司	4.43	0.283	71.71	10.53
11	安徽叉车集团有限责任公司	8.65	0.80	50.23	4.61
12	江麓机电集团有限公司	3.11	0	39.05	1.67
13	山东方圆集团	5.13	0.635	34.21	4.32
14	山东山工机械有限公司	4.54	0.104	30.17	2.79
15	内蒙古北方重型汽车股份有限公司	2.39	0.430	20.28	0.90
16	常林股份有限公司	4.03	0.103	23.86	2.75
	合计	120.86	6.337	2 716.67	285.29

3.2 行业结构

在发达资本主义国家，行业结构的优化是通过市场竞争体制、机制与相关法规，不断淘汰落后企业，竞争力强的企业不断发展和壮大，兼并其他企业，使行业结构趋向合理。发达资本主义国家通过百余年历史中积累下来的经验，解决了社会生产效率问题。改革开放以来，我国走的是以国有体制为主导，具有中国特色的社会主义市场经济道路，以公平、公正为社会发展准则，既可以发挥市场竞争体制与机制的作用，又有与资本主义国家相比，对资源配置更为有力的宏观调控与引导作用，借鉴发达国家市场经济的发展成果更上一层楼，这是社会主义市场经济体制具有优势的一面。但是，我国的管理层是从计划经济体制中“脱胎”过来的，有些部门和地方包括企业，其行政管理观念和市场经济理念有时会自觉或不自觉地混淆在一起，导致政企不分，没有充分发挥社会主义市场经济的优势，很长一段时间以来，并没有把优化行业结构作为指导宏观和微观经济发展的重要目标来实施。工程机械行业也不例外，有些地方为发展经济，片面追求GDP指标，只看自己这一局部，不看全局；重复投资，只发展产能规模，不提升核心竞争力；生产企业点多、分散，开展低价恶性竞争；企业受地方保护，兼并重组难；行业结构不合理现象长期存在，内耗严重，给行业发展带来了损失。

在“九五”计划以后，国家从政策面上加大了对工程机械行业发展的调控力度，特别是国家政策性资金主要用于择优扶强，以达到“四两拨千斤”的目的，不断扩大和提升优质资产的作用，把创新意识和创新能力强的企业技术中心上升为国家级技术中心，促进企业向集团化发展，不断提高规模收益，加快了企业之间的兼并重组，迎来了工程机械行业以质量、效益为主的高速发展期。这一时期的发展特征主要体现在以下七个方面。

3.2.1 行业生产集中度大幅度提高

21世纪开始以来，随着社会主义市场经济的深入发展，通过市场竞争、优胜劣汰，给企业兼并重组提供了发展环境。通过兼并重组，核心竞争力强的重点骨干企业的生产规模不断扩大，市场占有率不断提高，成为各类产品发展的“排头兵”企业，而且有能力参与国际市场竞争。这些企业的发展速度令人赞叹，我们从中选出10家具有代表性的企业，将其2000年和2010年的主营业务销售额列于表3-16中。2000—2010年，这10家企业的销售额平均增长了24.67倍，利润则增长了51.82倍，得到了装备制造业领导、媒体、企业的广泛关注。但是，也有一些其他企业的竞争力下降，效益年年滑坡，逐渐被挤出市场，企业两级分化加剧。

表 3-16　2000 和 2010 年 10 家代表性企业的发展规模

序号	企业名称	销售额/亿元			利润总额/万元		
		2000 年	2010 年	增长/倍	2000 年	2010 年	增长/倍
1	徐工集团	40.582	660.265	15.27	5261	373 056	70
2	中联重科股份有限公司	2.315	508.577	218.72	6 159	536 163	86
3	三一重工股份有限公司	8.103	455.753	55.25	18 029	835 462	45.34
4	广西柳工集团有限公司	9.624	237.694	23.70	980	234 577	238.36
5	山推工程机械股份有限公司	5.661	133.991	22.67	2 073	111 065	52.58
6	中国龙工控股有限公司	5.666	120.199	20.21	3 362	214 216	62.72
7	厦门厦工机械股份有限公司	6.876	103.320	14.03	3 049	74 262	23.36
8	安徽叉车集团有限公司	8.651	50.228	4.81	8 013	46 131	4.76
9	杭叉集团股份有限公司	2.381	71.350	28.97	1 833	25 431	12.87
10	成都神钢工程机械(集团)有限公司	7.433	156.057	20	236	137 421	581.29
	合计	97.292	2 497.434	24.67	48 995	2 587 784	51.82

据 2010 年行业协会统计，1998 年大型企业（主营业务收入≥4 亿元）只有 15 家（其中外资和外资控股公司 9 家），到 2010 年发展到 88 家（其中外资和外资控股公司 21 家），12 年中增加了 73 家。工程机械主机产品制造企业由 1998 年的 1008 家减少到 2010 年的 710 家，企业数量减少了 298 家，但行业主营业务收入规模则增长了 13 倍。

88 家大型企业 2010 年主营业务收入见表 3-17。从表中可以看出，这 88 家企业 2010 年的主营业务收入已达到 4 298.7951 亿元，占全行业的 97%。其中，主营业务收入在 10 亿元以上的企业有 63 家，其主营业务收入达到 4 120 亿元，占全行业的 93.5%；主营业务收入在 100 亿元以上的特大型企业有 10 家，其主营业务收入达到 2 583.7 亿元，占全行业的 59%。通过这些企业的高速成长和对其他企业的兼并重组，整合了一批企业，盘活了存量资产，为行业发展作出了重大贡献。

表 3-17　2010 年工程机械行业大型企业主营业务销售规模

序号	企业名称	主营业务收入（亿元）	备注
1	徐州工程机械集团有限公司	660.264 5	国有控股,上市公司
2	长沙中联重工科技发展股份有限公司	508.576 8	国有控股,上市公司
3	三一重工有限公司	455.753 1	民营股份制,上市公司
4	广西柳工集团有限公司	237.694 1	国有控股,上市公司
5	成都神钢工程机械(集团)有限公司	156.057 4	中资控股合资公司
6	山推工程机械股份有限公司	133.990 7	国有控股,上市公司
7	中国龙工控股有限公司	120.199 3	民营股份制,上市公司
8	斗山工程机械(中国)有限公司	105.515 7	外资企业
9	厦门厦工机械股份有限公司	103.319 8	国有控股,上市公司
10	小松山推工程机械有限公司	102.310 6	中外合资企业
11	日立建机(中国)有限公司	98.908 5	外资企业
12	上海三菱电梯有限公司	86.764 0	中资控股合资企业
13	日立电梯(中国)有限公司	77.597 4	外资控股合资企业
14	卡特彼勒(徐州)有限公司	75.590 5	外资企业
15	山东临工工程机械有限公司	71.714 8	外资控股,合资企业
16	杭叉集团股份有限公司	71.305 1	民营股份制
17	西子奥迪斯电梯有限公司	57.119 6	外资控股合资企业
18	安徽叉车集团有限公司	50.227 9	国有控股,上市公司
19	现代(江苏)工程机械有限公司	46.035 5	外资控股合资企业
20	山东福田雷沃重工股份有限公司	41.908 8	民营企业
21	安徽星马汽车股份有限公司	39.374 5	国有控股
22	小松(常林)工程机械有限公司	37.260 0	外资控股合资公司
23	江麓机电科技有限公司	35.744 8	国有控股
24	沈阳北方交通重工集团有限公司	35.598 0	民营企业
25	山东常林机械集团有限公司	34.846 9	民营企业
26	中国铁建重工集团有限公司	34.344 9	国有控股
27	山东山工机械有限公司	30.165 8	外资企业
28	湖南山河智能机械股份有限公司	28.440 0	民营股份制,上市公司

（续）

序号	企业名称	主营业务收入（亿元）	备　注
29	东芝电梯（中国）有限公司	25.978 8	外资企业
30	蒂森电梯有限公司	25.820 0	外资企业
31	成都神钢建设机械有限公司	25.518 5	外资控股，合资企业
32	昆明中铁大型养路机械集团有限公司	25.010 0	国有企业
33	山东方圆集团	24.210 2	民营企业
34	常林股份有限公司	23.863 4	国有控股，上市公司
35	迅达（中国）电梯有限公司	23.426 0	外资企业
36	苏州迅达电梯有限公司	21.824 1	外资企业
37	北京现代京城工程机械有限公司	21.797 0	国有控股
38	内蒙古北方重型汽车股份有限公司	20.287 3	中资控股合资企业，上市公司
39	郑州宇通重工有限公司	20.103 5	民营股份制
40	浙江开山集团	19.740 0	民营企业
41	山东鸿达建工集团有限公司	19.658 3	民营企业
42	山东华夏集团有限公司	19.245 5	民营企业
43	沃尔沃建筑设备（中国）有限公司	18.998 0	外资企业
44	卡特彼勒路面机械（徐州）有限公司	18.439 7	外资企业
45	上海永大电梯设备有限公司	17.786 5	外资企业
46	广州奥迪斯电梯有限公司	17.425 0	外资控股合资企业
47	广西玉柴重工有限公司	16.670 0	国有控股
48	亚实履带（天津）有限公司	15.854 0	外资企业
49	武桥重工集团股份有限公司	15.120 0	国有控股
50	成都市新筑路桥机械股份有限公司	13.961 6	民营股份，上市公司
51	林德（中国）叉车有限公司	13.948 6	外资企业
52	大连星玛电梯有限公司	13.452 0	外资控股合资企业
53	抚顺挖掘机制造有限责任公司	12.707 8	中资控股合资企业
54	一拖集团有限公司（工程机械事业部）	11.698 7	国有控股
55	抚顺永茂建筑机械有限公司	11.523 7	民营企业
56	上海华东建筑机械厂有限公司	11.486 7	国有企业

（续）

序号	企业名称	主营业务收入（亿元）	备　注
57	陕西航天动力高科技股份有限公司	10.800 0	国有控股，上市公司
58	山东云宇机械集团有限公司	10.625 7	民营股份制
59	广西建工集团建筑机械制造有限责任公司	10.619 0	国有企业
60	泰安航天特种车有限公司	10.590 2	国有企业
61	北方重工集团有限公司盾构机分公司	10.236 0	国有控股
62	浙江诺力机械股份有限公司	10.147 5	民营股份制
63	秦皇岛天业通联重工股份有限公司	10.037 2	民营股份制
64	四川长江工程起重机有限责任公司	9.259 3	国有企业
65	福建晋工机械有限公司	9.154 8	民营企业
66	贵州詹阳动力重工有限公司	8.066 0	外资控股
67	力士德工程机械股份有限公司	8.022 4	民营股份制
68	上海彭浦机器厂有限公司	7.808 9	国有企业
69	浙江红五环机械股份有限公司	7.751 0	民营企业
70	宁波如意股份有限公司	7.620 0	民营企业
71	徐州华东机械厂	7.478 6	国有企业
72	河北宣化工程机械股份有限公司	7.163 4	国有控股，上市公司
73	浙江省建设机械集团有限公司	6.995 6	国有企业
74	天津建筑机械厂	6.939 9	国有企业
75	上海金泰工程机械有限公司	6.000 0	股份制企业，上市公司
76	福建南方路面机械有限公司	5.800 0	民营企业
77	大连叉车有限责任公司	5.752 7	股份制企业
78	陕西建设机械股份有限公司	5.528 0	国有控股
79	利勃海尔机械（大连）有限公司	4.892 9	外资企业
80	中交西安筑路机械有限公司	4.672 9	国有企业
81	四川建设机械（集团）股份有限公司	4.628 3	国有企业
82	重庆大江信达车辆股份有限公司专用车公司	4.627 5	国有企业
83	徐州天地重型机械制造有限公司	4.515 6	民营股份制

（续）

序号	企业名称	主营业务收入（亿元）	备注
84	马尼托瓦克东岳重工有限公司	4.294 9	外资控股
85	鼎盛天工工程机械股份有限公司	4.280 6	股份制上市公司
86	郑州新大方重工科技有限公司	4.240 0	民营企业
87	浙江衢州煤矿机械总厂有限公司	4.047 3	国有企业
88	马鞍山方圆回转支承有限公司	4.015 0	股份制企业，上市公司
	合计	4 298.795 1	

3.2.2 主要产品生产达到经济规模和竞争性规模

在企业规模发展的同时，主要产品的生产集中度也随之大幅度提高，销售服务网络逐步健全，部分主流产品生产形成经济规模，有的产品达到竞争性规模，成本下降，利润上升，规模效益逐渐显现。现对 7 种主要产品分述如下。

1. 挖掘机

2010 年，全国挖掘机生产企业有 40 多家，被统计的 23 家主要企业的总销售量达到 168 594 台，其中前 10 家企业的销售量均已达到竞争性规模，销售量占本行业的 80%。有 6 家企业的年销售量超过万台，其中斗山工程机械（中国）有限公司 21 926 台、日立建机（中国）有限公司 17 581 台、小松（中国）投资有限公司 23 762 台、卡特彼勒（徐州）有限公司 10 326 台、三一重工有限公司 14 154台、现代（江苏）工程机械有限公司 10 820 台。2011 年，这 23 家企业的总销售量达到 173 712 台，同比只增长 3.04%。其中，外企品牌挖掘机销售量和市场占有率都在下降，如小松（中国）投资有限公司的销售量下降了 16.25%，现代（江苏）工程机械有限公司的销售量下降了 6.35%，斗山工程机械（中国）有限公司的销售量下降了 24.12%。但是，本土品牌挖掘机的销售量继续大幅增长，例如：三一重工有限公司销售 20 613 台，同比增长 45.63%；广西玉柴重工有限公司销售 9 890 台，同比增长 32.17%；广西柳工集团有限公司销售 7 438台，同比增长 32.94%。相比之下，今后随着本土品牌产品知名度的提高，规模效益进一步提升，市场竞争力还将进一步提高。

2. 装载机

全国有装载机生产企业 60 多家，其中达到经济规模的企业有 19 家，达到竞争性规模的有 8 家。2010 年，达到经济规模的 19 家企业的总销售量达到 216 690 台，其中达到竞争性规模的 8 家企业的销售量占总销售量的 86%。2011 年，达到经济规模的 19 家企业的总销售量上升到 246 981 台，同比增长 14%，其中前 4 家企业的销售量占 67.7%，包括中国龙工控股有限公司 44 602 台、广西柳工集团有限公司 43 727 台、厦门厦工机械股份有限公司 40 085 台、山东临工工程机械有限公司 38 898 台，均为本土品牌，其生产集中度足以主导中国装载机行业国内市场。

3. 推土机

2010 年，全国推土机生产企业有 9 家，总销售量为 13 911 台。其中，山推工程机械股份有限公司销售 8 644 台，达到竞争性规模，河北宣化工程机械股份有限公司销售 1 507 台，这两家企业的市场份额达到 73%。2011 年，9 家企业的总销售量为 13 094 台，同比下降 5.87%，其中山推工程机械股份有限公司销售 8 157 台，市场占有率为 62.3%；河北宣化工程机械股份有限公司和天津建筑机械厂分别销售 1 123 台和 889 台，市场占有率分别为 8.58% 和 6.79%。2011 年，这三家企业的市场占有率达到 77.67%，同比提升了 5%，规模优势继续保持。

4. 轮胎式起重机

全国有轮胎式起重机生产企业 16 家，其中年销售量超过 1 000 台的有 6 家，生产集中度比较高。2010 年，12 家主要企业的总销售量为 35 361 台，其中徐工集团徐州重型机械有限公司销售 18 180 台，市场占有率高达 51.4%；长沙中联重工科技发展股份有限公司起重机分公司销售 8 840 台，市场占有率为 25.0%；安徽柳工起重机有限公司销售 2 136 台，市场占有率为 6%；三一汽车起重机械有限公司销售 2003 台，市场占有率为 5.7%；马尼托瓦克东岳重工有限公司销售 1 112 台，市场占有率为 3.1%；四川长江工程起重机有限责任公司销售 1 230 台，市场占有率为 3.5%。这 6 家企业的市场占有率达到 94.7%，基本上控制了国内和出口市场。2011 年，轮胎式起重机的总销量达到 35 582 台，同比增长 0.6%，增长势头开始减缓。

5. 履带式起重机

2011 年，全国 8 家履带式起重机生产企业的总销售量为 1 981 台，同比增长 20.5%，其中出口 744 台，占总销售量的 37.6%。主要生产企业有 4 家，其中中联重工科技发展股份有限公司起重机分公司销售 539 台，徐工集团工程机械股份有限公司建设机械分公司销售 418 台，上海三一科技有限公司销售 346 台，辽宁抚挖重工机械股份有限公司销售438台。这4家企业销售量占总销量的87.9%。产品最大起重量从16t到3 200t已形成系列化，产销规模已稳居世界第一，这4家企业成为国际履带式起重机行业中后来居上的品牌。

6. 压路机

2010年，全国有压路机生产企业25家，总销售量达25 581台，其中有7家企业的产销量已达到竞争性规模，其销售量见表3-18。这7家企业的销售量已占全行业的83.2%，生产集中度比较高。2011年，全国压路机的总销售量为21 617台，同比下降15.5%，其中出口12 363台，占总销售量的57.2%，逐渐转向外销性产品。

表3-18　2010年压路机主要生产企业销售量

序号	企业名称	销售量/台	市场占有率(%)
1	徐工集团工程机械股份有限公司	7 006	27.4
2	江阴柳工道路机械有限公司	3 070	12.0
3	洛阳路通重工机械有限公司	2 559	10.0
4	山推工程机械股份有限公司	2 407	9.4
5	厦工(三明)重型机器有限公司	2 336	9.1
6	中国一拖集团有限公司	1 989	7.8
7	龙工(上海)路面机械制造有限公司	1 923	7.5
	小计	21 290	83.2

7. 叉车

2010年，全国叉车生产企业有30多家，销售量达到259 669台，生产集中度不断提高。有4家企业的产销量已达到竞争性规模，其中杭叉集团股份有限公司销售57 823台，安徽叉车集团有限责任公司销售61 801台，龙工（上海）叉车有限公司销售10 463台，林德（中国）叉车有限公司（外资企业）销售10 539台。这4家企业的销售量占全行业总销售量的54.2%。2011年，全国叉车总销售量已达到313 847台，同比增长20.9%，其中出口76 074台，占总销售量的24.2%。据此，中国已成为世界第一叉车制造大国。

3.2.3　产业集群逐步形成

中国工程机械产业的90%集中在山东省、江苏徐州地区、“长三角”地区、湖南长沙市及四川、广西等地，主要的生产协作配套企业也是围绕这些地区发展的，其分布情况如下。

1. 山东工程机械集群板块

以济宁、临沂、青州、泰安、烟台为集聚中心的山东工程机械集群板块，经济规模以上的主机生产企业有60多家，另有近20家协作生产的专业配套企业。这个地区交通便捷，形成了一个物流、协作配套、原材料供应便利的网络。产品覆盖液压挖掘机、推土机、装载机、压路机、混凝土机械、塔式起重机、轮胎式起重机等，协作配套件有液压件、液力变矩器、发动机、变速器、驱动桥、“四轮一带”、液压缸、消失模造型、各种工作装置及结构件等，为组织生产和紧密结合上、下游产业链提供了方便。由于山东工程机械集群板块是围绕中心城市发展起来的，因此各新兴产业园相对比较独立，产业园之间产业链结合的优势不够突出。

2. 徐州市工程机械产业集群基地

以徐州市为中心的工程机械产业集群基地，纳入徐州市统筹规划的企业有92家，总资产400多亿元，2010年，工程机械产业链营业收入已达到1 000多亿元。产品覆盖液压挖掘机、铲土运输机械、压实机械、路面机械、工程起重机械、混凝土机械、桩工机械、特种工程车、专用零部件等。徐州市是国内工程机械生产企业最多、综合规模最大、品种覆盖面最广、产业集中度最高的城市，形成了具有鲜明特色的徐州经济开发区和铜山经济开发区两大产业园，出现了国有企业、民营企业、外资企业及中外合资企业齐头并进的发展局面。该产业集群基地中有比较好的协作生产体系和专业配套零部件生产供应点，产业链相对集中，物流周转快。上游产业有原材料供应，有轮胎、轮毂、发动机、专用液压件、回转支承、变速器、驱动桥、工作装置及结构件等；下游产业，如提供租赁、销售代理、备品配件、物流等服务的大小企业有300家左右，租赁业的服务网络遍及全国各地。因此，在徐州市发展工程机械产业，在生产协作配套半径、零部件供应覆盖面、管理成本及服务业等方面都具有明显优势。

3. 长沙市工程机械产业集群基地

以长沙市为中心的工程机械产业集群基地，是20世纪90年代迅速崛起的研发制造基地，经济规模企业有30余家，其中大型企业有6家。经过20多年的发展，此基地已形成以中联重科、三一重工、山河智能装备集团三家上市公司为龙头的各具特色的制造群体，下属公司遍及省内外和海外。2010年，包括长沙市境外的下属分公司，工程机械产业的营业收入突破 1 000 亿元，其中中联重科和三一集团均超过 400 亿元。近五年来，由于企业的研发团队不断扩大和研发水平不断提高，投入资金充足，企业核心竞争力逐年提升，兼并重组和产业扩张速度加快，产品技术起点相对较高，品牌优势显现，长沙市工程机械行业的营业收入以年平均 50% 以上的速度增长，成为长沙市工业快速发展的增长点，并得到湖南省和长沙市的大力支持，已成为我国工程机械行业后来居上的重要集群基地。其产品覆盖混凝土机械、工程起重机械、筑养路机械、桩工机械、专用工程车、市政环卫机械、铲土运输机械、物料搬运机械、凿岩机械等产品，尤其是商品混凝土机械的品牌已享誉国内外。但是，长沙市工程机械制造业零部件协作配套和专业化生产发展滞后，尤其是关键配套部件全靠外来供应，供应商运距远，周期长，大量占用流动资金，这已成为长沙市工程机械产业发展的制约瓶颈，与徐州、“长三角”、山东集群基地相比差距较大，是今后发展中亟待规划和解决的问题。

4. “长三角”工程机械产业集群基地

“长三角”工程机械产业集群基地，包括沪杭、沪宁线周边，一直延伸到合肥与马鞍山一线，此基地有一批知名企业，如中国龙工控股有限公司、常林股份有限公司、江苏华通动力重工有限公司、三一集团三一重机有限公司、杭叉集团股份有限公司、日立建机（中国）有限公司、安徽叉车集团有限责任公司、马鞍山星马汽车股份有限公司及上海市的一批工程机械企业等，企业数量达 300 多家，2010 年营业收入达 1 000 多亿元。“长三角”地区的优势是人才和技术工人基础好，协作配套企业多且产品质量相对可靠，选择范围广，交货及时，物流周转便利，外贸方便。由于这些有利优势，20 多年来，几十家中资与外资企业落户“长三角”，使“长三角”地区的工程机械产业优势不断显现出来，是我国工程机械产业主要集群和产品集散地。

除了上述四大集群基地以外，四川成都—泸州、广西柳州—玉林、福建厦门、辽宁抚顺—沈阳等产业基地，也是很有发展活力的地区。

3.2.4 大型工程机械发展有突破，小型工程机械发展有起色

长期以来，国内对大型工程机械的需求以进口为主，本土品牌因种种原因发展不起来；小型工程机械由于需求群体购买力弱，产品生产投资回报率低，因此也发展不起来。整个产业系列生产呈橄榄形发展，“中间大两头小”，多数企业

生产的产品都集中在中等规格范围以内，造成这部分产能过剩。

从“十五”计划开始，国家从政策面、资金面和管理层改善了大型工程机械的技术开发环境，提供了制造企业与用户的沟通平台，提高了整机集成开发的技术水平，使得我国大型工程机械的研发生产有了突破性进展。例如：六年前我国只能生产最大起重量在200t以下的履带式起重机，而现在已能研发生产最大起重量在3 600以下的各种规格的大型履带式起重机，而且能批量出口，参与国际市场竞争；2003年，我国只生产了344台机重大于35t的液压挖掘机，且主要是由中外合资企业生产的，到2010年，我国生产了4 126台液压挖掘机，增长了11倍多；2003年以前，我国只能生产最大起重量在125t以下的汽车起重机，如今则能生产最大起重量达1 250t的全路面系列汽车起重机，满足了国内用户的需求，而且开始出口参与国际市场竞争；其他产品如大型塔式起重机、大型轮式装载机与推土机等，都得到了同步发展。可见，我国工程机械产品规格大型化发展取得了初步成效。

小型工程机械在我国一直没有发展起来，主要是因为过去廉价劳动力充足，虽然施工效率低，但施工成本也低。随着人力成本的不断提高，城市改造与维护及小城镇建设等，开始需要机械施工装备。近几年，由中小企业生产的大量简易小型工程机械价格低廉，备受欢迎，有人称其为“农用工程机械”，年销售量已达到35万台左右。目前这种小型工程机械正在升级换代，安全可靠的小型挖掘机、小型装载机、多功能挖掘装载机、小型压路机等产品销售量的增长速度已超过大中型产品，在不久的将来，小型工程机械一定会有好的发展前景。

3.2.5 产品技术水平逐渐由中低端向中高端方向发展

我国工程机械产品技术水平，按质量、控制技术、节能 、环保、安全及作业效率等方面，大体可分为高、中、低端三个档次，这是由具有中国特色的市场决定的。

1. 高端产品

高端产品的动力配置主要选用国际先进的柴油发动机，关键液压件（主要是高压系列）及部分传动部件采用进口配套件或在国内优选配套件，其中大型工程机械配套的传动部件主要依靠进口，信息化控制元件包括电子与电液控制、传感元件等，都选用国际品牌产品。这样开发出来的整机产品，其技术水平与国际先进水平相差无几。随着整机集成技术水平的不断提高，重点骨干企业都能开发生产这类高端产品，产销量逐年上升，满足了国内替代进口和出口市场的需求。

2. 中端产品

中端产品的国产化率一般可达到85%以上，产品开发主要选用国内的配套零部件和原材料，整机的可靠性与国际先进水平尚有较大差距。这类产品是目前国内市场上的主销产品，生产企业多，产品“跟随化”、相互模仿情况多。有的企业通过创新改造，形成了自己的系列产品，其产品技术水平上了一个台阶，进一步向高端产品技术靠近。

3. 低端产品

低端产品主要以低成本为目标，产品技术配置较低，故障率高，维修工作量大，能耗高，排放标准为国Ⅰ标准或在国Ⅰ标准以下，存在安全隐患。这些产品一般进不了租赁市场，有的在标准提升后将被淘汰，有的因环保要求限制了产品销售。因此，这类产品的销售比例逐年下降，不是行业主流产品。

3.2.6 国有控股、民营与民营股份制、外商投资企业得到均衡发展

进入21世纪后，我国以国有大型企业为龙头，充分利用社会资源，支持民营和民营股份制企业的发展，引进外商投资企业，使工程机械行业产品技术水平和产能规模得到了快速发展。其中，电梯和挖掘机两类产品的生产仍以外资为主，其他产品则是本土品牌占主导地位。

在“十一五”期间，国有企业对改革发展的理念得到了进一步深化，充分认识到市场经济竞争的发展规律。近几年来，国有企业在机制创新、技术创新、服务观念、人才机制、内控管理、信息化管理等方面均衡发展，提高了企业的竞争力。有多家大型企业成为A股、H股的上市公司，通过股票上市、增发、减持等途径募集了大量社会资金，用于企业的改制和发展，使规模不断扩大。在这个竞争性发展过程中，国有企业发展向两极分化，优胜劣汰、兼并重组加快，大型企业集团正逐步走向国际化发展轨道。

民营与民营股份制企业是在市场经济大潮中发展起来的，虽然其在发展初期很少得到国家财政和产业政策的扶持，举步艰难，但这些企业一开始就没有“等、靠、要”的观念，开拓市场和自我发展观念很强。他们的优势是机制灵活，社会负担小，自主决策能力强、效率高，善于抓住发展商机和充分利用社会资源，很快就成为工程机械行业中具有发展潜力的新兴力量，其中有些企业已成

为上市公司。三一集团有限公司、福建南方路面机械有限公司、中国龙工控股有限公司、抚顺永茂建筑机械有限公司、力士德工程机械股份有限公司、杭叉集团股份有限公司等民营企业，都已发展成为本行业中的“排头兵”企业。

2010 年，我国工程机械行业外商投资企业（包括外商独资，中外合资、合作企业）的数量已达到 378 家，比 2001 年增长了 192%；投资总额达到 59 亿美元，比 2001 年增长了 298%；吸收外商资本金 32 亿美元，约占全行业资本金的 34%。但是，外商投资企业中的亏损企业多达 115 家，亏损额为 22 570 万元；盈利企业 263 家，净利润为 918 802 万元，盈利与亏损相抵后，378 家外商投资企业的净利润为 896 232 万元，实现营业收入 1 496 亿元，平均利润率为 6%，比全国行业平均水平低 1%。在外商独资与中外合资经营中，有的外商通过合理避税，将利润向外转移，亏损→增资→独资“三部曲”的发展模式依然存在。

3.2.7 代理商体制基本形成

从 20 世纪 90 年代开始，企业生产销售规模不断扩大，生产企业开始难以应对错综复杂的市场环境，于是出现了按市场区域设立的产品代理销售网点，但初期售后服务仍然主要由生产厂承担。随着一些境外品牌和代理商进入中国市场，新的营销理念和代理商运行机制逐渐被中国代理商所接受，促进了工程机械行业代理商群体的兴旺和蓬勃发展。目前，我国代理商已发展到 200 多家（不包括境外出口代理商），并有备品配件的供应和维修服务能力，80% 左右的产品通过代理商销售，解除了制造企业大量的日常销售负担，而且制造企业可从代理商手中获得大量的市场、产品质量和技术信息。在海外市场，也由外贸出口逐渐转向了以境外代理商销售为主的形式，可对出口产品提供属地化指导和维修服务，方便了海外客户，稳定了区域性市场，提高了我国工程机械产品与企业的形象。

3.2.8 工程机械租赁业发展迅速

工程机械租赁服务业的发展，是工程机械市场成熟的标志之一。在欧洲市场，工程机械产品销售进入租赁市场的已达到 85%，通过租赁渠道，有利于将金融与实体产业有机地结合起来，并可带动保险、维修等其他服务业的发展。租赁市场的稳定发展还有利于提高设备利用率，有利于进行设备完好率管理和保障安全操作，并可改善对环境的影响，完全符合节能减排、节约社会资源、增强综合效益的发展方针，是一举多得的好事。然而，我国工程机械租赁业是在市场经济中自行发展起来的，政府从未对其进行过规范性指导，从而影响了租赁业的健康发展。

目前，工程机械行业租赁公司已发展到400多家，点多、规模小、运行不规范等情况非常严重。例如，仅起重机械一类产品的租赁公司，全国就有170多家，其中大多数公司缺乏制度化管理政策和管理人才，法规缺失，纳税不规范，发票管理混乱。融资租赁方面的公司目前国内不超过10家，其中申报注册的已有7家，见表3-19。在管理方面，信息体系不完善，评价体系不健全，对保险、产权、风险、增值税的管理缺乏政策性条例，给租赁行业的发展带来了极大的困难。因此，为了使工程机械行业租赁业健康发展，政府应组织力量安排租赁业务方面的专项规划，制定租赁业务相关法律、法规和管理方面的政策性条例，在此基础上达到规范化的发展目标。

表3-19　我国工程机械融资租赁公司申报注册情况

序号	母公司名称	融资租赁公司名称	融资租赁公司成立时间、注册地、注册资金	融资租赁公司与其上市公司的关系
1	三一集团	中国富康国际租赁有限公司	1998年，北京，3 000万美元	三一集团控股中外合资
2	中联重科	中联重科融资租赁（中国）有限公司	2009年，天津，8 000万美元	中联重科全资子公司（香港）有限公司控股
3	徐工集团	徐工工程机械租赁公司	2007年，徐州，1.7亿元人民币	徐工集团全资子公司
4	龙工集团	龙工（上海）融资租赁公司	2007年，上海，2 300万美元	龙工集团全资子公司
5	厦工	海翼厦门融资租赁有限公司	2008年，厦门，2亿元人民币	海翼集团与厦工股份共同出资
6	柳工	中恒国际租赁有限公司	2008年，北京，4 398万美元	柳工机械与柳工香港投资有限公司共同出资，其中柳工占51%
7	山推工程机械股份有限公司	同鑫融资租赁有限公司	2009年，北京，9.2亿元人民币	山推股份占19%

3.3 行业经济运行情况分析

3.3.1 工程机械产品销售走势

工程机械产品销售走势，与国家固定资产投资计划和资金到位情况密切相关，同时与相关用户部门的规划发展也有关联度。具体地说，市政工程与房地产业、交通设施、水利与电力、矿山、港口码头建设、物流系统的投资规模与计划等，都会影响工程机械的销售走势。从20世纪90年代开始，上述部门一直是国民经济建设发展的重点领域，工程机械搭上了这班船一同起航，带动了工程机械行业的高速发展，到21世纪初，这种发展趋势更为明显。根据中国工程机械工业协会跟踪的26家企业的月报统计资料，把2006年1月份这些企业的产品销售营业收入总额作为标准指数100，经过6年的月度统计分析，绘成如图3-18所示的走势图。从图形走势看，每年的投资计划和开工项目在年初到位率高，每年的一、二季度是工程机械产品的销售旺季，二季度末进入低位运行，即通常是前高后低的年度走势。年度销售额指数一年比一年高，2011年的平均销售指数比2006年增长了6倍。2009年开始的4万亿元投资内需刺激计划，把工程机械带入高速发展期，改变了这种前高后低的发展趋势。到2011年4月，4万亿元投资热度过后，工程机械产品的销售量急剧滑坡。根据国内外经济发展形势和工程机械市场需求情况分析，2011年是我国工程机械从高速增长到调整发展的历史拐点，工程机械行业进入了以结构调整、重组兼并为主，速度为辅的发展阶段。

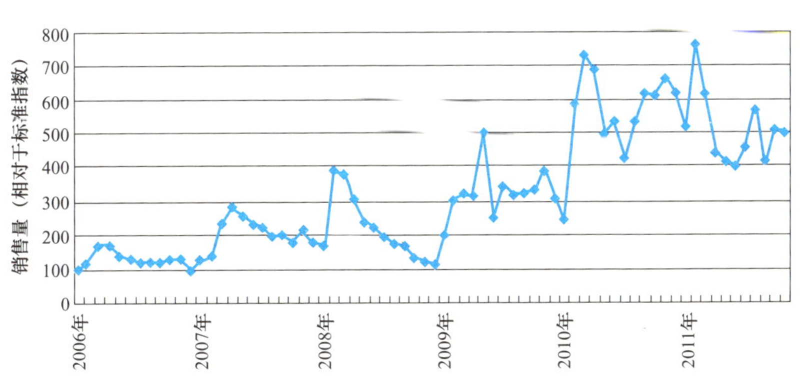

图3-18 2006—2011年工程机械行业产品销售走势

3.3.2 工程机械盈利水平逐年提高

工程机械制造业的盈利情况与发展环境、企业规模、技术创新能力等密切相关。根据中国工程机械工业协会2000年以来对200家左右企业的统计资料分析，2000—2011年工程机械行业产品销售净利润率走势如图3-19所示。从图形走势看，2005年以前，工程机械销售净利润率在4%左右，其中有些企业亏损，有些企业的销售净利润率则达到9%以上，如中联国际控股集团有限公司、三一重工股份有限公司、福建龙工集团有限公司、安徽叉车集团有限公司、方圆集团有限公司等，其中山东方圆集团有限公司和福建龙工集团有限公司的净利润率高达11%以上。2004年，国家进行宏观调控，采取“硬着陆”的办法压缩基本建设投资，2005年，工程机械行业的平均净利润率下降到3.61%，是近十几年来经营效益最差的一年。2006年以后，工程机械的市场需求持续高速增长，重点骨干企业的经营规模不断扩大，整合了一批企业，固定成本下降了，工业增加值比例上升，从而提高了企业的盈利能力。

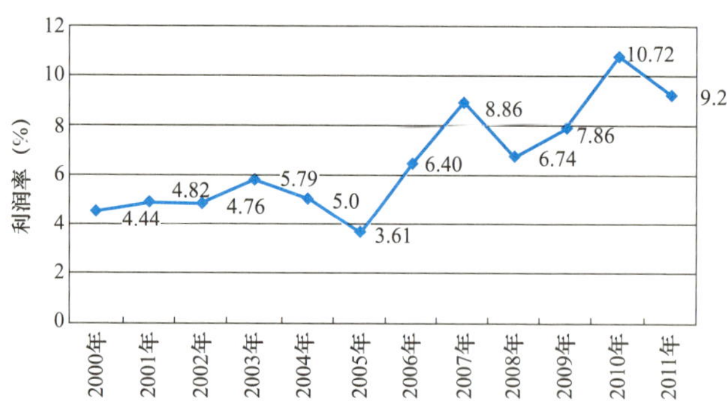

图3-19 2000—2011年工程机械行业产品销售净利润率走势

2000年总资产贡献率只有6.1%，2006年达到11.5%，2010年上升到15.4%，优质资产比例不断扩大，表现在上市公司工程机械股票成为一个热门板块，连续出现配股或增发。劳动生产率从2000年的2.8万元/人和2006年的13万元/人，到2010年达到19.58万元/人，劳动生产率不断提高，体现了行业管理水平和现代化加工制造效率的提高。但由于进口零部件比例高且价格高，造成本土品牌产品工业增加值提升难度大，工业增加值从2000年的23.6%缓慢上升到2010年的27.73%，11年中只提高了4.13个百分点。资产负债率由2000年的65%，下降到2010年的58.3%，经营风险有所下降。上述这些指标说明，在

2011 年以前，工程机械行业经济运行呈现高速发展态势。2012 年以来，国内外经济环境恶化情况并未得到改善，工程机械市场需求疲软，企业利润大幅度下滑已成事实。调整结构、转变方式、谋求新的发展模式，成为我国工程机械发展拐点的重要标志。

3.4 行业发展存在的问题

我国工程机械企业的发展，都得益于市场的大力拉动，跟着市场走，相互跟风、仿效，大量企业应运而生，量大面广的主流产品有几十家甚至上百家企业生产，市场竞争无序，关键核心技术创新则基本无人问津。这是改革开放以来较长一段时期中，我国工程机械行业发展的基本特征。因此，我国工程机械行业在产品与技术结构、专业化水平、质量与品牌意识方面，与发达国家仍有较大差距，主要表现在以下七个方面。

3.4.1 关键核心零部件技术与制造水平落后，严重制约行业发展

工程机械产品技术主要包括两部分：一是根据用户和市场需求，进行整机集成开发与生产；二是配套零部件及基础技术的创新发展。整机集成开发与生产对零部件的选择，重点关注的是性能、质量、可靠性、品牌、价格及交货期。在这些因素中，质量、可靠性、价格是关键。

通常情况下，主机企业更倾向于选择国产零部件，因为国产零部件具有极大的价格与交货期优势，维修服务方便，占用资金少。选用进口配套件，一是数量和交货期得不到保证；二是合同议价权在对方，价格昂贵，占用资金多，成本难以控制，而且维修服务不方便。以挖掘机为例，中高端液压挖掘机配套用液压元件与减速机几乎完全依赖进口，每年达 10 多万套。但是，国外供应商是在首先满足本国挖掘机研发生产的基础上，再供货给我国企业，有时还会受到来自供应商国家主机合作企业的制约，我国多家挖掘机生产企业在进口配套件的数量和交货期上都吃过亏，这是行业之痛、企业之痛。但是企业有时不得不选择进口零部件，原因为：一是国内没有高性价比的产品可选；二是中高端液压挖掘机长期以来选用进口配套件，其质量可靠，用户认可，一旦更换国内产品要承担很大风险，可能还会付出无法挽回的市场代价；三是国内跟踪研发的产品未经过严格的考核，谁也不敢批量更换。

目前，我国工程机械零部件行业发展主要存在以下问题：

一是中小企业多，规模型企业少。多年来，我国工程机械行业发展思路是重主机、轻配套，因为配套件企业在地方拉动 GDP 的能力差，不被重视。因此，大多数零部件企业都是围绕着主机生产自发形成的，其规模小，没有自主创新研发的能力。

二是抄袭模仿的企业多，创新型企业少。这些企业主要根据国外样品进行模拟仿制或进行贴牌，既没有研发手段，也没有可靠的科学实验设施，产品处于无控制状态。

三是知名品牌少。工程机械配套件基本上是认牌采购，越不知名的企业，其进入市场的难度就越大。目前，除杭州前进齿轮箱集团股份有限公司、江苏恒立高压油缸股份有限公司、中航力源液压股份有限公司、陕西航天动力高科技股份有限公司、镇江液压件总厂、马鞍山方圆回转支承股份有限公司、合肥长源液压股份有限公司等企业稍具名气外，一般企业的品牌意识淡薄，没有知名度可言。

四是主机与配套企业各自寻求发展思路，缺乏合作机制。多年来，一直存在主机企业到配套件厂四处压价、拖欠货款的情况，致使大部分配套件企业在低效益状态下运行，没有力量进行研发投入和自我改造。工程机械行业主机是龙头，应该考虑产业链的整体协调发展，与配套件企业成为合作伙伴。

五是基础技术与二次配套件技术落后。工程机械配套件技术落后，有的企业迫于无奈甘居现状，例如液压件生产所需的致密性铸件、高强度螺栓、弹簧、密封件、轴承、摩擦副材料等都是技术难点，制约着工程机械液压件配套水平的提高。技术攻关只靠单个企业是无法完成的，必须从政策面组建系统的攻关机制。

我国现在是世界工程机械产能大国，主机产品产量约占全球的 40%，但因产品附加值低，营业收入（销售额）只占全球的 30% 以下。大量配套零部件技术掌握在别人手里，产业规模虽大，却要受到国外公司的制约。

3.4.2 知识产权法规化管理缺失

自主知识产权是市场经济运行中保证公平交易的灵魂，是企业核心竞争力指标的重要体现。一个企业只有站在技术创新发展的前沿，才能引领市场和掌控市场，这个道理越来越被人们认同。但是，我国的社会主义市场经济体制是在计划经济体制下转型而来的，技术的流通和相互借鉴是很平常的事情，至今企业之间公开的和不公开的侵权行为仍有发生。其主要表现在以下四个方面：一是研发的新产品很快被别人跟随模仿，同样，国外一些品牌进口到国内市场后，国内企业也会很快去模仿，导致知识产权纠纷不断；二是知识产权随人才流动，没有完善的法规化管理机制；三是侵权行为有时受地方保护，权法不分，国内企业对侵权行为多数表现为无奈；四是对行业侵权行为的界定难以操作，包括公司法中关于知识产权条款的缺失。

3.4.3　标准化工作体系不能适应市场经济运行发展的要求

标准化工作是进行技术结构调整和转变增长方式的一项重要措施。改革开放以来，原有的标准化工作体制一直无法适应市场经济的循序发展，一是标准化具体技术内容及条款已过时；二是标准化管理和支撑体系与改革脱节，过去，行业标准大部分是由专业研究院所具体归口负责，改革开放以后，这些研究院所大都改为企业或公司化管理，经费来源没有着落；三是原有标准技术体系不利于行业创新和技术进步。要正确处理国家、行业、企业标准三者之间的关系，在企业标准高于行业标准的情况下，鼓励制订企业标准。

3.4.4　工程机械二手设备交易管理体制不完善

国内外市场上都有工程机械二手设备交易，但在我国，有些陈旧落后、油耗高、排放超标、液压油“跑冒滴漏”、安全无保障的二手设备，在交易过程中得不到管控，坑蒙拐骗、偷税漏税的现象时有发生，扰乱了二手设备交易市场。造成这种情况发生和蔓延的主要原因是缺乏监管措施，入市门槛低。正因为这个原因，我国进口二手设备市场发展迅猛，成为国际二手机械设备市场的集散地，大量国外二手机械设备被销往中国市场。

3.4.5　引进外资项目缺少评估程序

“十一五”期间，我国工程机械市场需求连年高速增长，成为国际工程机械的热点市场和需求量最大的地区，外商到我国来投资办厂或收购企业的兴趣空前高涨。在此期间，根据统计资料，工程机械外资流入进入第二轮高峰期，其发展趋势不是收购企业就是独资办厂，投资项目有80%以上都是市场热门产品。造成这种现象的主要原因是在招商引资时，忽视了对产业政策和环境影响的评估与审核。招商引资虽然仍是发展地方经济的硬指标之一，但要完善和加强对外商投资项目的评估，鼓励高精尖产品和有利于行业结构调整的项目来华投资。

3.4.6 自主创新理念不强

我国工程机械产品技术发展路线，除了在20世纪50年代引进苏联援助的项目和提供的资料以外，主要是进行测绘仿制，这种情况一直延续到今天还在继续。2010年，我国工程机械行业全年科研与技术开发经费投入占销售收入的比例不到2.5%，除了少数企业达到5%左右，一般企业都在2%以下。大多数企业在生产经营理念上着眼于短期行为，认为抽出大量资金用于人才建设和产品研发是舍近求远，还是走模仿路线来得快、投资少。因此，许多企业对研发体系和体制建设及资金使用不重视，特别是零部件行业，缺乏基础技术研究和综合试验开发能力。

3.4.7 工程机械服务业发展滞后

如今国内外工程机械的市场竞争，已由单纯的制造销售向产业链全过程的服务发展，广大客户不仅要求选购到经济适用的产品，还要求获得更好的售前和施工服务、设备维护服务、设备残值服务、技术培训，以使其效益达到最大化，这是当今企业营销服务理念的发展趋势。特别是有些工程机械产品与施工工艺、工法密切相关，在售前能给建设单位提供经济、便利、安全、先进的施工工艺及设备配置建议，将会得到用户的欢迎。因此，服务理念要贯穿到产业链的全过程，设备制造只是工程机械服务链中的一个主体环节，好比一棵大树，树干代表主体环节，但如果没有树枝和树叶的配合生长，大树就会枯死。我国工程机械服务业水平与国际先进水平有较大差距，主要存在以下四方面的问题。

一是营销团队缺乏双向人才。目前，大部分营销人员只注重与客户沟通、销售产品，主要体现主客之间的买卖关系，以让利、宽松的付款方式、售后服务、产品技术等优势来吸引客户，单一完成销售指标。而一个高素质的销售人员，应该既懂得市场营销规则，又能提供产品技术服务和解决客户问题，要求对产品技术、施工工艺等方面有一定的了解和解决问题的能力，这样才能为用户服务到位。

二是产品销售信息化管理与反馈机制不健全。产品销售以后，对售出产品的跟踪服务、产品运行情况的监测不及时、不到位，从而严重影响了企业的品牌信誉。

三是大部分企业没有展开后市场服务。后市场服务主要包括租赁、设备使用保养技术培训、旧设备回收再制造、残值处理、金融服务等方面。目前租赁业大部分还未进入规范化运作，融资租赁刚刚开始，配套机制不健全，再制造理念还没有贯穿到产业链全过程，与发达国家的差距较大。

四是全员服务理念缺失。全员服务理念，就是要提高全体员工的服务意识，体现出每个员工的服务价值，使每个员工认识到一个小小的瑕疵，都会给下道工序和最终用户带来损失，会给公司带来不良影响。现在，国内许多企业缺乏这种服务意识。

第4章

我国工程机械进出口贸易分析

工程机械进出口情况的变化，既反映了国内、国际市场的需求趋势，又折射出行业相关产业政策取向、产品结构、产品技术水平，因此，分析进出口贸易发展情况，对制订行业产业与技术政策有一定启示。

工程机械是我国装备制造业中进出口贸易发展较快的热门产品，从2006年开始，由进出口贸易长期逆差状态转变为顺差，年平均出口额增长速度达到33%，极大地推动了我国工程机械行业的发展。通过对工程机械进出口情况的分析，总结行业发展的问题，寻找我国工程机械向高端制造和中国创造发展的良策，实现由制造大国向制造强国的转变。国际工程机械制造强国都对工程机械进出口贸易给予了高度重视，其中2011年，日本工程机械出口额占其销售总额的72.58%，达到207亿美元；美国出口额占其销售总额的46%，也达到207亿美元；以德国、瑞典为首的欧盟各国，出口到欧盟以外市场的工程机械产品，占其销售总额的52%，达到213亿美元。而我国工程机械出口额只占销售总额的19%，达到159亿美元。

现在，这些制造强国纷纷将我国作为主要竞争对手，在工程机械进出口贸易中采取了知识产权、各种法规、技术输出、资本流动等措施以扼制我国工程机械行业发展。相反，21世纪以来，我国从管理层到企业，对工程机械进出口贸易情况关注不够，政策的滞后和企业发展战略调整得不及时，损害工程机械产业发展的情况时有发生。例如十多年来，我国一直是国际上轨道交通建设用大型盾构机需求量最大的市场，国际知名公司对盾构机的技术输出一直采取保守封闭的政策，利用我国进口零部件的优惠政策，以组装生产为主，大量进入我国市场。而我国盾构机生产企业虽多达21家，但这些企业既没有规模效益，又没有自主研发能力，产品技术都被外商所牵制。除北方重工集团盾构机分公司、上海隧道工程股份有限公司机械制造分公司、中国铁建重工集团有限公司制造的盾构机国产化水平达到50%左右以外，其他企业基本都是以结构件加工为主进行组装生产，至今没有自主知识产权。又如，千万吨级以上露天矿开采用的160~400t大型电动轮矿用自卸车市场，基本被美国卡特彼勒公司和日本小松公司控制，国家对本土企业研发电动轮矿用自卸车的政策支持力度不到位，忽视研发，只好依赖进口，导致主动权掌握在别人手里。在出口方面，缺乏对产品与企业的资质认证和有序管理，同样存在低价恶性竞争，使外商从中渔利。

我国工程机械进出口贸易的发展大体分为两个阶段：1991—2002年，是以进口为主的发展阶段；从2003年开始，逐步转向以出口为主的发展阶段。这两个阶段的进出口贸易产品结构、进出口企业和进出口市场都发生了显著变化，大型骨干企业逐步进入国际化发展轨道，出口产品的技术水平由中低端逐渐转向中高端，零部件进出口交易量不断上升，我国工程机械在国际环境下大发展，已离不开国际间的密切合作。

4.1 1991—2002年我国工程机械进出口贸易情况

从20世纪90年代开始，我国工程机械产品开始有少量出口，但发展速度缓慢。1991年，我国工程机械进出口贸易额只有5.2亿美元，其中进口3.55亿美元，出口1.65亿美元。其中，电梯、挖掘机、叉车、工程起重机械、路面机械等产品，占进口总额的83%，零部件进口额只占17%；在出口额中，托盘搬运车、推土机、压路机及低价零部件等产品占主要份额。出口产品主要通过外贸机构办理，经营工程机械出口外贸业务的公司多达500余家；出口国家达118个，其中出口到亚洲其他国家的占55%，非洲占20%，发达国家只占16%。2002年前，工程机械出口还没有进入正规的市场运作模式，只是一般的商品买卖，没有维修服务，没有固定的用户地区，处于无序和无规则的出口状态，并让我国工程机械产品戴上了劣质、无信誉的帽子，稳定的出口市场一直没有发展起来。1993—2002年工程机械进出口贸易额见表4-1，发展趋势如图4-1所示。

表4-1 1993—2002年工程机械进出口贸易额

（单位：亿美元）

年份	1993	1994	1995	1996	1997	1998	1999	2000	2001	2002	总计
进口额	13.00	10.08	23.60	16.54	13.40	13.00	14.20	14.60	15.50	20.50	154.42
出口额	1.58	0.96	2.70	2.25	2.85	2.24	4.20	5.09	6.89	7.42	36.18
进出口总额	14.58	11.04	26.30	18.79	16.25	15.24	18.40	19.69	22.39	27.92	190.60

注：本表数据来自海关统计。

从图4-1中可以看出，这一时期工程机械进出口贸易额一直处在逆差高位运行，1993—2002年的累计进口额是出口额的4.27倍，我国当时是国际工程机械主要进口国之一。造成严重逆差的主要原因是：我国大规模基础设施开始建设，城镇化和房地产业进入高速发展阶段，对工程机械的需求不断增长；国内工程机械产品在技术水平、质量、机种与规格方面，无法满足大型建设工程和高端用户的施工要求。许多重大建设工程项目在施工装备招投标时，将采用进口设备进行

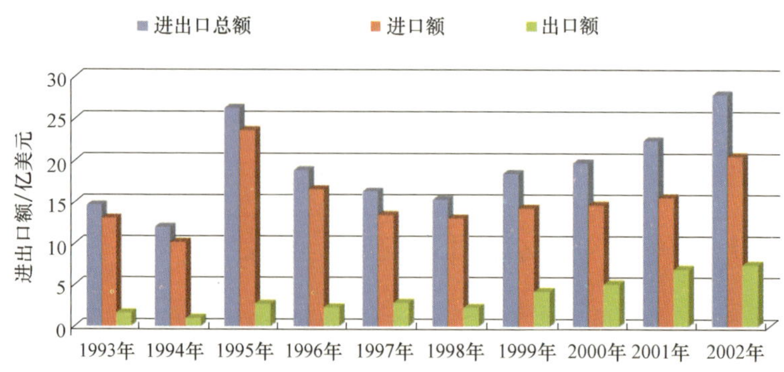

图 4-1　1993—2002 年工程机械进出口贸易额发展走势

施工作为招投标的条件之一，进口设备甚至还能享受进口减免税的优惠政策，造成进口量不断上升。

为了缓解工程机械进出口的严重逆差局面，我国鼓励外资来华开设合资或独资企业，希望带来产品、技术和先进管理模式，以缓解国内市场需求，促进本土企业的竞争发展。我国工程机械行业进入了一个开放式的发展阶段，本土品牌经受着国内和国际的双重竞争压力，促进了行业技术进步。

这一时期，针对工程机械产业发展的政策呈现多面性的交替转换，既要解决对某些产品的需求问题，鼓励外资企业来华投资，又要支持工程机械民族品牌的发展，两者都要兼顾。例如：逐渐调整进口产品享受优惠政策的范围，调低本土品牌需要进口的零部件的关税税率，支持国产化替代整机进口；加强对本土企业技术创新和技术改造的支持力度，鼓励技贸结合；在财政政策方面，对重点发展企业加大扶持力度，包括提供优惠贷款、贴息贷款、财政补贴，为企业创造融资环境等；在企业体制与机制改革方面，借鉴外资企业的先进管理模式，努力推进现代化企业管理机制，深化改革，给企业更大的自主经营权，特别是进出口经营权和结汇方式的改革，使企业焕发出新的活力，从而促进了行业的大发展。1995 年以后，中外合资及外商独资企业的生产能力逐渐形成规模，本土品牌产品技术也不断成熟，能替代部分进口，从而使进口增长势头受到抑制。

4.2　2003—2011 年我国工程机械进出口贸易情况

随着工程机械国内市场国际化，面对国际化竞争的发展趋势，“十五”期间，我国工程机械制造业也调整了发展战略。

一是面对中高端和国际市场的需求，提高产品发展的技术起点，对整机集成研发与产品配套供应链采取全球化优选采购的路线，迅速提高了产品技术水平，缩短了与国际先进水平的差距。

二是通过引进先进外资企业，使国际工程机械制造业不断向中国转移，既满足了国内市场需求，又培育了一批本土员工。

三是自2004年以后，组织企业积极参与境外各类工程机械博览会，与全球客户面对面地进行交流，获得了大量的市场和技术信息，使我国工程机械产品研发更贴近市场，充分利用我国工程机械产品的性价比优势，拓展了国际市场。产品出口形式由外贸代理逐步转型为专业代理和区域性代理制，由“游击战”转入了“阵地战”，逐步开发和稳定了全球区域性市场。例如，在中东地区、非洲、南美、中亚及东南亚地区，包括北美、欧洲等发达地区市场，通过代理直销和贴牌合作生产等形式，扩大了出口市场。

这些举措使我国工程机械进出口贸易逆差，从2005年开始一举转为顺差，出口增长率几乎年年超过进口增长率。“十一五”期间，我国工程机械出口额年均增长率达33%以上，而进口额年均增长率仅为22%。2003—2011年我国工程机械进出口额见表4-2，发展走势如图4-2所示。

表4-2　2003—2011年工程机械进出口额

（单位：亿美元）

年　份	2003	2004	2005	2006	2007	2008	2009	2010	2011	总计
进口额	35.60	36.44	30.64	39.31	49.41	60.16	51.50	84.00	90.45	477.51
出口额	10.50	18.52	29.40	50.12	86.97	134.20	77.10	103.40	159.09	669.30
进出口总额	46.10	54.96	60.04	89.43	136.38	194.36	128.60	187.40	249.54	1146.81

注：本表数据来自海关统计。

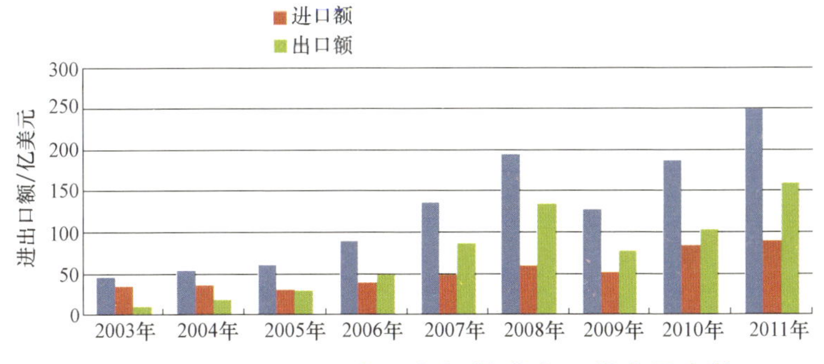

图4-2　2003—2011年工程机械进出口额发展走势

从图4-2中可以看出，2003—2008年，我国工程机械进出口额持续高速增长，2009年受国际金融危机的影响，进出口额分别下降了14.4%和42.5%。从2010年开始，又出现强劲的反弹趋势。2011年，我国进出口额均创出历史新高，出口额比2008年的历史最高点增长了18.5%，进口额增长了50.3%。这种情况，与2008年国际金融危机以后的国际经济发展走势形成了鲜明的反差。

目前，欧盟经济体内的主权债务危机和美国的次贷危机不见好转，国际经济复苏仍需经历一个艰难的过程。但是，国际工程机械销售额却不断攀升，日本、美国、欧盟各国的工程机械的出口量已超过2007年的历史最高水平，国际工程机械制造业全球50强公司的2010年和2011年销售额都增长了30%左右。其主要原因是新兴经济体国家的快速发展对工程机械产生了大量需求。除美国、日本、欧盟以外，全球工程机械需求呈现良好的回升态势，这是我国工程机械出口额创历史新高的主要原因。

4.3 我国工程机械进出口贸易发展分析与启示

据海关总署统计数据显示，2011年我国工程机械进出口贸易总额达到249.54亿美元，同比增长33.16%。其中进口额90.45亿美元，同比增长7.68%；出口额达到159.09亿美元，同比增长53.86%；贸易顺差68.64亿美元，比上年增加49.24亿美元，同比顺差增长253.81%。这说明在调整了进出口贸易政策以后，我国工程机械行业已消除了国际金融危机造成的出口影响。但零部件进口的增长态势依然不减，在进口额中，零部件进口的增长速度高于整机，比2008年增长55.63%，而整机只增长46.55%。

4.3.1 进出口贸易形成外资、国企、民营企业“三分天下”的发展态势

21世纪初，工程机械外资企业开始大规模进入我国市场，逐步形成生产规模，初期产品市场以境内为主。从2006年开始，又一轮外资项目进入我国市场；到2011年，外资项目在我国境内的投资与生产规模达到全行业的30%左右，在进出口贸易中成为主要角色，其中进口占62.3%，出口占40.4%，均超过了国营企业和民营企业的进出口额。零部件的进出口额增长更为明显，进出口总额由2005年的22.46亿美元，到2011年达到92.69亿美元，增长了312.73%，这与外商投资企业发展也有密切关系。2008—2011年各类型企业工程机械进出口额

及其所占总额比例见表 4-3 和表 4-4。

表 4-3　2008—2011 年各类型企业工程机械进口额及其所占进口总额的比例

经营企业类型	2008 年		2009 年		2011 年	
	金额/万美元	占总额比例（%）	金额/万美元	占总额比例（%）	金额/万美元	占总额比例（%）
国企	123 371.0	20.5	133 995.6	26.1	143 725.1	15.9
外商独资企业	219 335.1	36.5	172 374.0	33.5	391 286.7	43.2
中外合资企业	112 632.9	18.7	90 338.6	17.5	159 372.9	17.6
中外合作企业	10 417.0	1.7	7 119.1	1.4	13 296.2	1.5
集体企业	2 775.0	0.5	2 106.1	0.4	4 070.3	0.5
民营企业	132 802.5	22.1	108 758.0	21.1	192 658.0	21.3
其他企业	257.3	—	90.1	—	361.8	—
合计	601 590.8	100.0	514 781.5	100.0	904 771.0	100.0

表 4-4　2008—2011 年各类型企业工程机械出口额及其所占出口总额的比例

经营企业类型	2008 年		2009 年		2011 年	
	金额/万美元	占总额例（%）	金额/万美元	占总额比例（%）	金额/万美元	占总额比例（%）
国企	369 689.4	27.5	236 020.6	30.6	431 702.0	27.2
外商独资企业	261 117.2	19.5	145 462.5	18.9	393 025.0	24.7
中外合资企业	209 132.2	15.6	110 329.0	14.3	210 635.0	13.2
中外合作企业	39 281.4	2.9	25 062.1	3.3	39 772.0	2.5
集体企业	42 295.2	3.2	17 855.5	2.3	34 841.0	2.2
民营企业	420 245.6	31.3	235 461.0	30.6	480 452.0	30.2
其他企业	460.9	—	283.3	—	363.0	—
合计	1 342 221.9	100.0	770 474	100.0	1 590 790.0	100.0

从表 4-3 和表 4-4 中可以看出，工程机械通过外商独资和中外合资、合作企业进口的比例，由 2008 年的 56.9% 上升到 2011 年的 62.3%，其中零部件是外商独资和中外合资、合作企业进口的主要物品。自 2007 年我国降低了零部件的进口税率以后，关键零部件的进口量急剧上升，外商利用这一商机，对关键零部

件采取高进和整机生产后低出的财务手段，将利润留转至境外公司，既降低了其在我国境内的独资或合资企业的税赋，又提高了整机产品的市场竞争力，获得了较丰厚的经济效益。

外商独资企业主要利用我国的低成本生产优势，从事进出口贸易。2008 年，外商独资企业的进口额为 21.933 5 亿美元，出口额为 26.111 7 亿美元；国际金融危机以后，部分生产业务向我国转移，到 2011 年，进口额增加到 39.128 6 亿美元，出口额达到 39.302 5 亿美元，进出口额与 2008 年相比分别增长了 78.4% 和 50.5%，占进出口总额的比例分别达到 43.2% 和 24.7%。

国有企业 2008 年的出口额为 36.968 9 亿美元，到 2011 年上升到 43.170 2 亿美元，三年只增长了 16.8%，占工程机械出口总额的比例仍在 27% 左右。

民营及民营股份制企业，在进出口贸易中已经发挥了重要作用，2011 年其出口额达到 48.045 2 亿美元，比 2008 年增长了 14.28%，占出口总额的比例达到 30.2%，超过国有企业的出口能力。因此，政策面也要加强对民营企业出口的扶持。

4.3.2 工程机械进出口贸易方式分析

2011 年我国工程机械产品进出口贸易方式统计见表 4-5。其中一般贸易进口额为 650 749.1 万美元，占进口总额的 71.57%；出口额为 1 137 455 万美元，占出口总额的 69.915%。一般贸易额占据了进出口总额的主导地位，而且出口额是进口额的 1.75 倍，说明我国工程机械产品在国际市场上已有一定地位。第二大类出口贸易方式是进料加工出口贸易，占出口总额的 17.054%，达到 277 455.5万美元，大部分来自外资企业，我国成为其加工贸易基地。第三大类出口贸易方式是对外承包工程出口货物，出口额达 151 633.1 万美元，占出口总额的 9.32%，为我国工程机械出口作出了贡献。保税区仓储转口货物，也是一种重要的进出口贸易方式，进口额达 157 613.5 万美元，占进口总额的 17.34%，出口额为 28 074.46 万美元，占出口总额的 1.726%。

随着发展中国家经济增长速度的加快，2011 年对外承包工程出口额比 2010 年增长了 47.5%，且今后几年仍有较大的发展空间。因此，工程机械行业协会和有关企业应加强与对外承包建设工程单位之间信息网络平台的建设，经常交流对外承包工程中对工程机械产品的需求信息，做好前端服务工作。

对外租赁贸易是促进工程机械销售的重要战略手段之一，2011 年我国对外租赁业务只有561.61万美元。目前，我国对外开展工程机械融资租赁的工作才刚刚开始，截至2011年，我国工程机械产品对外租赁贸易注册资金只有0.352 7亿元，今后发展潜力之大可以想象，但政策上要予以支持。

表4-5 2011年我国工程机械产品进出口贸易方式统计

序号	贸易方式	进口		出口	
		金额/万美元	占比(%)	金额/万美元	占比(%)
1	一般贸易	650 749.10	71.570	1 137 455.00	69.915
2	国家间、国际组织无偿援助和赠送	50.52	0.006	1 096.53	0.067
3	其他境外捐赠物资			87.97	0.005
4	进料加工贸易	71 236.66	7.840	277 455.50	17.054
5	来料加工装配贸易	1 928.07	0.210	2 038.12	0.125
6	补偿贸易			1.76	
7	边境小额贸易			25 772.75	1.584
8	加工贸易进口设备	16.79	0.002		
9	对外承包工程出口货物			151 633.10	9.32
10	租赁贸易	29.38	0.003	561.61	0.035
11	外商投资企业投资进口的设备、物品	12 948.13	1.420		
12	出料加工贸易	52.40	0.006	65.40	0.004
13	期货贸易			0.27	
14	保税仓库进出境货物	12 161.38	1.340	1 939.69	0.12
15	保税区仓储转口货物	157 613.50	17.340	28 074.46	1.726
16	出口加工区进口设备	478.46	0.053		
17	其他	1 983.98	0.210	727.23	0.045

注：数据来自于海关总署统计。

4.3.3 我国工程机械进口贸易分析

2009年，为应对国际金融危机，国务院及有关主管部门提出了一系列扩大内需的政策措施，鼓励工程建设项目采用国产工程机械产品，抑制了我国工程机械连续10年两位数的进口增长趋势。2009年，工程机械产品进口总额为51.5亿美元，比2008年下降了14.4%，只占国内市场份额的11%。但随着内需政策和4万亿元投资刺激计划的不断到位，工程机械产品的社会需求又不断升温，2010年和2011年，工程机械产品进口额分别增长了63.1%和7.69%，分别达到84亿美元和90.45亿美元，不断创历史新高，进口产品占国内市场的份额上升了近2个百分点。

为了说明国际金融危机爆发以来，我国工程机械产品进口发展情况，现将2009—2011年的相关统计资料列于表4-6中。表中数据来源于中国工程机械工业协会进出口月度监测系统。

表4-6　2009—2011年工程机械产品进口情况统计

序号	产品名称	进口数量/台			进口金额/万美元		
		2009年	2010年	2011年	2009年	2010年	2011年
1	履带式挖掘机	23 314	41 087	31 369	149 670.82	314 722.09	298 561.30
2	轮胎式挖掘机	294	677	411	1 739.35	4 008.40	2 374.85
3	其他挖掘机	5	2	4	993.71	222.60	137.06
4	装载机	736	682	780	5 605.95	8 532.89	6 491.50
5	功率大于235.36kW推土机	119	106	123	6 982.04	4 277.84	7 848.54
6	其他推土机	348	340	217	2 571.02	2 580.96	2 415.99
7	筑路机械及平地机	34	83	50	1 005.30	1 023.51	1 676.06
8	铲运机	96	86	109	3 417.32	2 659.92	5 313.34
9	压路机	393	603	797	1 597.84	1 721.96	2 544.57
10	其他压实机械	1	7	5	0.06	31.19	143.18
11	摊铺机	242	514	573	3 977.69	8 299.98	9 773.32
12	沥青搅拌设备	42	40	57	1 964.50	561.39	1 453.81
13	起重量大于100t全地面起重机	29	35	34	7 291.92	11 077.66	10 121.95
14	其他全地面起重机	3	3	0	208.46	191.69	0
15	起重量大于100t汽车起重机	2	0	1	282.73	0	719.37
16	其他汽车起重机	7	4	1	251.16	147.50	32.73
17	履带式起重机	57	38	35	18 795.58	5 622.87	12 760.33
18	塔式起重机	31	59	66	3 018.51	6 185.08	5 149.92

（续）

序号	产 品 名 称	进口数量/台			进口金额/万美元		
		2009 年	2010 年	2011 年	2009 年	2010 年	2011 年
19	随车起重机		565	164	—	359.49	307.80
20	其他起重机	3 037	1 385	898	10 079.07	9 705.47	9 506.23
21	堆垛机	234	475	545	4346.54	4 193.08	4 831.04
22	电动叉车	4 076	7 706	8 719	7 135.21	13 320.09	15 609.95
23	内燃叉车	1 507	1 887	1 861	14 217.92	17 862.86	12 596.60
24	集装箱叉车	18	27	51	373.76	481.73	644.68
25	手动托盘搬运车	3 817	4 549	4456	3 289.56	3 059.20	3 162.65
26	牵引车	1 440	2 023	2 070	3 037.26	2 432.04	2 430.97
27	凿岩机械及隧道掘进机	174	205	215	17 999.43	20 283.43	30 822.29
28	风动工具	450 606	681 757	646 396	5 961.03	9 303.74	11 260.65
29	打桩机及工程钻机	67	69	92	4 132.62	3 485.96	5 169.69
30	混凝土泵	290	451	372	975.56	1 179.50	1 103.33
31	混凝土搅拌机械	1 709	1 984	1 698	7 726.51	7 667.81	12 209.76
32	混凝土搅拌车	0	0	1	0	0	16.42
33	电梯及扶梯	2 013	2 021	1 717	17 855.16	15 511.86	13 121.62
34	其他工程车辆	164	109	56	7 092.40	158	2 378.77
35	其他	9 822	4 714	6 332	17 647.15	34 265.86	30 577.31
36	零部件	248 106t	320 750t	480 750t	183 538.64	320 751.63	381 275.42
	合计				514 781.78	835 889.28	904 533.00

根据表 4-6 中的数据，对我国工程机械进口和产业发展影响较大的产品分析如下。

1. 挖掘机进口量居高不下

挖掘机械是我国工程机械 36 种进口机型中的大宗产品，2009—2011 年累计进口 97 163 台，单台平均价格为 7.95 万美元，三年累计进口额达到 772 430 万美元，占工程机械行业进口总额的 34.18%，基本都是目前国内产能过剩的产品，其中半数以上是二手设备。因此，为了支持国内挖掘机产业的发展，应当适时调高挖掘机进口税率，加强对二手挖掘机的进口监管措施。

2. 大量进口零部件制约了我国工程机械行业独立自主的发展能力

21 世纪以来，工程机械零部件进口额年年创新高，2009—2011 年累计进口量达 105 万 t，三年进口金额分别为 183 538.64 万美元（2009 年）、320 751.63 万美元（2010 年）和 381 275.42 万美元（2011 年），分别占当年进口总额的 35.7%、38.2% 和 42.2%。平均进口价格达 8 437 美元/t，其中有的价格超过 15 000美元/t。以 2011 年为例，零部件主要进口来源、进口量、进口金额和进口单价见表 4-7。

表 4-7　2011 年零部件主要进口来源、进口量、进口金额和进口单价

序号	进口来源	进口量/t	进口金额/万美元	进口单价/(美元/t)
1	日本	112 554.815	151 658.810	13 474.2
2	德国	23 791.937	39 889.540	16 760.0
3	美国	14 570.056	22 774.960	15 631.3
4	韩国	190 548.960	96 018.790	5 039.1
5	意大利	16 326.615	9 764.860	5 981.0
6	法国	4 519.259	5 325.450	11 783.1
7	瑞典	7 123.990	5 129.054	7 199.7
8	英国	3 608.837	3 483.390	9 652.4
9	中国台湾	3 532.054	4 167.610	11 799.4
10	捷克	1 457.538	1 612.930	11 066.1
11	瑞士	1 352.912	1 427.580	10 551.9
12	巴西	1 702.200	1 309.060	7 690.4
	合计	381 089.173	342 562.034	8 989.0
	备注	占零部件进口总量的 79.27%	占零部件进口总额的 89.80%	

从表 4-7 中可以看出，我国工程机械零部件进口，主要来自于日本、德国、美国、意大利等发达国家。其中进口量最大、单价最高的为德国、美国和日本，单价均超过 13 000 美元/t，出口方从中获得了高额增加值利益。日本、德国、美国是世界工程机械三大制造大国和制造强国，是我国工程机械行业在国内与国际市场上的主要竞争对手。而我国工程机械高端产品的配套零部件又主要依赖于这

三个国家，它们在我国有诸多的独资与合资企业，在利益驱使下向我国出口的零部件价格上涨。例如，据德国统计局资料显示，2010 年德国挖掘机零部件向我国出口的数量占第一位，其次是向美国、日本、意大利、瑞典和韩国出口，对这些国家的平均出口单价为 5960 欧元/t，但是对我国的平均出口单价则达到 10 000欧元/t，2011 年 8 月又上升到 11 500 欧元/t。在德国与意大利、法国、美国等发达国家之间，一直存在着固有的贸易互补互惠关系，德国挖掘机零部件向这些国家的平均出口单价没有超过 5 400 欧元/t，其中向意大利出口的最低优惠价格为 2 700 欧元/t，只相当于向我国出口价格的 1/4。美国、日本等发达国家向我国出口零部件时，同样存在类似情况。对我国来说，这种高昂的零部件进口价格，既限制了我国工程机械产品增加值的上升空间和市场竞争力，又为外资企业创造利润提供了方便。

通过上述简单分析，发展战略性新兴产业，工程机械关键配套技术必须走中国创造之路，不能长期依赖于发达国家。只有有了中国创造，才能有平等互利的议价权和互惠的贸易关系。

3. 重点关注的进口产品

2010—2011 年，工程机械进口量大幅回升，增长幅度较大的主要产品有以下几种：2011 年进口摊铺机 573 台，比 2009 年增长了 136.77%，平均进口单价比 2008 年下降了 16.7%；2011 年进口压路机 802 台，其中从德国进口的机重在 18t 以上的振动压路机的平均单价比 2008 年下降了 42.7%，这是因为我国压路机技术比较成熟，不再依赖外国品牌；进口电动叉车 8 719 台，比 2009 年增长了 113.91%，平均进口单价略有上升。

大型工程机械进口量继续呈上升趋势，其中进口功率大于 235.36kW 的推土机 123 台，大型铲运机 109 台，机重 40t 以上的大型挖掘机 128 台，全液压凿岩钻机 420 台，大型桩工机械 69 台。由于这些产品我国的生产条件不完全成熟，因此仍有一定的进口依赖性，平均进口单价没有下降，反而上升了 16% ~20%。

上述情况说明，只要国内能达到批量生产能力的产品，其进口价格便会不断下降，与之配套的关键零部件的进口价格却不断上升；国内不能生产的大型机械进口价格也呈上升趋势。所以，今后发展大型工程机械和关键零部件仍然是工程机械行业的主要任务。

4.3.4 工程机械出口贸易分析

从 2010 年开始，我国工程机械出口进入恢复性高速增长时期，2010 年的出口额比2009年增长了34.10%，2011年又比2010年增长了53.78%。根据中国工程机械工业协会进出口月度监测统计资料，将2009—2011年工程机械产品出口情况列于表4-8。其中，出口量显著增长的产品有履带式挖掘机、装载机、推土机、平地机、压路机、履带式起重机、电动叉车、内燃叉车、手动托盘搬运车、混凝土搅拌机械等。

表4-8 2009—2011年工程机械产品出口统计

序号	产品名称	出口数量/台			出口额/万美元		
		2009年	2010年	2011年	2009年	2010年	2011年
1	履带式挖掘机	3 146	4 790	8 052	29 623	39 753	80 427
2	轮胎式挖掘机	222	270	285	1 816	1 772	2 294
3	其他挖掘机	159	106	137	1 398	2 567	792
4	装载机	15 388	24 996	38 489	54 130	92 217	165 858
5	功率大于235.36kW推土机	121	182	327	1 466	2 060	4 830
6	其他推土机	2 160	2 899	3 823	21 475	27 731	40 382
7	筑路机械及平地机	2 509	3 125	5 424	18 121	26 217	47 690
8	铲运机	363	351	338	1 958	2 560	2 409
9	压路机	5 577	9 800	12 816	20 601	27 502	39 965
10	其他压实机械	19 629	23 983	21 079	2 072	3 219	3 289
11	摊铺机	824	464	804	3 592	3 164	4 664
12	沥青搅拌设备	936	1 824	685	7 087	6 085	11 427
13	起重量大于100t全地面起重机	18	7	24	1 591	714	2 552
14	其他全地面起重机	596	451	780	6 403	5 514	9 308
15	起重量大于100t汽车起重机	32	15	32	1 436	1 037	1 869
16	其他汽车起重机	1 866	1 997	2 709	26 745	29 485	41 063
17	履带式起重机	541	572	767	18 814	27 203	33 532
18	塔式起重机	1 586	1 980	2 295	18 929	27 194	33 329
19	随车起重机	—	678	586	—	413	451
20	其他起重机	5 193	6 786	7 812	12 022	17 408	31 154
21	堆垛机	161	292	544	507	152	360

（续）

序号	产品名称	出口数量/台			出口额/万美元		
		2009年	2010年	2011年	2009年	2010年	2011年
22	电动叉车	12 534	19 414	33 145	6 479	10 697	21 423
23	内燃叉车	14 781	27 332	50 420	22 477	38 970	76 675
24	集装箱叉车	71	105	140	1 480	1 965	2 999
25	手动托盘搬运车	914 682	1 532 942	1 786 013	15 690	23 850	30 699
26	牵引车	15 580	32 028	23 932	1 787	3 535	3 129
27	凿岩机及隧道掘进机	29 302	33 098	27 523	7 362	10 506	21 089
28	风动工具	11 592 991	13 408 976	14 380 090	18 164	24 252	27 152
29	打桩机及工程钻机	21 303	17 282	21 350	8 173	9618	11 101
30	混凝土泵	2 677	2 983	2 621	4 170	4 135	5 359
31	混凝土搅拌机械	336 267	571 897	721 417	22 638	24 992	32 327
32	混凝土搅拌车	1 667	1 884	2 980	9 719	10 507	16 610
33	电梯及扶梯	32 941	37 272	47 575	102 131	103 421	130 219
34	其他工程车辆	191	158	240	1 796	1 734	3 160
35	其他	707 904	882 957	1 329 628	37 883	55 468	105 769
36	零部件	1 261 212t	1 789 707t	2 554 757t	260 742	366 891	545 575
	合计				770 474	1 034 504	1 590 925

在工程机械出口贸易中，外商投资企业占据主要位置，其次是国有企业和民营企业。其中，外商独资、中外合资与合作企业的2011年出口额达到64.34亿美元，占出口总额的40.4%；国有企业2011年的出口额达到43.17亿美元，占出口总额的27.2%；民营企业2011年出口额达到48.05亿美元，占出口总额的30.2%。外商投资企业的出口比例比2009年上升了4个百分点，上升的主要原因是，它们在出口国家有多年稳定的销售服务网络；另一方面，外商在我国生产的产品价位相对较低，利用我国生产基地生产的产品向外出口，其品牌和销售均具有先天优势。

从2008年开始，我国工程机械已逐步迈入继日本、美国、德国之后的出口大国行列，2011年我国工程机械产品出口额已超过德国，列世界第三位。出口增长成为拉动工程机械行业发展的主要动力之一，2011年，我国工程机械销售额增长了25%，其中有8%是靠出口拉动的，外贸依赖性开始显现。因此做好工程机械出口规划，努力创新，提高出口产品质量和技术水平，加强政策支持，扩大出口范围是我国工程机械行业今后发展的重要战略措施之一。

2011年，我国工程机械12种整机产品的出口量达到162 478台，其中85%以上销往发展中国家，特别是新兴经济体国家。在发达国家，由于技术与法规等门槛限制，出口量受到了抑制。现对2011年12种主要机型和零部件的出口情况分述如下。

1. 挖掘机

2011年，挖掘机出口量为8 474台，占销售总量的4.88%，出口到133个国家和地区。其中超过10台以上的有74个国家，超过100台以上的有28个国家，超过200台的依次是巴西1 037台、缅甸740台、荷兰575台、哈萨克斯坦478台、伊朗354台、泰国326台、马来西亚320台、俄罗斯315台、美国278台、加纳276台、印度尼西亚275台、瑞典244台、日本242台、蒙古226台、英国224台、阿根廷219台。

2. 轮式装载机

2011年，轮式装载机的出口量为38 489台，占销售总量的15.58%，出口到166个国家和地区。其中超过100台的有54个国家，超过500台的有16个国家，依次是俄罗斯6 317台、巴西3 927台、阿根廷2 438台、伊朗1 941台、哈萨克斯坦1 881台、沙特阿拉伯818台、澳大利亚834台、阿尔及利亚807台、越南780台、蒙古778台、南非726台、印度675台、德国595台、缅甸570台、泰国546台、马来西亚525台。

3. 推土机

2011年，推土机的出口量达到4 150台，占销售总量的31.7%，出口到121个国家和地区。其中超过50台的有20个国家，依次是俄罗斯1123台、哈萨克斯坦202台、缅甸177台、委内瑞拉162台、巴西153台、阿尔及利亚105台、印度102台、印度尼西亚102台、越南97台、阿拉伯联合酋长国82台、尼日利亚73台、菲律宾69台、伊朗64台、加纳62台、蒙古58台、喀麦隆59台、乌兹别克斯坦57台、澳大利亚54台、坦桑尼亚53台、埃塞俄比亚50台。

4. 平地机

2011 年，平地机的出口量为 1 241 台，占销售总量的 24.53%。其中超过 50 台的有印度、印度尼西亚、沙特阿拉伯、新加坡、哈萨克斯坦、阿尔及利亚、喀麦隆、尼日利亚、南非、俄罗斯、阿根廷、巴西、委内瑞拉、巴拿马 14 个国家。

5. 压路机

2011 年我国压路机的出口量为 12 816 台，占销售总量的 59.20%，出口到 128 个国家和地区。其中超过 100 台的有 22 个国家，其中，印度尼西亚 1 767 台、巴西 584 台、哈萨克斯坦 369 台、斯里兰卡 364 台、沙特阿拉伯 354 台、俄罗斯 285 台、越南 242 台、菲律宾 197 台、阿根廷 174 台、泰国 174 台、马来西亚 173 台、尼日利亚 157 台、缅甸 154 台、坦桑尼亚 111 台。

6. 摊铺机

2011 年，我国摊铺机的出口量为 804 台，占销售总量的 24.46%，出口到 64 个国家和地区。其中斯里兰卡 54 台、俄罗斯 43 台、委内瑞拉 31 台、阿尔及利亚 28 台、哈萨克斯坦 22 台、蒙古 21 台、菲律宾 17 台。

7. 汽车起重机（包括全路面起重机）

2011 年汽车起重机（包括全路面起重机）的出口量达到 3 545 台，占销售总量的 9.96%，出口到 128 个国家和地区。其中 10 台以上的国家有 48 个；超过 50 台的国家有 13 个，依次是巴西 358 台、沙特阿拉伯 337 台、哈萨克斯坦 297 台、俄罗斯 248 台、蒙古 196 台、阿尔及利亚 189 台、伊朗 100 台、阿拉伯联合酋长国 78 台、印度 77 台、缅甸 75 台、安哥拉 57 台、土库曼斯坦 52 台、尼日利亚 50 台。

8. 履带式起重机

2011 年，我国履带式起重机的出口量达到 767 台，占总销售量的 38.72%，出口到 64 个国家和地区。其中 10 台以上的国家和地区有 11 个，依次是印度 274 台、缅甸 103 台、新加坡 61 台、巴西 27 台、美国 27 台、俄罗斯 25 台、越南 18 台、中国香港 17 台、菲律宾 14 台、阿尔及利亚 11 台、马来西亚 10 台。

9. 塔式起重机

2011 年，塔式起重机的出口量达到 2295 台，占销售总量的 4.23%，出口到 98 个国家和地区。其中超过 10 台的国家和地区有 38 个；超过 20 台的国家和地区有 20 个，依次是印度 413 台、越南 166 台、巴西 142 台、委内瑞拉 127 台、马来西亚 122 台、新加坡 120 台、阿拉伯联合酋长国 116 台、泰国 105 台、菲律宾 105 台、伊朗 86 台、俄罗斯 79 台、阿尔及利亚 53 台、土耳其 44 台、韩国 43 台、印度尼西亚 40 台、沙特阿拉伯 35 台、中国香港 50 台、蒙古 26 台、中国澳门 23 台、智利 20 台。

10. 叉车

2011 年，我国叉车出口量达到 84 249 台，占销售总量的 26.84%，出口到 138 个国家和地区。其中超过 1 000 台的国家依次是巴西 8 624 台、美国 7 482 台、俄罗斯 6 770 台、阿根廷 5 721 台、土耳其 4 405 台、德国 4 278 台、南非 2 268台、泰国 2 102 台、澳大利亚 2 070 台、法国 1 894 台、印度尼西亚 1 870 台、印度 1 867 台、比利时 1 693 台、波兰 1 552 台、沙特阿拉伯 1 462 台、韩国 1 272 台、阿尔及利亚 1 210 台、意大利 1 201 台、智利 1 060 台。

11. 混凝土拖式泵

2011 年，我国混凝土拖式泵的出口量为 2 621 台，占销售总量的 36.10%，出口到 103 个国家和地区。其中 100 台以上的国家只有 6 个，依次是沙特阿拉伯 505 台、阿根廷 173 台、吉布提 144 台、哥伦比亚 121 台、越南 120 台、肯尼亚 106 台。

12. 混凝土搅拌运输车

2011 年，我国混凝土搅拌运输车的出口量达到 2 980 台，占总销售量 37.40%，出口到 77 个国家和地区。其中 20 台以上的国家有 33 个；超过 100 台的国家有 8 个，依次是委内瑞拉 412 台、越南 306 台、南非 287 台、阿尔及利亚 239 台、缅甸 199 台、印度尼西亚 167 台、马来西亚 111 台、菲律宾 104 台。

13. 零部件出口

我国工程机械零部件出口贸易中同样存在着结构不合理、技术含量低、无序发展的情况。2010 年，我国工程机械零部件出口量达 178.970 7 万 t，比 2009 年增长了 41.9%，2011 年出口量达到 255.475 7 万 t，比 2010 年增长了 42.7%；2010 年出口额比 2009 年增长了 40.7%，2011 年又比 2010 年增长了 48.7%，达到 54.557 5 亿美元，占当年出口总额的 34.3%。出口到全球 185 个国家和地区，其中达到 2 000 万美元以上规模的有 36 个国家和地区，见表 4-9。这 36 个国家和地区是我国工程机械零部件的主要出口地区。其出口量占总出口量的 79.2%，出口额占总出口额的 84.5%。

表 4-9 2011 年工程机械零部件出口主要目的地统计

序号	出口到达地区	数量/t	出口额/万美元	平均单价/(美元/t)
1	日本	396 019. 402	79 155. 36	1 999
2	美国	346 063. 662	78 275. 81	2 262
3	韩国	235 181. 020	32 939. 50	1 401
4	澳大利亚	59 950. 343	20 496. 22	3 419
5	英国	102 263. 210	20 145. 57	1 970
6	印度	58 135. 661	19 207. 74	3 304
7	意大利	82 845. 434	18 310. 23	2 331
8	德国	77 045. 962	16 168. 57	2 099
9	俄罗斯	51 971. 835	14 887. 71	2 865
10	印度尼西亚	50 852. 632	14 377. 58	2 827
11	巴西	43 144. 825	12 038. 71	2 790
12	加拿大	48 043. 677	11 665. 70	2 428
13	新加坡	40 827. 443	11 360. 45	2 786
14	马来西亚	42 482. 373	9 887. 13	2 327
15	荷兰	49 596. 703	9 878. 76	1 992
16	泰国	19 660. 970	8 483. 52	4 315
17	阿拉伯联合酋长国	27 268. 534	7 663. 29	2 810
18	中国台湾	42 468. 314	6 599. 19	1 554
19	中国香港	21 520. 184	6 357. 88	2 954
20	瑞典	28 404. 711	5 985. 47	2 107
21	南非	22 340. 548	5 438. 19	2 434
22	越南	22 317. 939	5 420. 42	2 429
23	比利时	22 949. 824	5 378. 55	2 344
24	西班牙	25 881. 133	5 298. 51	2 047
25	法国	20 179. 559	4 808. 74	2 383
26	蒙古	5 707. 369	4 207. 44	7 372
27	土耳其	18 080. 923	3 752. 20	2 075
28	沙特阿拉伯	12 903. 444	3 615. 73	2 802
29	伊朗	7 323. 563	3 092. 11	4 222

（续）

序号	出口到达地区	数量/t	出口额/万美元	平均单价/(美元/t)
30	尼日利亚	7 305.594	2 734.57	3 743
31	智利	8 816.632	2 462.55	2 793
32	丹麦	3 288.558	2 221.74	6 756
33	孟加拉国	2 018.517	2 154.11	10 672
34	秘鲁	6 034.426	2 142.07	3 550
35	墨西哥	8 399.103	2 136.16	2 543
36	芬兰	7 191.802	2 025.76	2 017
	小计	2 024 485.829	46 0773.24	2 276

表4-9中的数据显示，零部件出口方向与整机出口方向相反，70%出口到发达国家和地区，只有30%出口到发展中国家和地区。2011年，我国零部件出口平均单价为2 276美元/t，只相当于进口零部件平均单价的25%。其中出口到发达国家和地区的零部件平均单价只有2 000美元/t左右，出口到发展中国家和地区的平均单价则达到3 000美元/t以上。向发达国家出口配套的零部件以备品配件、钢结构件、一般加工件、铸锻件及其粗加工件为主，主要是进料加工贸易和来样加工贸易，其中进料加工贸易额占20亿美元以上。在零部件出口价格中，主要包含原材料、能耗、劳动力工资与管理成本及贸易微利。随着人民币升值，零部件盈利空间越来越小，却为进口方谋取了丰厚的工业增加值空间。目前，国内工程机械一般零部件加工制造产能过剩的情况相当严重，国内企业为了拿到出口订单，相互压价，如一个挖掘机斗齿最低价只有2美元左右。整个零部件行业生产精品的少，生产低附加值零部件的多，没有品牌效应，这就是我国工程机械零部件行业出口贸易的发展现状。

第 5 章

我国工程机械行业利用外资情况分析

工程机械行业是装备制造业中引进外资项目数量、资金和规模最突出的一个行业。改革开放以来，我国国民经济持续快速发展，大量基础设施建设工程和城镇化发展给工程机械行业的发展提供了广阔的市场，同时也为外资企业提供了发展机遇。世界上著名的工程机械制造商普遍看到了我国工程机械的现实市场和潜在市场，在我国吸引外资政策的鼓励下纷纷来华办厂，或投资兴办中外合资企业，直接扩大其在我国市场的销售额，如日本小松制作所、日立建机、美国卡特彼勒公司和瑞典沃尔沃公司，其在我国的营业额都已突破了100亿元人民币。从20世纪80年代初开始，外资项目的引进，缓解了我国部分工程机械产品供不应求的局面，解决了当时建设投资紧缺的问题；同时，通过合资办厂与管理，带动了我国工程机械产品发展、质量管理、企业管理、营销管理等方面向现代化企业管理机制发展。因此总体来说，多数外商投资企业项目达到了互利双赢的目标，有的被誉为优秀外商投资企业。

5.1 我国引进外资基本概况

我国工程机械行业从1981年开始引进外资项目，当时外商对中国引进外资的政策和相关法律、法规不够了解，外资项目开始是以试探性为主，而且首先是我国港、澳、台资本，后来又由港、澳、台资本携带相关外资项目进入。1981—1991年，共引进了7个外资项目，7个项目引进的协议外资只有2 261万美元，平均单项投资规模为323万美元。

从1992年开始，外商认识到我国工程机械市场的发展前景越来越好，国家又提出了引进外资的优惠政策，如营业税收“二免三减”，进出口关税优惠政策和保税区管理等，于是外商开始加大了在我国的投资力度。我国当年批准工程机械行业外资项目58个，到1996年，5年间累计批准182个外商独资、中外合资和合作项目，平均每年列项36个，引进协议外资金额73 128万美元。其中1995年、1996年均超过2.5亿美元，平均单个项目协议外资金额达到1 069万美元。这一时期外资项目的发展特点是：外资项目增速快，经营规模逐渐加大，外商独资与合资控股呈上升趋势。资金来源开始由我国港、澳、台地区资本转向以日本、韩国、美国为主。到1996年，外资来源中日本占40%、韩国占11%、美国占6.7%、德国占4.1%、英国占3.5%、我国港澳台地区占23%、其他地区占11.7%。

“九五”期间，我国工程机械市场需求增长速度减缓，轮式装载机销售量从1996年的18 335台增长到2000年的20 857台，5年累计只增长了13.8%；推土机1996年销售2 983台，2000年为2 941台，基本没有增长；汽车起重机从1996年的2 565台增长到2000年的3 368台，5年累计增长了31.3%；压路机从1996年的3 517台增长到2000年的5 592台，5年累计增长了59.0%；只有液压挖掘机的销售量增长速度较快，从1996年的3 308台增长到2000年的7 926台，5年累计增长了139.6%。在这种情况下，外资项目的进入量受到了一定抑制。

从2001年开始，我国成为国际工程机械行业公认的热点市场，占全球份额的比例不断上升。为此，又激起了工程机械外资企业对我国市场的浓厚兴趣，已经在我国有合资企业的外商要求增资扩股，有的由中外合资演变成了外商独资企业。同时，一批新的外商独资和中外合资企业被批准成立，到2008年，外商投资企业数达373家，比2001年增长了190%，投资总额为57.66亿美元，比2001年增长了290%，吸收外商资本金27.5亿美元，约占本行业资本金的32%。至此，外商独资、中外合资和合作企业的销售额已占我国工程机械全行业的1/3。

2008年下半年，国际金融危机爆发以后，发达国家及相关地区的工程机械市场急剧萎缩，唯有我国市场“一枝独秀”。2009—2011年，因4万亿元人民币的投资拉动，工程机械产品市场需求连续3年呈井喷式增长。以美国、日本、德国等为主导的国际工程机械50强企业，纷纷将加工制造产业向中国转移，2010—2011年，我国新批准外商独资与中外合资企业212家，2010年实际使用外资金额达到58 194万美元，2011年达到82 701万美元，两年合计140 895万美元，创历史新高。至此，工程机械行业外商资本金增至42.5亿美元以上，工程机械行业成为我国装备制造业引进外资项目和资金最多的一个行业。

5.2 外商投资企业类型及资金投向

2011年，工程机械行业外商投资企业达584家（按注册登记数），其中，中外合资企业占51%，外商独资企业占37%，独资企业比例比2000年上升了8个百分点。规模以上企业302家，占51.7%；规模以下企业中，30%左右以服务业为主，包括经营零配件、代理、维修、租赁、融资、再制造和测试等。

外资企业的资金投向主要是市场需求量大的热点产品，依次是电扶梯、液压挖掘机、工业搬运车辆（叉车）、商品混凝土机械、铲土运输机械、路面机械及部分零部件，特别是液压挖掘机、电扶梯产品占据国内市场的70%以上，与本土企业的品牌展开了激烈的竞争。在外商投资的零部件项目中，多半是技术含量较低、劳动密集型的低成本配套零部件，以降低主机生产成本。关键核心零部件的外商投资项目很少，多年来，只有柳工与德国采埃孚（ZF）公司合资的装载机变速箱与驱动桥项目、中德合资的徐州罗特埃德回转支承项目、中美合资的徐州美驰驱动桥项目、美国卡特彼勒公司在天津的亚实履带项目、位于青岛的为压路机与轮式挖掘机配套的意大利卡拉诺变速箱与驱动桥项目、以组装为主的日本川崎公司液压件与减速机项目等。这些项目所涉及企业都是以外商独资或控投为主，关键技术始终掌握在外商手里。高端产品零部件，如电控大功率动力换挡变速箱、高压变量泵与马达、多路阀、电液比例控制阀等都是我国工程机械行业发展的软肋，世界相关知名企业没有一个来华发展的。因此，外资在我国的投资项目不应像20年前那样，以引进资金和缓解部分产品市场供不应求的状况为主。今后，引进外资的重点应是有利于我国工程机械行业结构调整和转型升级。应改革对外资项目招商引资的管理机制，将其纳入产业发展规划，引资项目应该通过产业政策的评估。

5.3 外资主要来源

到目前为止，世界一流的工程机械制造商大部分已进入我国市场，每家公司在我国都有数个独资或合资企业，资金来源主要有日本、美国、韩国、德国和我国港澳台地区，其中我国港澳台地区项目虽多，但单个项目资金规模小。近几年来，美国的卡特彼勒、特雷克斯、马尼托瓦克，日本的小松制作所、日立建机、神户制钢，瑞典的沃尔沃，韩国的斗山与现代集团，德国的利勃海尔、宝峨集团等国际跨国公司，纷纷加大了在我国的投资力度，包括建立适应我国市场的研发中心、实验中心和培训中心，相应的服务业也已全面展开，其在我国的投资比例不断上升，占我国工程机械行业协议外资金额的70%左右。各国在我国的累计投资情况见表5-1，其中外资企业项目数和协议外资金额占比为：日本分别占18.3%和27.1%，美国分别占11.7%和25.4%，韩国分别占6.9%和6.7%，德国分别占6.2%和9.9%，英国分别占3.6%和4.5%、我国港澳台地区分别占30.2%和10.6%，其他地区分别占23.1%和15.9%。

表 5-1　外资主要来源

外资来源	日本	美国	韩国	德国	英国	中国港澳台地区	其他
项目数/个	106	68	40	36	21	175	134
平均单项外资金额/万美元	1 090	1 588	710	1 175	905	257	505
协议外资金额/亿美元	11.56	10.80	2.84	4.23	1.90	4.50	6.77

5.4　外资企业的股权分配情况及盈利水平

2011 年，外商投资的独资企业、中外合资与合作企业已达到 584 家（按注册登记数）。其中少数企业有易地重复注册登记情况，特别是在 20 世纪 90 年代，因“二免三减”税收优惠政策到期，许多企业选择易地重新注册登记，以继续享受地方税收和土地优惠政策。

近年来，外商独资企业数量不断增加，占外商投资企业数量的 26%，比 2000 年前提高 8 个百分点，其中部分是由原来的合资企业演变而来的，即通过经济财务手段将中方股权挤出合资企业。中外合资企业有 380 家，其中，外方控股占 46%，中方控股占 39%，中外双方股权对等企业占 15%，十多年来，外方控股企业数占比提高了 11 个百分点。由此看来，在外商投资企业中，中方控股企业已不占主导地位。从目前的发展趋势看，外商独资和控股的意愿越来越明显。

外商投资企业经营效益逐渐提高，不像在 20 世纪 90 年代那样，亏损或不盈利的企业多、盈利的企业少，现在亏损企业只占 35%，盈利企业则占 65%，但是平均利润率仍然比全行业平均水平低 1.8 个百分点。

5.5　发展外商投资企业的思路

我国工程机械行业“三资”企业发展大体上经历了三个阶段。

第一个阶段，1996 年以前，以中小规模外商投资项目为主，多数外资企业持保守、谨慎态度，对我国市场经济的法律、法规、知识产权问题、公平交易问题存有疑虑。另外，因外商投资控股要求，经常无法与中方合资对象达成共识，每年签约的外商投资项目不超过 30 个，发展缓慢。

第二个阶段，从 2001 年至 2008 年，随着地方招商引资力度的加大，外资项目签约率不断提高，对于大规模的外资或合资项目（3 000 万美元以上），地方无权审批，就把它分解成2个以上的项目逐一审批。到2008年，8年间累计签约180多个外商投资项目，而且签约规模越来越大，出现外商与我国重点骨干企业（如徐工集团、常林股份有限公司、山东临工工程机械有限公司、成工集团等）“强强合作”的新局面。另一个发展趋势是外资控股和直接收购企业行为明显，甚至纳入其跨国公司的全球管理范围，中外方收购与反收购的竞争态势逐渐形成。

第三阶段，自2008年金融危机爆发以来，世界经济形势动荡和恶化，工程机械制造业国际跨国公司向中国转移形势明显，来华投资发展的情况进入新一轮高潮，两年之内新组建了200多家外商投资企业。同时，在外商来华收购企业的同时，随着我国企业规模的扩张，中方企业也到境外收购企业，形成中外国际间收购与反收购的格局。

工程机械行业利用外资的规模和发展速度在我国装备制造业中名列前茅，积累了一定的经验，但在实践中仍存在一些问题。

1. 在中外合资企业发展过程中，要提高中方的经营主动权

长期以来，中外合资企业的产品技术、配套供应链、财务权均掌握在外方手里，中方股权基本轮为被摆布的地位，有的甚至被挤出合资企业。建议企业根据产品技术水平、配套供应链等，在合资过程中提出合理的国产化率实施计划及相应的技术研发措施，以及产品成本的知情权与建议权问题，这是做好中外双方互利双赢的基础。

2. 选择合资产品时，既要考虑市场，更要考虑协作配套生产环境

现在国内诸多中外合资企业中，针对同一个产品往往有多家外商公司来合资，产品系列标准、技术规范各不相同，这给合资企业在国产化和选择配套方面带来了困难。因此选择合资产品时，要根据国内相关产业链的技术水平，包括原材料、制造工艺、零部件等，与相关企业建立较好的合作基础，这样才能达到双方合资的实施目标。如果选择的合资产品技术要求与国内生产协作条件相差甚远，不但无法掌握主动权，市场销售也会受到限制，售后备品配件价格昂贵，这样的合资企业注定没有发展前途。

3. 引进外资要结合产业结构进行调整，避免产能过剩

目前，外商资本大部分投入热点产品，已经出现合资、合作项目过多，能力过剩的问题，例如，包括在建项目在内，液压挖掘机的年生产能力将达到50多万台；轮式装载机、压路机、起重机、塔式起重机、叉车、旋挖钻机、沥青混凝

土摊铺机、商品混凝土机械等主流产品的生产能力都已过剩，生产规模不宜再扩大。在合资、合作方向上，要结合产业结构调整，鼓励发展市场急需和能替代进口的零部件项目，以及国内尚未开发但有市场需求的产品。

4. 加强对外商独资与合资控股公司的财务监督

20 多年来，从外商独资与合资控股公司的财务状况分析，有些公司通过生产经营进出口关联交易，采取虚报价格、转移利润、财务避税等手法，为本公司谋取不正当利益，因此，应加强对外资企业的财务与经营业务的联合审计。

第6章 国际工程机械发展综述

6.1 国际工程机械产业发展格局

2007年，全球工程机械销售规模达到历史最高水平，约为1 780亿美元。2007年下半年美国金融次贷危机爆发，引起国际金融危机并蔓延到实体产业，工程机械产业受到严重冲击。2009年，全球工程机械销售额下降至1 274亿美元，降幅达28%，其中欧洲降幅达64%。2011年，全球工程机械销售规模恢复到2007年的水平，并超过1 800亿美元，其中，美国428亿美元，日本264.5亿美元，欧盟27国396亿美元，中国596亿美元（上述数据均指本国本土销售额）。

以德国为龙头的欧洲工程机械制造业55%以上的产品用于出口；日本有73%的产品用于出口；美国出口和内销基本各占一半；而我国大部分产品为内销，出口只占19%左右，在国际市场上的竞争力低于日本、美国和欧盟地区国家。

除了上述四个地区以外，还有部分工程机械产业分布于韩国、俄罗斯、加拿大、澳大利亚、印度、巴西等地，但其产品技术水平和生产规模的变化不会影响到全球工程机械的发展趋势。2009—2011年全球工程机械销售额及出口额情况见表6-1。

表6-1 2009—2011年全球工程机械销售额及出口额情况

序号	国别地区	销售额/亿美元			出口额/亿美元		
		2009年	2010年	2011年	2009年	2010年	2011年
1	美国	304	392	428	128.8	164.2	215
2	日本	137	219	264.5	84	162	196
3	欧盟	287	346	396	149	166	218
4	中国	366	510	596	57	76	117
5	其他地区	180	240	210	28	37	43
	小计	1274	1 707	1 894.5	446.8	605.2	789

注：1. 表中数据是根据美国普查局、美国建筑工业制造商协会、日本建设机械工业会、德国联邦统计局、德国机械与设备制造商协会（VDMA）及其他国际性咨询机构发布的资料，经分析对比后汇总而成，仅供参考。

2. 本表中欧盟国家的出口额是指出口到欧元区以外的销售额，不包括欧盟27国之间的工程机械出口贸易额。

3. 表中中国工程机械的销售额和出口额数据已剔除了电梯、扶梯、工业车辆、凿岩机械及风动工具产品的相关数据，其统计口径与国际工程机械产品类别基本相同。

全球四大工程机械产业板块中，美国、日本、欧盟属于发达国家，我国则是发展中国家。我国工程机械制造业技术基础与前者相比较，在基础原材料、基础制造工艺、创新研发能力等方面都有较大差距，相应的研发资金投入不足，产品质量档次不高，缺乏世界级品牌影响力，基本上是粗放型经营。美国等发达国家工程机械制造业已有100多年的发展历史，其产品覆盖全球，质量信誉、技术创新体制、租赁服务业等均领先于我国。所以我国在工程机械产业领域还谈不上是强国，在国际贸易交易谈判中，包括议价权与产品形象等方面地位仍比较低。

在国际金融危机爆发前后，全球工程机械销售量发生了剧烈振荡。按照英国工程机械咨询有限公司（Off-Highway Research）提供的报告，对国际金融危机爆发前后的全球工程机械销售情况进行了分析，将装载机、推土机、挖掘机、摊铺机、矿用自卸车等15种产品按地区的销售量数据列于表6-2。从表6-2可以看出，2008年全球销售工程机械产品848 000台，2009年迅速下降到658 237台，比2008年下降了22.4%，2010年和2011年又分别增长了32.3%和17.4%。其中我国的市场份额已达到40%以上，销售量占领先地位，为缓解国际工程机械市场下滑作出了重要贡献。但是，2012年比2011年的全球销售量只增长0.75%，表明全球经济复苏势头受阻，仍有诸多难以预测的不确定因素。

表6-2　2008—2012年全球工程机械按地区的销售量（15种产品）

地区名称		2008年	2009年	2010年	2011年	2012年
中国	销售量/台	237 376	293 252	401 532	430 120	409 442
	占比(%)	27.99	44.55	46.09	42.04	39.73
欧洲	销售量/台	160 412	88 919	99 435	123 455	122 041
	占比(%)	18.92	13.51	11.41	12.07	11.84
北美	销售量/台	148 605	76 054	89 215	124 698	133 175
	占比(%)	17.52	11.55	10.24	12.19	12.92
日本	销售量/台	56 975	23 370	37 090	47 085	46 597
	占比(%)	6.72	3.55	4.26	4.60	4.52
印度	销售量/台	32 463	32 434	42 839	54 063	61 745
	占比(%)	3.83	4.93	4.92	5.28	5.99
其他地区	销售量/台	212 169	144 208	201 030	243 582	257 660
	占比(%)	25.02	21.91	23.08	23.81	25.00
小计	销售量/台	848 000	658 237	871 141	102 300 3	103 066 0
	占比(%)	100	100	100	100	100

国际金融危机沉重地打击了欧洲、日本、北美地区的工程机械产业。2009年，欧洲产品销售量同比下降了44.57%，北美下降了48.82%，日本下降了58.98%，印度持平，世界其他地区下降了32.03%，唯独我国的销售量增长了23.54%，其销售量占全球的比例由2008年的27.99%上升到2009年的44.55%。2010年和2011年，我国工程机械市场销售量继续保持高速增长，成为国际工程机械跨国公司追逐利益的黄金地段。跨国公司在我国的企业不但有巨大的市场，同时利用在我国的制造成本优势，转向出口其他地区，从而提高了它们在国际市场中的竞争力。因此，发达国家将部分工程机械制造业向我国转移势在必行。例如：美国卡特彼勒公司无锡研发中心为其在我国的企业提供技术支持，投资额已超过10亿美元；瑞典的沃尔沃建筑设备（中国）有限公司先后在上海、山东、新疆等地投资2.268亿美元，用于发展挖掘机、装载机、路面机械、设备租赁等业务，2011年又耗资3亿瑞典克朗在济南成立产品设计研发中心，为沃尔沃公司在我国的企业提供技术支撑；日立建机投资40亿元人民币，在合肥新建一个5万台挖掘机工业园；日本神钢在成都投资30亿元人民币，用于建设大中型挖掘机和履带式起重机产业园；日本日工株式会社在山东投资5亿元人民币，与山推工程机械股份有限公司组建了混凝土机械产品研发生产基地；韩国斗山集团与徐工集团共同投资9 900万美元，用于生产排气量为6~8L的柴油发动机；美国特雷克斯公司在南方路机投资生产移动式破碎筛分设备，同时控股山东拓能集团有限公司65%的股份；德国凯傲集团全面接管江苏宝丽叉车有限公司；日本久保田株式会社注册资本4 500万美元，在无锡建成小型挖掘机工业园，其在合肥投资10亿元人民币，用于研发生产挖掘机减速机及相关零部件；意大利SELI公司与甘肃省建设投资（控股）集团总公司合资建设了集工程机械制造、研发、加工、装配和售后服务为一体的隧道掘进机等产品；美国迪尔公司在天津经济技术开发区投资5 000万美元，用于生产四轮驱动装载机和挖掘机；德国力士乐集团在江苏武进产业园投资6.647亿元人民币，致力于液压缸、液压阀、线性传动技术元件和气动元件的生产；等等。这些项目的总投资规模达26亿美元，有的项目已建成并投产，有的正在进行中。这种发展趋势进一步促成了我国工程机械制造业板块规模的扩大，使我国成为世界工程机械加工制造中心，同时也对我国本土品牌工程机械制造业形成了巨大的竞争压力，迫使企业转型发展，反思发展对策。

6.2 金融危机爆发后的国际工程机械市场

6.2.1 发达国家和地区工程机械市场的变化

国际金融危机的爆发对实体产业产生了巨大的影响，2009 年，发达国家工程机械市场需求跌到近十年来的最低点，2010 年和 2011 年，由于新兴经济体国家经济增长的带动，又显现出恢复性反弹。

据欧盟委员会的不完全统计，2010 年欧盟各国工程机械产值约为 250.7 亿欧元，同比增长 19.2%，其中 15.3% 靠出口拉动；2011 年比 2010 年增长 26.3%，2012 年预测为零增长。在增长额中，国外订单指数平均高于国内订单指数 34 个百分点。

据日本建设机械工业会发布的数据显示 2010 年，日本工程机械销售额同比增长 59.6%，达到 219 亿美元，其中出口占 162 亿美元，同比增长高达 92.8%；内需销售 57 亿美元，同比只增长了 7.6%。2011 年，销售同比增长 20.8%，达 264.5 亿美元，其中出口占 196 亿美元，同比增长 21.9%；内需销售 68.5 亿美元，同比增长 17.8%。2012 年一季度增长率下滑，预计内销与上年度持平。

美国工程机械国内外销量基本各占一半。据英国工程机械咨询有限公司提供的信息显示：美国 2008 年 15 种主要机型的销售量为 148 605 台，2009 年下降至 76 054 台，跌幅达 48.8%；2010 年和 2011 年销售量同比增长分别达到 17.3% 和 39.8%，但仍没有恢复到金融危机前 2008 年时的水平；2012 年，美国通过启动建筑业和交通建设项目，来恢复经济，但效果并不明显，其 2012 年工程机械销售增长率为 7% 左右，以出口拉动为主，内需依然不景气。

综上所述，发达国家对工程机械的需求能否恢复到金融危机前的水平，就要看今后几年经济发展的复苏态势。从目前形势看，一是复苏时间跨度大，二是难度大，短期内难以得到缓解。因为这场金融危机的爆发，实质上是发达国家与新兴经济体发展中国家之间经济结构矛盾的体现，贸易和货币流通失衡；另一方面，发达国家多年积累下来的财政赤字和高福利政策的矛盾，到了总爆发时期，美国的次贷危机只是一个导火索。

2009 年，欧洲主权债务危机在希腊爆发，先后有 17 个国家的主权债务已超过《马斯特里赫特条约》规定的 60% 红线（主权债务/GDP），如图 6-1 所示。

财政赤字是国家主权债务危机的一大推手。欧洲各国财政赤字严峻，是多年

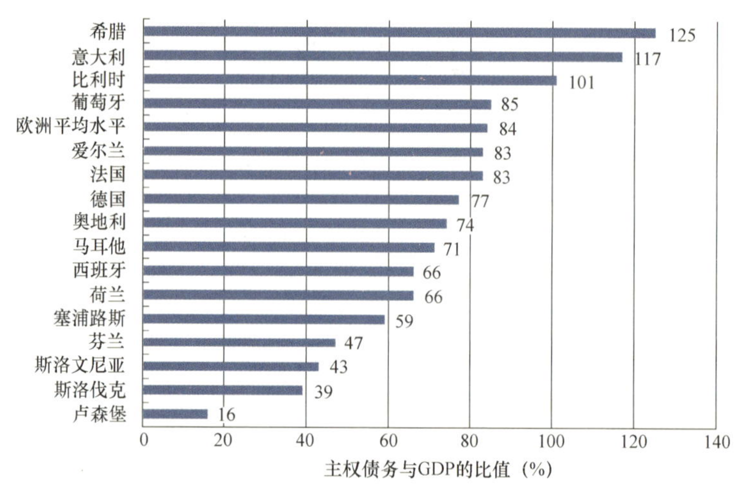

图 6-1 欧洲各国主权债务与 GDP 的比值

注：《马斯特里赫特条约》规定了对加入欧元区国家的基本要求，其中有 3 条核心要求，即加入欧元区的 3 条“红线”：一是加入国的公共债务不能超过 GDP 的 60%；二是加入国的财政赤字不能超过 GDP 的 3%；三是国家的长期利率不能超过欧盟国家中物价最稳定的 3 个国家平均利率 2%。

积累下来的历史问题，不可能靠一届政府改革得到缓解。减少政府财政支出和增加税收虽然都能缓解财政赤字，但会影响到国民的切身利益，所以推行难度大；而通过经济改革提高社会效益，则需要时间和符合民意的政策。因此，欧洲财政赤字在短期内不可能得到显著改善。2010 年欧洲各国财政赤字情况如图 6-2 所示。

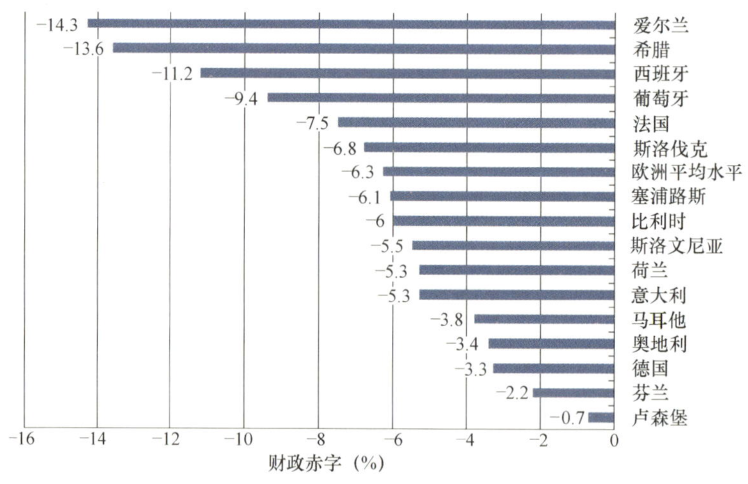

图 6-2 2010 年欧洲各国财政赤字情况

其实，日本和美国的主权债务情况比欧盟更为严峻。日本主权债务已超过其GDP的200%，经济复苏困难重重，内外交困；美国的次贷危机和政府预算赤字更加难以扭转，其中仅联邦财政债务就达16万亿美元，加上保险及其他金融延伸品债务已达GDP的180%以上，金融业已失去AAA级主权评级，将继续严重影响全球金融抗风险能力。

从上述情况分析，发达国家严峻的债务危机已将国际经济发展拖入“深水泥潭”，如果不大刀阔斧地进行经济和财政政策改革，紧缩财政支出，要摆脱这场危机是很困难的，而且会影响发展中国家经济的增长。正如联合国发布的《2012年世界经济形势与展望》报告中指出：发达经济体经济陷入泥潭，新兴经济体也无法独善其身，全球经济正在“二次衰退”的悬崖边上“蹒跚前行”。联合国经济学家也提出，这次金融危机的性质是几代经济学家没有碰到过的难题，世界经济何去何从，主要取决于发达国家能否采取更为一致、有效的措施，来应对全球经济不断下滑的风险。这种发展态势，必然会导致发达国家工程机械市场在今后几年仍将处于低迷状态。

6.2.2 国际工程机械市场重心向新兴经济体国家转移

进入21世纪以来，以我国、巴西、印度、俄罗斯、南非等为代表的新兴经济体的经济发展令人瞩目，大规模基础设施建设和建筑业正在兴起，对工程机械的需求增长显著。相反，发达国家的大规模基础设施建设任务已成过去，建筑业多半以改造修缮为主，目前又因金融危机引发的经济下滑陷入泥潭而不能自拔，对工程机械的需求更加乏力，这种局面短期内难以好转。据《环球建筑观察》和《牛津经济》报告，到2020年，全球建筑业总产值将增长到12.7万亿美元，年均增长率为6.7%；其中发达国家产值占48%，年均增长率只有1%～2%。这种发达国家与发展中国家经济发展形势的反差，使得全球对工程机械的需求重心不断向发展中国家转移。2009年以来，国际工程机械跨国公司纷纷在发展中国家兴办独资或合资企业，因地制宜地开发新市场，同时直接出口量逐年上升。从表6-1中的数据可以看出，发达国家本土市场占比份额逐渐下降，而2010年和2011年出口量都有大幅增长，特别是大型跨国公司在金融危机爆发以后，都针对上述发展趋势及时调整了本公司生产的供应链和出货链，使这些公司又得到了恢复性的大力反弹。下面列举的美国的卡特彼勒、迪尔公司，日本的小松、日立建机公司，欧洲的山特维克、阿特拉斯·科普柯6家跨国公司的经济运行发展情况（图 6-3 ~ 图 6-8），就可以证明这一点。

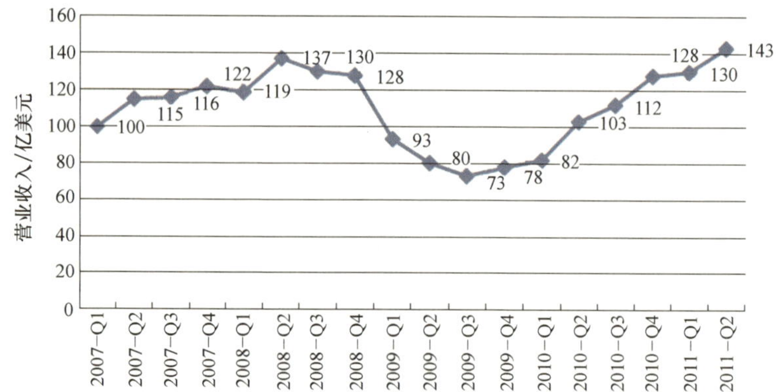

图 6-3　美国卡特彼勒公司 2007—2011 年上半年营业收入走势

注：1. 图中数据表示卡特彼勒公司每季度的总营业收入，均折合成以 2007-Q1 为 100% 的销售指数。产品包括工程机械、工程机械发动机、相关零部件、租赁及融资租赁服务、再制造服务等。数据来源于公司的年报、季报。

2. Q 代表“季度”。

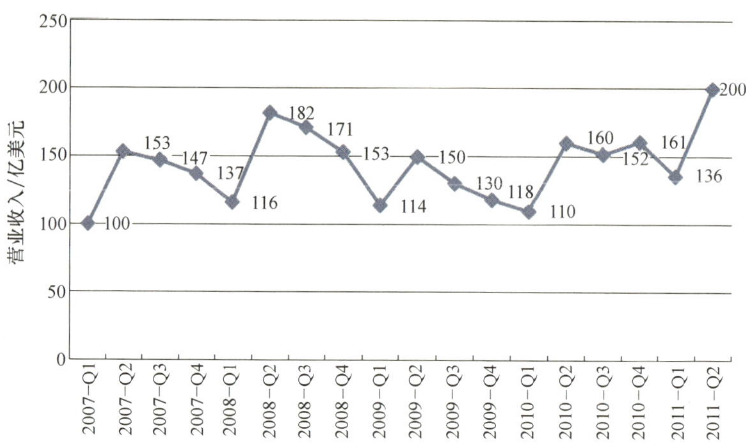

图 6-4　美国迪尔公司 2007—2011 年上半年营业收入走势

注：1. 图中数据为美国迪尔公司每季度的总营业收入，均折合成以 2007-Q1 为 100% 的销售指数。产品包括工程机械、农业机械相关零部件、设备租赁业务等，其中农业机械占比较大。数据来源于公司的季报、年报。

2. Q 代表“季度”。

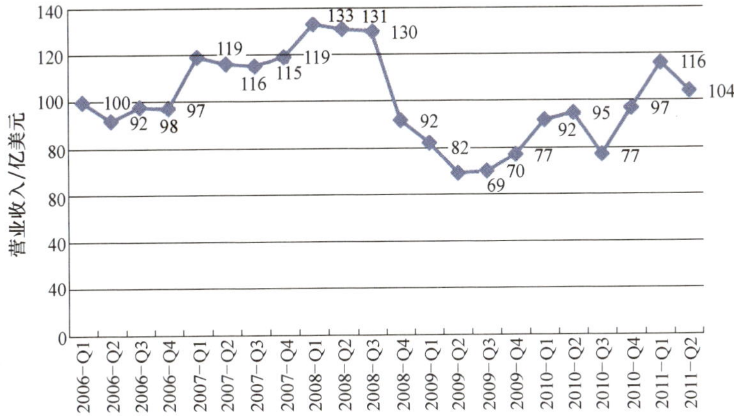

图 6-5　日本小松公司 2006—2011 年上半年营业收入走势

注：1. 图中数据表示日本小松公司每季度的总营业收入，均折合成以 2006-Q1 为 100% 的销售指数。产品包括工程机械、发动机、零部件、液压件、金融租赁等。数据来源于公司的年报、季报。

2. Q 代表“季度”。

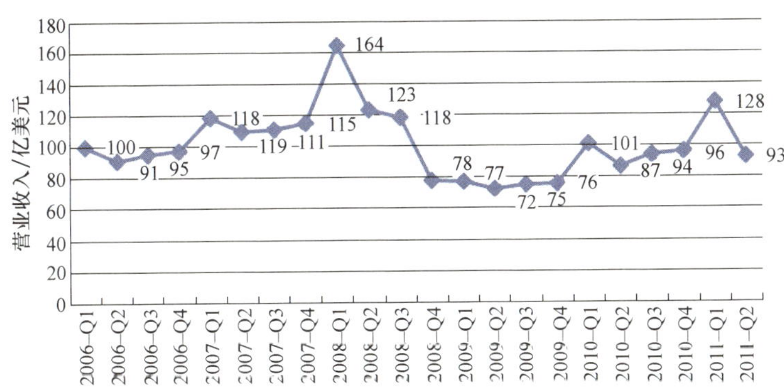

图 6-6　日本日立建机公司 2006—2011 年上半年营业收入走势

注：1. 图中数据表示日立建机公司每季度的总营业收入，均折合成以 2006-Q1 为 100% 的销售指数。产品包括工程机械、发动机、相关零部件等。数据来源于公司季报、年报。

2. Q 代表“季度”。

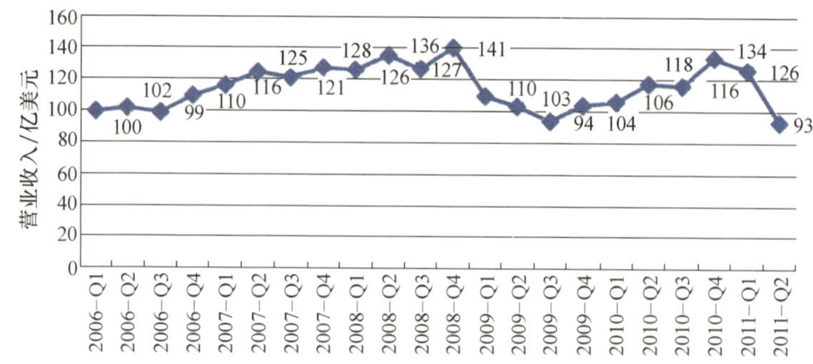

图 6-7　欧洲山特维克公司 2006—2011 年上半年营业收入走势

注：1. 图中数据表示欧洲山特维克公司每季度的总营业收入，均折合成以 2006-Q1 为 100% 的销售指数。产品包括工程机械、矿山机械、相关零部件、设备金融租赁等业务。数据来源于公司季报、年报。

2. Q 代表“季度”。

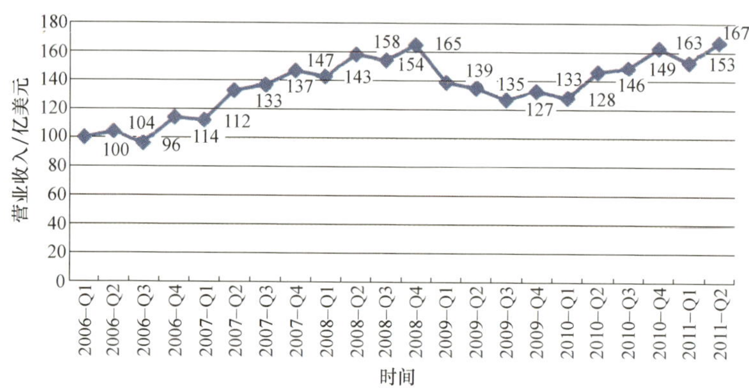

图 6-8　欧洲阿特拉斯·科普柯公司 2006—2011 年营业收入走势

注：1. 图中数据表示欧洲阿特拉斯·科普柯公司每季度的总营业收入，均折合成以 2006-Q1 为 100% 的销售指数。产品包括工程机械、矿山机械、相关零部件、设备金融租赁等业务。该公司产品销售到矿山的较多，因此受国际金融危机影响相对较小。数据来源于公司年报、季报。

2. Q 代表“季度”。

以上 6 家公司基本代表了美国、日本、欧盟在国际金融危机爆发前后，工程机械行业市场销售情况，其在 2010 年和 2011 年的快速反弹主要得益于出口拉动，内需只是恢复性增长。其中，2010 年和 2011 年美国内需增长分别只有 13.0% 和 7.6%，日本为 7.6% 和 17.8%，德国为 16.0% 和 15.4%；但是，2010 年和 2011 年美国出口增长分别达到 31.1% 和 42.0%，日本为 92.8% 和 21.9%，德国为15.5%和29.1%。同样，我国这两年的出口额也有大幅度增长，其中零部件主要出口到日本、美国、德国等国家，主机产品主要出口到发展中国家。

以上情况说明，以新兴经济体为代表的发展中国家，其经济快速发展，对工程机械的需求增长表现突出，在国际工程机械市场中的需求份额不断提高，而发达国家对工程机械需求的份额则不断萎缩。因此，今后我国工程机械发展定位要继续面向发展中国家，做好产品的技术研发和储备工作，提高产品质量，发展适应于发展中国家的工程机械销售与服务模式，不断巩固用户群和重点出口产品的信誉。

6.3 国际工程机械行业重组兼并加快

国际金融危机爆发以来，全球工程机械国际化发展趋势加快，跨国公司兼并重组和区域性企业的萎缩形成鲜明的对比，一些国际知名公司被兼并，如Putzmeister（普茨迈斯特）、SCHWING（施维英）、BOBCAT（山猫）、MWM、SAMPIERANA等，兼并后使产业规模与营销覆盖面得到进一步扩大，同时产业转移后进一步贴近市场。大型跨国公司除了重组和兼并其他公司以外，在我国、印度、巴西、俄罗斯等地区还纷纷建立了独资或合资工厂，优化产业链和服务链，其企业规模和销售规模都得到了发展。这一时期，全球工程机械制造业50强企业有的发展，有的萎缩，有的被兼并。以2010年为例，全球工程机械企业50强新上榜有2家，淘汰的有2家，即将被淘汰的有3家，有24家公司排名上升，有14家公司排名退后。营业利润率更是千差万别，有的利润率高达20%以上，有的为负增长和亏损，在下一年度有被“淘汰出局”的可能。2010年全球工程机械企业50强见表6-3，其中我国上榜公司有10家，但除山推股份、国机集团以外，国际化指数都在10以下，与国际上的其他公司差距较大，国际化发展战略刚刚起步。

表6-3 2010年全球工程机械企业50强

序号	公司名称	国别	销售额/亿美元	销售额增幅（%）	营业利润/亿美元	国际化指数（%）
1	卡特彼勒	美国	277.67	53.00	19.91	68.00
2	小松	日本	198.70	44.58	27.15	84.43
3	日立建机	日本	87.68	46.57	4.96	77.70

（续）

序号	公司名称	国别	销售额/亿美元	销售额增幅（%）	营业利润/亿美元	国际化指数（%）
4	沃尔沃建筑设备	瑞典	80.20	60.05	9.21	95.29
5	利勃海尔	德国	62.98	6.48		82.00
6	山特维克	瑞典	52.43	14.38	6.95	95.38
7	徐工集团	中国	51.87	48.84	6.77	8.67
8	中联重科	中国	50.12	64.81	8.14	4.78
9	三一集团	中国	49.93	67.94	10.14	6.46
10	特雷克斯	美国	44.18	14.52	-0.74	73.03
11	阿特拉斯·科普柯	瑞典	43.45	19.34	7.81	97.75
12	神户制钢所	日本	42.70	51.63	3.07	73.16
13	斗山 INFRACORE	韩国	41.71	66.04	2.94	83.00
14	约翰迪尔	美国	37.05	40.66	1.19	36.12
15	JCB	英国	31.73	44.89		83.00
16	美卓	芬兰	29.86	-0.10	3.88	97.00
17	CNH	美国	29.46	38.96	-0.54	74.50
18	柳工机械	中国	23.27	55.97	2.75	9.38
19	维特根集团	德国	20.91	23.00		83.00
20	现代重工	韩国	20.27	96.99	1.7	84.00
21	豪士科	美国	18.74	12.28	1.17	9.75
22	龙工	中国	18.21	80.12	3.24	2.00
23	马尼托瓦克	美国	17.49	-23.46	0.90	57.00
24	山推股份	中国	16.85	91.26	1.29	13.85
25	住友重机械	日本	16.09	44.69	0.65	50.62
26	厦工机械	中国	15.65	100.95	1.09	3.50
27	曼尼拓集团	法国	11.20	13.59	0.03	67.53
28	多田野	日本	11.04	-2.21	-0.46	42.62
29	威克诺森	德国	10.13	17.79	0.49	79.80
30	安迈集团	瑞士	9.83	0.20	—	90.00
31	帕尔菲格	奥地利	8.71	19.64	0.46	88.00
32	久保田	日本	8.70	44.52	—	70.77
33	法亚集团	法国	8.59	10.01	—	82.00

（续）

序号	公司名称	国别	销售额/亿美元	销售额增幅（%）	营业利润/亿美元	国际化指数（%）
34	希尔博	芬兰	8.02	-2.08	0.15	96.73
35	爱斯太克	美国	7.71	4.47	0.47	38.17
36	普茨迈斯特集团	德国	7.35	15.93	—	95.50
37	宝峨集团	德国	7.12	-6.93	0.65	85.00
38	施维英集团	德国	7.06	19.86	—	94.60
39	加藤制作所	日本	5.90	43.20	0.16	46.56
40	BEML	印度	5.88	-3.61	0.05	3.00
41	福田雷沃重工	中国	5.49	50.00	—	9.17
42	国机集团	中国	5.19	26.89	0.43	14.07
43	玉柴重工	中国	5.18	64.97	0.48	1.64
44	贝尔设备公司	南非	5.14	40.82	0.19	40.51
45	古河机械金属株式会社	日本	4.47	30.70	-0.07	67.00
46	山河智能	中国	4.28	101.31	0.34	9.84
47	竹内制作所	日本	4.22	72.24	0.07	56.06
48	爱知	日本	4.21	12.87	0.08	9.50
49	宝长年	美国	3.95	63.90	0.85	60.92
50	欧历胜集团	法国	3.34	14.78	-0.62	85.00
	合计		1 541.91	36.34	127.38	55.74

以上全球工程机械50强企业2010年的营业收入为1 541.91亿美元，比上年增长36.34%，体现了金融危机后的强劲反弹走势。50强企业的营业收入占全球工程机械份额的90%，生产集中度比上年提高了6个百分点；营业利润为127.38亿美元，平均利润率为8.26%，其中有8家公司亏损，6家公司利润率低于3%，这14家企业都有被兼并的可能，其中德国的普茨迈斯特、施维英两集团已被我国企业收购。从生产集中度分析，50强企业中美国有8家，销售份额占28.31%；欧盟企业有17家，销售份额占26.13%；日本企业有10家，销售份额占24.88%；中国企业有11家，销售份额占15.96%。这表明我国企业的生产集中度需要进一步提高，鼓励兼并重组，特别要注重同一产业的兼并重组，集中力量创品牌，不要为扩张而扩张，这样才能提高规模效应。从国际化指数分析，欧盟17家企业平均达到88.09%，日本10家企业平均达到57.84%，美国8

家企业平均达到52.19%，而我国11家企业平均只有7.58%。这说明我国企业在国际市场上的发展空间较大，今后的产业发展战略重点应是提高国际化水平。在兼并重组发展战略上，应重点关注欧盟企业的发展，优先兼并或收购欧盟国家的工程机械公司，特别是关键零部件企业，这是我国工程机械走上国际化的便捷之路，提高我国工程机械产业的国际化指数。

6.4 国际工程机械制造业技术发展趋势

6.4.1 信息化技术向纵深发展

20世纪90年代，发达国家工程机械制造业信息化工程得到快速发展，实现了“两化”融合，即产品技术的智能化和整个产业链管理的信息化，产品技术向节能、环保、人性化方向发展，通过智能化和信息化管理，使企业效率和效益进一步提高。

这一时期，广泛开发和应用了计算机技术、电子技术、电液伺服技术、控制系统集成化技术等，为人性化操作创造了良好的环境。例如，美国卡特彼勒公司的挖掘机上安装了Maestro预选模式节能控制系统，其控制面板在机型安装上有可供操作者选择的不同工况状态，允许操作者自行设定功率工况模式，控制面板清晰且易于阅读，可使操作者在液晶显示器上监控多达19种的重要功能，既有人性化操作的舒适性，又提高了作业效率。在信息化技术开发方面，各大公司生产的产品分别采用了发动机负荷传感控制技术、工况监控显示屏、故障自诊断与报警系统、遥测遥控技术及机电液一体化技术，大大提高了整机工作的安全性、可靠性及作业效率。目前，这些信息化技术在我国生产的高端产品上也得到了应用，但关键控制与传导元件主要依赖于进口配套。

在公司信息化网络管理方面，国际化公司已将市场需求、全球资源要素信息融入到研发体系，将产品定位、仿真分析与实施过程集成为新的研发平台，由研发平台延伸到数字化的车间生产线，可以实现异地协同运作，这个信息化系统可以支撑企业的全球营销与服务体系。因此，用信息化网络系统来提升企业的成功几率和核心竞争力，是当前国际先进工程机械制造企业的发展趋势。

6.4.2 产品节能技术层出不穷

能源已成为全球关注的问题，工程机械是燃油消耗较大的产品，能耗是施工成本的主要支出之一。因此，全球用户对工程机械能耗指标倍加关注，节能成为各大公司新产品研发的重要课题。工程机械节能技术的发展趋势主要体现在四个方面：一是从动力源头做起，如电子燃油喷射高压共轨柴油发动机、天然气发动机、混合动力发动机和新型对置式发动机等；二是用负荷传感器控制发动机有效功率的输出，这已得到了广泛应用；三是提高有效功率的利用率，如采用液压与机械动力传递系统、能量回收环节等；四是通过轻量化设计，如降低轮式装载机工作装置、挖掘机斗臂、塔式起重机臂架等的自重，减少材料与功率消耗，提高运行效率。目前，我国工程机械行业也正在尝试这些技术的开发与应用，但还未全面实现产业化。

6.4.3 环保、安全法规标准不断提高

工程机械动力主要是内燃机，内燃机影响环境的主要因素是噪声污染、废气污染、热排放、漏油等，这些因素已成为国际贸易的门槛，发达国家对这些因素的限制标准不断提高，使我国产品难以进入发达国家市场。同时，为了净化环境、降低排放、保障安全，提高环保性和安全性是工程机械行业发展的主要方向之一。

6.4.4 绿色设计与绿色制造是21世纪工程机械发展的主流趋势

绿色设计是产品的全生命周期设计，包括产品使用寿命结束后的回收重用及处理过程。从宏观上分析，绿色设计大大提高了产品利用率，降低了能耗，减少了环境污染，是一举多得的举措。绿色设计包含生态意识、环境意识，即在设计制造、运输、使用、维修和回收处理中，优先考虑产品的环境属性和可回收性，而传统设计只把市场看作第一要素。在绿色制造中，同样包含着对资源的有效利用和对环境的保护，其核心手段是采用数字化加工方法，实行数字化管理，大量使用非污染性材料代替污染性材料，使人为隐患降到最低。绿色设计和绿色制造是21世纪工程机械制造业的发展主题，国际跨国公司已经迈出了一大步，我国尚停留在研究与试点阶段，除了数字化加工以外，其他方面至今还没有实质性进展。

6.4.5 国外工程机械再制造实现产业化发展

再制造是绿色制造、循环经济发展的重要组成部分。美国卡特彼勒公司是世

界工程机械开展再制造业务最早的一家公司，不仅利用了大量废旧资源，在节能、降耗方面带来了巨大的社会效益，也为本公司带来了丰厚的利润。而后，日本小松公司、日立建机公司及欧洲一些老牌工程机械公司也相继跟进，现在都已成为全球工程机械再制造的重要产业。我国每年有近百万台工程机械上市销售，再制造业发展潜力巨大，应将其作为我国工程机械战略性新兴产业的一项重要任务来发展，本书将在第 11 章中专门进行论述，因此这里不予展开叙述。

第 7 章

我国工程机械战略性新兴产业发展目标

7.1 我国发展工程机械战略性新兴产业的必要性

《国务院关于加快培育和发展战略性新兴产业的决定》国发［2010］32号文（以下简称《决定》）发布以来，举国上下高度关注，并正在全面落实推进。中华人民共和国科学技术部在国家“十二五”科学和技术发展规划中，把培育和发展战略性新兴产业、推进产业结构升级、加快经济方式转变作为科技发展的优先任务；国务院印发了《“十二五”国家战略性新兴产业发展规划》，以进一步推进和落实《决定》中提出的战略目标。对于工业系统，国务院于2011年又以国发［2011］47号正式印发《工业转型升级规划（2011—2015年）》。这是改革开放以来，国家第一次把整个工业作为规划对象，并由国务院印发实施的中长期规划，提出了“十二五”期间我国工业转型升级的总体思路、主要目标、重点任务、重点领域发展方向和保障措施。这些文件的发布，从不同角度和不同产业，都是围绕着产业结构调整、转型升级、加快转变经济增长方式这条主线展开的，对于工程机械产业，同样具有重要的战略意义和现实意义。

依据我国工程机械行业发展现状及在国内外装备制造业中的地位，可以看出我国工程机械行业有着良好的发展基础和发展前景，其产品体系、规模、部分企业知名度、市场与服务体系等方面，在国内外均享有一定的声誉，是工程机械行业“国际俱乐部”中的主要成员和竞争伙伴。然而，我国工程机械技术、企业与国际先进水平和竞争伙伴之间还存在着相当大的差距。面对国内外经济形势低迷，及结构性和区域性错综复杂的矛盾，工程机械行业的竞争压力、环境压力和发展压力巨大，“独善其身”的发展道路已经走到尽头，只能在竞争与合作中求发展。要竞争，就要提高核心竞争力，而发展战略性新兴产业就是提高整个行业竞争力的根本途径。通过战略性新兴产业，带动和提升核心竞争力，才能把我国工程机械行业改造成为创新活力强、基础扎实、产品先进、质量可靠、企业知名、全球品牌的高端装备制造业。

在装备制造业中，我国工程机械已发展成营业收入超6 000亿元的大产业链，产品销售量和消耗量均名列世界第一位。我们取得这样大的成绩，其中一大部分以牺牲环境和过度消耗资源换来的。现在每年要产出带有动力系统的工程机械主机百万台，消耗钢材近2 000万t，燃油6 500万t，大部分工程机械主机燃油发动机的排放还停留在国Ⅰ和国Ⅱ的标准上，大气及环境污染严峻，液压和润滑油跑冒滴漏时有发生，安全事故不断。与发达国家比较，我国工程机械大部分产品属于中低端水平，耗能高、效率低、故障多，大修期寿命短，维修备件消耗大，这就是极大的浪费。如果我们只要在原材料、动力性能、液压系统、控制系统等方面技术水平提升一步，每年就可为国家和社会节约千亿元以上的资金，将产生巨大的社会效应，例如德国 ZF 公司，在江苏江阴兴澄钢厂研发的变速器专用齿轮钢材（只为德国 ZF 公司专用），使 ZF 公司在中国生产的变速器同样达到国际先进水平，其大修期寿命、平稳性、噪声等均优于国产变速器。所以发展工程机械战略性新兴产业，其目的就是要彻底改变发展理念和发展思路，无论是产业政策、技术路线，还是新产品开发、新材料、新工艺、信息化水平，都要以节能、降耗、产品绿色制造、绿色作业为基本出发点，从基础做起，才能促进我国工程机械产业发展转型升级，提高发展质量。

7.2 我国工程机械战略性新兴产业发展定位

当今工程机械高端制造业融合了现代节能、环保、信息化、新材料、关键基础零部件等方面多种核心技术。根据这些技术路线，要把握好世界新科技、产业革命的新动向和历史机遇，要面向国内外市场需求，开阔视野，深入理解战略性新兴产业的发展内涵。发展战略性新兴产业，一定要尊重科学发展规律，既要有超越，更要有脚踏实地、循序渐进的技术路线，克服主观臆断、浮躁、急功近利、脱离实际的发展思维；要坚持四项原则：坚持充分发挥市场的基础作用与政府的引导推动相结合；坚持科学创新与实现产业化相结合；坚持整体推进与重点领域跨越发展相结合；坚持提升长远竞争力与支撑当前发展相结合。

结合我国工程机械发展现状和存在问题，工程机械战略性新兴产业的发展重点，应落实到基础创新、系统创新、观念和理念创新。以自主创新为主，吸收国际先进技术，改造传统产业，促进转型升级，由粗放型发展逐步改造为精细化发展、科学发展。

1. 大力支持基础创新

所谓“基础创新”，就是围绕着工程机械主机产品创新的一系列相关技术，它既包括整机集成创新的研发手段和贴近市场的研发理念，更主要的是为集成创新提供各种基础技术支撑，没有先进可靠的基础技术支撑，整机集成创新就是一句空话。现在我国工程机械产品集成创新虽然取得了长足进步，但有些是形象工程，采用一些进口零部件，东拼西凑，研制出来的整机产品中看不中用，个别产品虽评上科技进步奖，但没有投入批量生产。工程机械整机产品的技术水平，主要从原材料开始，到柴油发动机动力、电动力、液压系统、传动部件、控制系统、工作装置等，构成了整机技术创新体系和技术路线，其中一个关键技术节点达不到要求，整机技术水平就会大打折扣。图 7-1 表示了一般工程机械产品完整的产业链和技术体系。

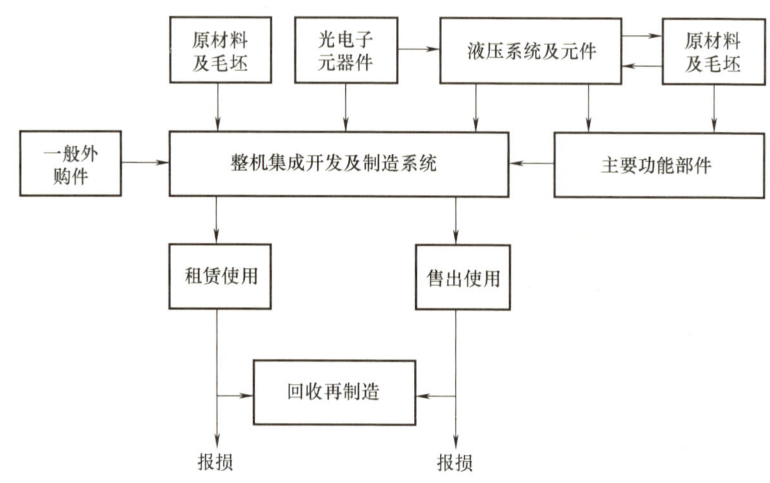

图 7-1 工程机械产业链制造体系技术路线框图

从图 7-1 中看出，工程机械产品技术水平，主要来源于关键原材料、液压元件、光电子器件、传动部件等，我国工程机械主机企业、相关管理层及机构过去都偏重于整机集成及其制造体系，也就是过去所说的“重主机轻配套”。发展战略性新兴产业，对工程机械行业来说就是要改变这种观念，要把基础原材料和基础零部件的创新放在首位，首先主机企业要改变观念，加强与相关产业和相关技术的紧密合作，管理层要加强产业协调，政策配套，有目的地加强基础创新能力的建设，特别是关键原材料的研发、动力总成、液压元件，关键技术。

2. 发展战略性新兴产业，使传统产业升级转型

传统产业升级、转型是战略性新兴产业发展的又一个重要内涵，特别是高端装备制造业，是国民经济发展的脊梁，量大面广，产业链条宽、广、长。工程机械是其中主要产业之一，在国内外市场上，已经形成短兵相接的竞争状态，因此，加快转型升级发展，跃升为国际工程机械制造强国是当务之急。

同时，由于我国装备制造业的崛起，已引起了发达国家的高度关注和忧虑。国际金融危机爆发以来，以美国、德国、日本为首的世界装备制造业强国，又把传统制造业列为经济复苏的重要国策。2011 年 6 月 24 日，美国总统科学和技术顾问委员会（PCAST）和总统信息与技术顾问委员会（PITAC）联合向美国总统

呈交了专题报告，提出要确保美国在高端装备制造业中的领先地位；德国总理默克尔说："我在任期间将不遗余力地推动中小型企业国际化发展的脚步，德国中小型企业是装备制造业的脊梁，德国机械制造、金属加工等技术是无人能敌的，政府的支持和企业的创新转型发展，一定会给德国装备制造业注入新的发展活力"。在这种情况下，我国发布了《工业转型升级规划（2011—2015）》国发［2011］47号，对发展先进装备制造业提出了指导性意见，并把关键基础零部件和基础制造装备的研发放在了首要位置，抓住了产业转型升级发展的龙头，为装备制造业转型升级提出了明确目标。

7.3 我国工程机械战略性新兴产业发展目标

工程机械战略性新兴产业发展的总体目标，应围绕提高创新能力、节能减排、关键配套零部件开发、新材料新工艺开发、循环经济及再制造技术开发等领域展开，以自主创新为主，吸纳国际先进技术，改造传统产业，促进转型升级，同时发展轨道交通、海洋工程、大型生态工程、大型土石方工程等重大施工装备。

7.3.1 加强科技创新体制、机制建设，提高创新研发能力

1. 以科学发展观统领行业科技创新体制与机制建设

我国工程机械行业存在低水平重复生产的问题，企业多、规模小，特别是配套零部件生产企业，大部分是中小企业，基本上没有自主创新的发展能力。这些企业应充分利用研究机构、高等院校的作用，与大型企业研发需求紧密结合，承接创新研发成果，走专而精的发展道路。

行业研发创新体系建设，应关注和选择创新意识强、有规模、市场竞争力强的企业为创新主体，要规划和制定国家级、省市级的产品和企业创新发展目录。使竞争机制与国家战略性新兴产业政策密切结合，推动行业科技创新平台（联盟）的组建，在互利共赢的基础上将各成员单位的发展动力融合在一起，形成合力。平台的定位，要着力应用技术研究，与市场挂钩。要充分发挥国家级行业协会的作用，组织专家协助政府制订创新专项的实施规划，协助政府和企业进行协调攻关、沟通、督促，把政策取向真正落实到项目上。重大创新项目，如果没有专项实施规划，没有主体企业协同配合，没有科研体系的支持，政策也必将落空，等于没有实行。

2. 更新创新思维和创新方法，提升企业自主创新能力

组织举办不同层次的TRIZ创新理论学习班和培训班，提高企业的系统性、

逻辑性原始创新能力。通过推广和学习应用TRIZ创新理论，使行业受益面达到30%以上，更新研发人员的创新思维。

说明：TRIZ创新理论于20世纪40年代末起源于苏联，它揭示了创新发明的内在规律和原理，延伸出各种计算机辅助创新研发系统。但是它更多地是一种思维或方法，人们应该通过大量的练习来掌握它，计算机是无法完全取代人的作用的。TRIZ创新理论传入西方以后，很快得到了广泛应用，大大提高了创新发展的效率，它是国际500强企业跨越创新研发瓶颈的秘密武器，并出现大量专利技术，使新产品的研发时间平均缩短了50%，新产品、新技术开发率提高了60%~70%。

3. 广泛开展产品可靠性共性技术研究，提高工程机械产品有效生命周期和作业效率，减少资源消耗

产品可靠性技术研究包括关键零部件的失效分析、可靠性统计分析和可靠性试验检测方法，制订工程机械产品可靠性标准和可靠性评价指标体系，建立和完善工程机械关键零部件可靠性数据库，使工程机械主要产品的平均无故障时间（MTBF）延长50%以上。

4. 培养工程机械绿色制造领域专业工程技术人才，开展工程机械行业绿色制造

从工程机械产品全生命周期出发，通过对轻量化设计、等效设计、可靠性与安全性评价技术的应用研究，在挖掘机、装载机、推土机、工程起重机、混凝土机械、叉车等量大面广的产品方面完成轻量化设计和示范应用，带动全行业节能、节材水平的提高。

5. 开展工程机械再制造工艺技术研究和产业化发展

以绿色拆解与回收技术研究、关键零部件寿命预估评价研究为基础，做好基于材料表面工程技术的工程机械再制造产业化试点工作。完成典型产品的可拆解、回收和再制造技术研究，实现示范应用，提高回收拆解效率和资源再利用水平，减少二次污染。

6. 提升工程机械产品的信息化水平，加快产品的智能化、数字化、可视化、远程故障诊断和通信技术的升级

研究物联网时代的到来对工程机械技术提升的影响，并融入其中，研究产业化的进程。

7. 从多系统多方面开展工程机械产品节能技术研究和工程机械产品能源多样化技术研究

要特别重视动力系统、传动系统、液压系统等系统设计和元件的节能研究；推进混合动力研究，柴油机高压共轨燃油系统和后处理产业化应用工程，能量回收技术研究及能源多样性研究。

8. 配合有关系统，加强对原材料、新型材料的开发研究和产业化推广

加强对现代化新材料、新工艺和特种工艺的创新研究，突破技术难关，如高强度高韧性钢材、洁净齿轮钢材、回转支承熔炼及锻造工艺、高强度高韧性球墨铸铁熔炼工艺、高致密性高耐磨液压件熔铸工艺、轻量化高性能材料等。

9. 加强工程机械产品人机工程学研究

从产品噪声、振动、涂装、驾驶室内饰、仪表显示、操作手柄、座椅等方面入手，开展人-机-环境相互作用研究，使产品综合技术达到国际先进水平，提升市场竞争力。

7.3.2 发展关键零部件技术是工程机械产业转型升级的关键

目前我国工程机械行业大型企业，在整机集成创新技术方面已接近国际先进水平，展示出的高端产品性价比指标优异，不但替代了进口产品，而且批量进入国际市场。但是，这些产品的关键配套件和部分原材料对进口的依赖度和受制于人的形势越来越严重，整机集成制造成本压力不断提高，原材料、劳动力、能源成本提高和人民币不断升值等因素，都促使我国工程机械在国际上的价格优势减弱；在国内市场，与外资品牌的价格差距也在缩小，竞争力下降，危机加剧，这已是不争的事实。所以，我国工程机械产业转型升级的关键，就是要加强基础技术创新，紧紧围绕高端制造技术路线展开转型升级，包括原材料、关键配套零部件、专有工艺技术等，建立较完整的现代化工程机械制造体系，减轻进口配套的成本压力，提高增加值，这样才能使我国工程机械行业发展进入第二个生命周期。

7.3.3 提升重大施工装备的研发和生产能力

大型施工装备的研发能力，是代表一个国家工程机械高端制造水平的重要标志，也是衡量国家重大技术装备水平的重要标志之一。大型施工装备研发具有批量小、技术复杂、占用资金多、风险大、产品利润丰厚等特点，是高风险、高回报的投资项目。近几年，随着大型企业集团创新能力的提升，我国在大型工程起重机、高铁施工大型装备、商品混凝土机械、盾构机、旋挖钻机、大型矿用车等方面有所突破，基本替代了进口产品，但有些关键领域相对落后，仍然依靠国外进口。因此，要发展工程机械战略性新兴产业必须继续加大对大型工程机械的研发力度，提高制造技术水平，对已经开发成功的大型施工机械，要进一步提高其国产化率，提高产品信息化技术水平和使用可靠性。重大施工装备主要产品有以下几种类型。

1. 大力发展铁路大型综合养护成套装备

全国铁路提速以后，安全运行成为全国人民关注的焦点。因此，提高全国铁路机械化综合养护装备的水平，是保证铁路安全运行的关键。“十一五”期间，国家发展与改革委员会已加强了对大型养路机械集团的技术改造，其中昆明中铁大型养路机械集团有限公司是该行业的“领头羊”企业。经过“十二五”期间的规划建设，我国将成为亚洲第一、世界第二的铁路养护大型成套装备的制造基地。

2. 大力发展海洋工程施工装备

我国大陆架海洋，拥有广泛的风能，蕴藏着丰富的海底资源，特别是南海的油气资源丰富，亟待开发。长期以来，世界深海油气开采的核心技术一直被欧美的少数国家所垄断，我国只能在500m以内的近海区施工作业。因此，发展大型海洋工程施工装备对我国具有重大的战略意义。目前，武桥重工集团股份有限公司和江苏熔盛重工有限公司，已为海洋平台施工和海底管线铺设开发了多种产品。其中，江苏熔盛重工有限公司研发的“海洋石油201”号新型工程作业船，已于2011年6月通过江苏省科技厅组织的成果鉴定，该作业船能在3 000m水下进行铺管作业，同时具备4 000吨级重型起重能力，已成为海洋油气开发的关键施工装备。在海上风电建设项目中，武桥重工集团股份有限公司已研发出部分海底桩基和风电发电机组的吊装设备，实现了海上风电施工一体化作业。政府应加强协调和支持，把海洋开发有关部门与制造企业联合起来，形成海洋工程大型施工装备的“产、学、研、用”开发体系，重点发展海上风电设备安装、海底基础工程、管道敷埋及海上大型设备吊装工程等。

3. 大力研发大型电动轮矿用汽车和大型矿用轮式装载机

大型电动轮矿用汽车和矿用轮式装载机，是千万吨级露天矿开发的关键重大装备，长期以来主要依靠进口。目前国内已有一定的研发基础，建议支持企业加强研发中心建设，继续落实首台套政策，向进口电气元件提供减免税政策。

4. 继续开发大型土石方施工机械

1）刀盘直径 $D \geqslant 5\text{m}$ 的全断面掘进机。

2）最大功率≥302kW 的大型推土机。

3）额定载重量 8～16t 轮式装载机。

4）整机质量≥40 吨级液压挖掘机。

7.3.4 高度重视工程机械属具的开发和生产

工程机械无论哪种机型，都要面对不同形式的作业工况，应通过更换不同的工作装置来扩大主机的使用范围，以提高设备利用率和经济效益。目前，多数企业偏重于生产裸机，忽视属具的开发，缺乏属具研究人才。工程机械属具种类千变万化，需要有专业的制造企业、专业的研发团队。因此，培育和发展工程机械属具研发中心和制造基地十分必要，也是工程机械行业产品结构调整措施的重要组成部分。

7.3.5 促进工程机械高端产品的发展，低端产品逐渐退出市场

不断提高产品技术与法规标准，特别是要把能耗和污染排放指标，作为产品淘汰的首要标准。对新产品逐步建立起市场准入机制，不断淘汰落后企业和落后产品，使工程机械主流产品都能达到国际中高端技术水平，产品增加值达到30%以上。

第8章

工程机械原材料创新发展研究

原材料技术水平是影响装备制造业创新发展的关键因素，也有人认为它是提高装备制造业技术水平的基础。为此，战略性新兴产业把原材料的创新发展列为重点专项之一，加强装备制造业与原材料产业系统的创新对接，则是装备制造业进行结构调整、转型升级的必经途径之一，是发展我国高端装备制造的需要，也是实现国际化发展战略的需要。

8.1 工程机械与原材料对接创新发展势在必行

工程机械是装备制造业中量大面广的主要支柱产业之一。目前，我国已发展成为世界工程机械第一制造大国，液压挖掘机、轮式装载机、叉车、电梯、混凝土机械等主力机型的产销量已占全世界产销量的50%左右。但是，消耗钢材指标、材料利用率及产品的技术性能均落后于发达国家，这已严重影响了行业的可持续性发展。

几十年来，我国工程机械产品技术水平的提升一直受到原材料供应的牵制，特别是改革开放以来，工程机械行业先后引进了260多项先进产品的设计制造技术，这虽然对完善我国工程机械产品系列和提高产品技术水平起到了一定的推动作用，但达到引进技术目标的产品寥寥无几，支付了大量外汇，部分技术引进项目甚至半途而废。例如，1986年引进的美国卡特彼勒公司的推土机和轮式装载机设计制造技术，由于受原材料供应技术水平的限制，包括钢材、非金属材料、铸件的熔炼与造型技术等，都无法达到卡特彼勒公司的技术标准，引进技术至今也消化不了。在产品集成创新方面，工程机械行业部分先进企业已接近或达到国际先进水平，但原材料及其他配套零件的采购却满足不了集成创新的要求，其主要原因之一也是受到了原材料技术性能指标的限制。

纵观国内外装备制造业的发展历程，产品升级换代与原材料创新发展有着密切的关系，它们彼此呼应，相互渗透，相互促进，这就是发达国家原材料供应体系与装备制造业创新发展对接的经济链。例如，德国的采埃孚（ZF）公司是世界知名的变速器供应商，其在我国有诸多独资与合资企业，生产变速器产品的钢材由江阴兴澄特种钢铁有限公司专门供给。兴澄特钢在我国钢铁行业中虽然排不上名次，但在与采埃孚公司进行技术合作以后，其创新研发了生产采埃孚自动变速器的专用齿轮钢材，专门供给采埃孚公司，以确保采埃孚变速器技术水平和质量的稳定性。又如，东北特钢集团抚顺特钢股份有限公司为“大飞机”起落架创新研发的超高强度钢材，满足了航空工业的技术要求，因此两者建立了专项业务关系。这说明，高端装备制造业与上游原材料的协调创新是一个不可分割的技术链和产业链。

新中国成立后，我国实行的是以前苏联为样板的计划经济管理体制，完成各自的计划指标就是企业的发展目标，生产与市场脱节。近十年来，我国钢铁行业仍然没有完全脱离计划经济的惯性轨道，虽然产能从2003年的2.4亿t上升到了2008年的5.8亿t，但50%的产能集中在建筑用钢材，其次是中厚板、热轧与冷轧薄板和普通型材领域，高端装备制造业所需要的规模小、品种多、要求高的优质与特种钢材仍主要依靠进口，每年的进口量在1 400万t左右，其中有些是控禁物资，进口受到限制。

现在，我国普通钢材产能发展过剩，调结构、转变增长方式、抑制低效落后产能，是钢铁行业发展的主要目标，加快发展优质和特种钢材，寻求市场供求关系，成为诸多钢铁企业的发展对策。因此，现在是工程机械行业与钢铁企业市场与技术创新对接的最佳时机，结合产业结构调整，加快发展高端制造所需的优质和特种钢材，是工程机械行业与钢铁企业共同的发展机遇与责任。

8.2 关于工程机械高强度高韧性钢材的规划建议

8.2.1 工程机械对高强度高韧性钢材的需求情况

20世纪90年代以来，以液压挖掘机、汽车起重机、混凝土泵车、旋挖钻机等为代表的新型工程机械设计技术被引入我国，工程机械行业开始大量采用欧美的先进设计理念，产品结构摆脱了前苏联的“傻、大、粗”的面貌，对钢材质量的要求越来越高。例如，汽车起重机臂架、混凝土泵车臂架、履带式起重机、高空作业车工作装置等关键部件必须采用高强度高韧性钢材，而这些钢材不得不依靠进口。2011年，我国工程机械行业进口600 ~ 700MPa高强度热轧卷板12万t，到岸平均价为1.3万元/t，交货期6个月；进口900MPa高强度热轧卷板5万t，到岸平均价为2.2万元/t，交货期4 ~ 6个月，主要进口来源有瑞典的SSAB公司、芬兰的RUUKKI公司等。由于进口价格高，供货周期长，长期依赖于进口，因此削弱了工程机械产品的国际市场竞争力。

随着产品的升级换代及节能减排要求的日益严格，工程机械轻量化设计是今后技术进步和发展的大趋势，对高强度高韧性钢材的需求更加迫切，到“十二五”规划末期，需求量将超过200万t，将成为我国工程机械行业的发展瓶颈。

8.2.2 我国高强度高韧性钢材的发展现状

在工程机械大型企业及其他高端装备制造业的推动下，以太原钢铁（集团）有限公司（以下简称太钢）为代表的钢铁企业，加快了产品结构调整的步伐。2006年，太钢180t转炉+2 250连轧机组建成投产，着力开发以Mn-Ti合金为主的600MPa级以上高强度热轧卷板。此钢板以超细晶粒铁素体和纳米级析出强化相为主，具有成本低，强度、韧性、塑性高，焊接性能良好，超平与低（无）内应力等特点，开发了高强度热轧卷板横向弓形矫正技术、高强度热轧卷板内应力消除工艺，解决了国内高强度热轧卷板应用质量差的技术难题。

太钢以600MPa级热轧卷板为突破口，成功开发了TQ600MC热轧卷板，并通过合金微调，开发了TQ700MC热轧卷板；之后又综合应用其总结的强化理论和工艺技术，开发了极具代表性的欧标产品S700MC（TS700MC），其产品质量达到了国际先进水平。此产品经过徐工集团（起重机、泵车、随车起重机）、普茨迈斯特机械（上海）有限公司（泵车）、中联重科（泵车、起重机）、三一重工（泵车、起重机）、华菱星马汽车（集团）股份有限公司（混凝土运输搅拌罐、随车起重机）、北起多田野（北京）起重机有限公司和山推楚天等20多家工程机械企业的使用验证，得到了工程机械行业的一致认可。

太钢600MPa级以上热轧卷板的销售量从2007年的2 155t，到2011年达到344 597t；600MPa级以下热轧卷板的销售量从2007年的7 945t，到2011年达到257 385t。其中，TS700MC高强度热轧卷板替代了进口的Domex 700MC钢，采购成本由进口价格的13 000元/t下降到6 800元/t；交货周期由6个月缩短到40天，大幅度降低了资金占用费用；材料利用率平均提高了8%。2011年，仅徐工集团、三一重工、中联重科三家企业在太钢的订货量就达到了232 000t，太钢已成为我国高强度高韧性钢材的研发基地。

8.2.3 关于超高强度钢材的发展规划

在高强度高韧性钢材产品领域，根据中国钢铁工业协会的规划意见及发展现状，太钢的技术研发水平和生产设施已有一定基础，建议给予必要的政策扶持，进一步创新发展高强度钢，以达到基本替代进口的发展目标。超高强度钢材发展规划主要包括以下四个方面。

1. 发展 900MPa、960MPa 级超高强度热轧卷板

我国 900MPa、960MPa 级超高强度热轧卷板曾经全部依赖进口，其中薄规格热轧卷板以瑞典 SSAB 公司生产的 Domex 900 和芬兰 RUUKKI 公司生产的 Optim 960QC 为主。目前，国内工程机械主要企业迫切希望钢铁企业能批量供货，以替代进口。

900MPa、960MPa 级热轧卷板是国际薄规格超高强度钢的主流研究方向，代表了传统热连轧工艺的最高水平。太钢 900MPa、960MPa 级超高强度热轧卷板采用低碳贝氏体、马氏体复合强化理论及在线淬火技术，控制淬火钢板的板形，开发内应力消除技术，使钢带满足应用技术要求，解决了钢带超高强度与塑性之间的矛盾。其主要技术路线是通过调整钢的合金成分，降低钢带组织转变对温度的敏感性，提高贝氏体、马氏体的相变点，为卷取创造条件；通过对层流冷却方式、参数的调整和创新，并在一定程度上引入铁素体组织来提高钢的塑性，最终实现了强度、塑性和韧性的良好匹配，具有成本低、可冷弯、易焊接、生产效率高的特点。其性能指标见表 8-1。

表 8-1　900MPa、960MPa 级超高强度热轧卷板的性能指标

钢号级别	厚度 /mm	力学性能				工艺性能	
			$R_{p0.2}$ /MPa	R_m /MPa	A (%)	KU_8 (−40℃) /J	冷弯 ($d=6a$, 90°)
900MPa	≤8	纵向	≥900	≥950	≥9	≥50	无裂纹
960MPa	≤8	纵向	≥960	≥980	≥7	≥50	无裂纹

2011 年底，太钢已基本完成 900MPa 级超高强度热轧卷板的试制，较好地解决了超高强度与冷弯性能的匹配问题，钢的冷弯程度可达到 $d=4a$，180°（d 为弯心直径，a 为钢材厚度或直径）。目前，该批钢板已发给中联重科混凝土机械分公司和徐工建机，用于进行焊接、等离子切割、折弯、臂架疲劳试验等应用研究。

在随后的批量生产过程中，主要应解决低温稳定卷取、超高强度卷板板形等问题。

2. 发展 900MPa、960MPa、1 100MPa 级超高强度中厚板

太钢已立项研究淬火 + 低温回火的马氏体型超高强度中厚板，与超高强度热

轧卷板形成 3 ~ 40mm 的供货系列，以替代进口超高强度钢，主要用于制造 75t 以上汽车起重机伸缩臂、混凝土泵车臂架等。其工艺路线为：铁液预处理→转炉冶炼→LF 精炼→RH 真空精炼→连铸→加热→3 000 中厚板轧机粗轧→3 300 轧机精轧→冷却→常化炉加热→辊压式淬火机淬火→台车炉低温回火→二次矫直→成品。

3. 工程机械用高端材料系列化，全系列供货

在“十二五”规划期间，太钢围绕高端工程机械所需的高端钢铁材料进行研究和开发，基本实现了板材结构件的全系列供货。以混凝土泵车为例，在开发 700MPa、900MPa 级主流高强度钢板的同时，立项开发泵车混凝土输送管用耐磨高碳钢板，用于加工焊管和软基高强度钢焊管复合体，经感应淬火，可获得具有高硬度内层、高塑性外层的复合钢管。此举可降低钢管的生产成本，延长其使用寿命。太钢还将投资建设碳纤维研发生产基地，可为 62m 以上泵车的第五节、第六节提供碳纤维臂架。

4. 工程机械用高强度钢的功能化研究

为进一步提高汽车起重机、混凝土泵车在过载条件下的安全性和在特定使用环境下对某项性能的特殊要求，太钢计划进行相关性能改进研究。

（1）低屈强比高强度热轧卷板研究　目前，国内外提供的 600MPa 以上级高强度钢的屈强比在 0.91 以上，装备过载后，从钢板变形到断裂，载荷增加在 10% 以下，抗断裂能力较差。低屈强比高强度钢仍然是世界钢铁领域的技术难题。

太钢通过应用最新的多相、亚稳、多尺度的 M3 组织控制新理论和专利技术，在保持钢的屈服强度为 700MPa 的同时，将钢的抗拉强度提高到 1 000MPa，使伸长率由 18% 提高到 27%。装备过载后，钢板变形强度可提高 40%，基本可保证装备变形后不发生断裂，从而可最大限度地保障人身安全。

（2）耐水泥腐蚀高强度钢研究　干式水泥运输车罐体、混凝土搅拌运输车罐体使用的高强度热轧钢板，虽可以减重与轻量化，但达不到延长使用寿命的目标，因此普遍存在使用寿命短的问题。太钢通过与化学专业合作，对钢材的化学成分、热轧工艺进行重新设计和改进，调整钢板组织，在较低的成本下，达到了耐水泥类碱性腐蚀的要求，实现了装备轻量化、节能减排和延长使用寿命的综合效果，在工程建设的“一站三车”中得到了规模化推广应用。

通过“十二五”规划期间的研究开发，太钢将具备 900MPa、960MPa 和

1 100MPa 三个级别主流超高强度钢的生产能力，实现替代进口；同时着手开发低屈强比、耐水泥腐蚀等功能化高强度钢，以及 HBW450、HBW500 级高耐磨板，以全系列满足工程机械行业的需求。

8.3 发展高性能齿轮钢材

我国工程机械传动部件普遍存在振动大、噪声高、可靠性差、大修期寿命短的共性问题。其关键原因之一是齿轮钢材热处理性能不稳定，调质、淬火后变形无规律，造成齿轮加工后热处理变形难以掌握，齿面和齿向变形超差，金相组织不均匀，硬化与耐磨层梯度衰减不一致，导致齿轮在工作受力传动过程中过早磨损，振动和噪声大。而过量的振动又会使轴承、密封件、电控元器件、接触离合器等部件的工作寿命缩短，故障增多。

多年来，虽然我国热处理工艺技术水平和装备水平得到了大幅度提升，有的企业甚至拥有国际一流的装备，但齿轮生产仍然达不到国际一流水平。有的企业为了解决齿轮热处理后的变形问题，增设了磨齿机，对发生热处理变形的齿轮进行磨削加工。磨齿加工的结果，是将齿面淬火后的最佳耐磨硬化层磨削掉，从而缩短了齿轮的运转寿命。因此，对高精度硬齿面进行磨削加工时，如何控制最小磨削余量和磨削裂纹，其关键也是如何控制齿轮热处理后的变形量，这仍然涉及齿轮钢材问题。

8.3.1 对齿轮用钢材的技术要求

硬齿面齿轮钢材一般为中碳合金结构钢或低碳合金结构钢。中碳合金结构钢的热处理工艺是可以直接进行调质或淬火处理，热处理后的齿轮精度、力学性能与热处理工艺参数有关，同时直接取决于钢材的化学成分；低碳合金结构钢的热处理工艺一般采用真空高温渗碳或碳氮共渗工艺，材料的淬透性、梯度金相组织变化及耐磨性，与钢材的材质成分和稳定性密切相关，应根据不同的钢材及成分变化调整热处理工艺参数，给予补偿纠正。

齿轮钢材中的元素除碳以外，还有锰、铬、镍、钼、钛、钒等合金元素，每种元素的含量对钢材的性能都会产生不同的影响，不同的元素组合方式，会形成性能不同的合金结构钢。对硬齿面齿轮钢材，一是要保障其淬透性和相变的稳定性，二是要保障表层渗碳层的均匀性，三是要保障心部的高强韧性，使热处理后的变形程度降到最低。要控制调质、淬火、回火热处理变形量，应根据不同材质及元素含量，通过调整工艺参数来确定热处理工艺。也就是说，齿轮钢材中的碳含量和其他元素的稳定性，对齿轮加工的热处理效果来说极为重要。

几十年来，我国齿轮加工生产存在的问题是钢材来源多厂家、多渠道，钢材牌号虽一致，但成分却千差万别，有害杂质磷、硫等的含量超标。譬如牌号为20的低碳合金结构钢，其标准碳的质量分数为0.17%～0.23%，上限与下限值再加上偏差范围，实际炼出来的钢就可能差一个牌号。我国对合金元素含量的控制与国外齿轮钢材标准有时相差一个数量级，加上有的齿轮生产厂家只追求低成本采购，导致钢材的技术要求得不到保证。

20世纪80年代中后期，大冶特钢厂曾经为齿轮钢材的研发作出贡献。当时，大冶特钢厂专门为硬齿面齿轮精炼过钢材，生产出的重型汽车变速器齿轮的寿命是其他变速器齿轮的2倍，曾经为工程机械叉车变速器配套。大冶特钢厂是当时齿轮钢材的主要供应商之一。但随着市场经济的发展，钢铁行业追求规模发展成为主流，加上少而精的钢种研发技术难度大、产量小，因此大冶特钢厂对高性能齿轮钢的研发生产没有持续下来。目前，大冶特钢厂已转向以石油钢管的研发生产为主，逐步取代了齿轮钢的生产。

8.3.2 齿轮钢材研究及发展趋势

发展高端装备制造业，离不开高端齿轮的研发创新，既要提高齿轮的材料利用率，又要提高齿轮的制造精度和疲劳寿命，齿轮加工企业还希望提高生产率，并达到节能、环保的目标。国内外齿轮加工制造的发展趋势，主要体现在对齿轮钢材的研究与开发上。

1. 高精度齿轮用钢的研究与开发

齿轮精度不仅影响传动的平稳性、噪声和振动，而且对传动系统的使用寿命有很大影响。齿轮钢的热处理稳定性是影响齿轮加工精度的主要原因之一，而齿轮钢的成分及组织的均匀性又是影响齿轮热处理变形的主要因素。因此，改善齿轮钢成分及组织均匀性已成为钢铁企业的竞争焦点，这就要求努力提高精炼水平。

2. 高温快速渗碳齿轮钢的研究与开发

高温快速渗碳技术可以减少渗碳处理时间，降低能耗，是国外普遍采用的渗碳工艺。国内由于齿轮钢材料等的影响，采用高温快速渗碳时易出现晶粒粗大、晶界氧化等问题，因此至今没有被广泛应用，期待着新型齿轮钢的开发。

3. 冷成形及精锻齿轮用钢的研究与开发

齿轮制造采用冷成形及精密锻造工艺时，具有效率高、节材、节能、尺寸精度高等优点，被高端齿轮制造加工企业所采用。这就要求齿轮钢材必须具有良好的表面质量和成形效果，目前国内钢材很难满足这些工艺要求。

4. 高质量齿轮干铣削用钢材的研究与开发

齿轮干铣削加工与传统的齿轮加工方法比较，具有加工效率高、经济、环保等优势，在欧洲、美国、日本等工业发达地区已被广泛采用。我国虽有部分企业从国外进口了干铣削加工设备，但由于在齿轮钢材和加工刀具等方面与国外存在较大差距，致使加工效率低下、成本高，因此该加工设备尚未被广泛应用。随着齿轮加工节能、节材和环保的迫切要求，研究开发高质量齿轮干铣削用钢种，也成为了钢铁企业的紧迫任务。

8.3.3 高性能齿轮钢研发取得的初步成果

从21世纪初开始，我国钢铁企业加大了结构调整力度，实现了转型升级，大力发展优质钢材和特种钢材，以提高产品附加值，实现节材、节能，提高综合经济效益和社会效益。齿轮钢材的研发生产，已得到莱芜钢铁集团有限公司（以下简称莱钢）、石家庄钢铁有限责任公司等企业的高度重视，并已开发出部分产品。这两家特钢公司已成为我国齿轮加工行业的主要供应商，高性能齿轮钢年产量已超过100万t，占我国齿轮钢总产量的60%以上。希望工程机械行业有关企业加强技术合作，进一步提高齿轮钢的技术水平和相关质量的稳定性。莱芜钢铁集团有限公司和石家庄钢铁有限责任公司齿轮钢研发创新的相应规划措施详见附录C。

8.4 回转支承环形锻件毛坯创新发展研究

8.4.1 我国回转支承的生产现状及存在的问题

回转支承（又称平面轴承）是工程机械产品的关键配套部件，广泛应用于液压挖掘机、汽车起重机、塔式起重机、履带式起重机、混凝土泵车、盾构机、风力发电设备、坦克与舰艇等工程机械，年需求量约50万套。

目前，我国回转支承生产企业多、规模小，产品技术与制造工艺水平类同，与国际先进水平相比差距较大。本土品牌回转支承产品存在的主要问题是：环形锻件毛坯不规整，加工余量大，耗工又耗能，材料利用率低；钢材结构强度低，材质不均匀，热处理质量不稳定，滚道硬化层不均匀；加工精度低，早期磨损快；承载能力差，运行寿命短。因此，高端回转支承主要依靠进口或国内外资品牌。这些问题存在的根源，在于向回转支承制造企业提供的毛坯质量不能满足要求。

当前，向回转支承制造企业供应毛坯的大型钢铁企业、大型锻造企业、乡镇及民营企业共有10余家，它们采用的生产工艺主要是加热炉、锻造压力机和碾环机，毛坯经粗加工后供应给回转支承制造企业。由于回转支承制造企业多，产能过剩，多数企业在低价竞争的市场轨道上运行，对采购环形锻件的进价非常敏感，从而加重了毛坯锻件企业的成本压力，导致其盈利微薄，没有足够的资金用于创新发展。而大型锻造企业、钢铁企业，因锻件生产利润低，下游需求企业规模小，也没有积极性对环形锻件进行彻底创新改造。例如，马鞍山钢铁股份有限公司是我国轮毂和环形锻件的生产基地，几十年来，其在材质和碾锻工艺方面均没有明显变化，仍然是回转支承制造企业毛坯的主要供应商之一，没有进行升级改造。

支持零部件的创新发展，是工程机械行业实现转型升级的关键。目前，零部件行业企业规模小、利润低，跳不出低价竞争的发展轨道。回转支承是其中之一，通过对回转支承创新发展思路进行研究，也有助于其他零部件的创新发展。

8.4.2 回转支承环形锻件创新发展思路

1）择优扶强，把扶优政策重点从主机移向零部件行业，支持企业进行技术改造，提供先进工业装备与财政、税收等方面的优惠政策。

2）鼓励回转支承制造企业兼并重组、淘汰落后，整合优势资产，发展规模经济。这样才有能力进行技术创新和人才队伍建设，将科技创新延伸到毛坯制造产业链。

3）行业要加强对回转支承名优品牌的宣传与引导，支持向高端配套方向发展，替代进口，从而促进回转支承毛坯供应商创新升级。

4）加强回转支承制造企业与毛坯制造企业创新研发的对接，使其相互支持，互利共赢。例如，马鞍山方圆回转支承股份有限公司与威海华东数控股份有限公司于2012年签订了关于回转支承毛坯的冶炼与精密锻造的技术合作协议，致力于开发高品质回转支承毛坯件。马鞍山方圆回转支承股份有限公司提供必要的技术支持和市场开发，威海华东数控股份有限公司在高性能特种钢材冶炼技术路线上，打破了我国重机行业的传统炼钢理念，增加了 RH 真空冶炼工艺，实现了双真空生产，进一步降低了钢液中有害杂质和气体的含量，大大提高了回转支承毛坯的材质强度和热处理性能，并采用进口精密碾环锻造设备，保证回转支承毛坯的尺寸精度，减少加工余量，保持成品的金相纤维，为高强度、高品质回转支承的创新提供了技术支撑。

8.5 发展高强度高韧性球墨铸铁

工程机械功能部件和支架类零件的壳体多数为铸件，根据不同功能和设计要求，有铸钢件、球墨铸铁件和灰铸铁件等。20 世纪 80 年代以来，工业发达国家推广应用高强度高韧性球墨铸铁件，以取代铸钢件及部分灰铸铁件，使产品结构和外观质量更加精准、美观，既保证了铸件的强度，又改善了其工艺性，壳体内腔的清洁度易得到保证，同时降低了主、辅材料的消耗。我国是国际上开发应用球墨铸铁较早的国家之一，但是我国对高强度高韧性球墨铸铁的创新开发及其在工程机械产品上的应用基本处于空白状态。

8.5.1 我国球墨铸铁标准简介

我国部分球墨铸铁牌号见表 8-2。

表 8-2 我国部分球墨铸铁牌号（摘自 GB/T 1348—2009）

牌号	抗拉强度/MPa	屈服强度/MPa	伸长率/(%)	布氏硬度(HBW)	基体组织
	最小值				
QT400—18	400	250	18	120～175	铁素体
QT400—15	400	250	15	120～180	铁素体
QT450—10	450	310	10	160～210	铁素体
QT500—7	500	320	7	170～230	铁素体 + 珠光体
QT600—3	600	370	3	190～270	铁素体 + 珠光体
QT700—2	700	420	2	225～305	珠光体
QT800—2	800	480	2	245～335	珠光体或索氏体
QT900—2	900	600	2	280～360	回火马氏体或屈氏体 + 索氏体

高强度高韧性球墨铸铁的抗拉强度、屈服强度、抗连续性破坏能力和应力集中效应接近于铸钢，有的甚至超过铸钢，而其抗拉强度和塑性、韧性指标又优于灰铸铁，同时保持了灰铸铁的耐磨、吸振和铸造性能较好的优点，这是其得到广泛应用的主要原因。但是，我国球墨铸铁牌号随着抗拉强度的提高，其塑性指标迅速下降，不能满足工程机械产品某些部件承受冲击载荷的要求，与铸钢比较有较大的差距，见表 8-3 和表 8-4。

表 8-3　球墨铸铁 QT450—10、QT500—7 与铸钢 ZG230—450 比较

性能	ZG230-450(正火)	QT450-10	QT500-7
抗拉强度/MPa	430 ~ 490	450	500
屈服强度/MPa	210 ~ 290	310	320
硬度(HBW)	120 ~ 140	160 ~ 210	170 ~ 230
伸长率(%)	18 ~ 19	10	7

表 8-4　球墨铸铁 QT700—2 与铸钢 ZG310—570 比较

性能	ZG310-570 (正火)	QT700-2 (铁素体 + 珠光体)	QT700-2 (珠光体正火)
抗拉强度/MPa	690	600	818
屈服强度/MPa	410	370	640
伸长率(%)	25	3	3
弹性模量/MPa	21×10^4	$(17 \sim 18) \times 10^4$	$(17 \sim 18) \times 10^4$
屈强比	0. 59	0. 61	0. 785

根据表 8-3 和表 8-4 中的数据和工程机械不同功能部件的要求，只要适当提高球墨铸铁的可塑性指标，就可以用其代替铸钢件毛坯，而且其他综合性能指标均优于铸钢件。因此，发展高强度高韧性球墨铸铁铸造技术，对提高我国工程机械整机技术水平具有十分重要的意义。目前，国内生产这种球墨铸铁的企业只有德国采埃孚集团与广西柳工集团有限公司的合资企业、小松（常州）铸造有限公司和个别军工企业。

8.5.2　高强度高韧性球墨铸铁的生产关键

球墨铸铁的生产包含以下几个环节：熔炼合格的铁液、球化处理、孕育处理、炉前分析、浇注铸件、铸件清理及热处理和铸件质量检验。在上述各环节中，熔炼出优质铁液和进行有效的球化处理与孕育处理是球墨铸铁生产的关键。提高铁液质量可以保证球墨铸铁的基本性能；提高球化率、球径均匀性和圆整度，是保障高强度高韧性球墨铸铁最终性能的关键，两者缺一不可。然而在我国，最难突破的技术就是铁液的熔炼，保证铁液材质的稳定性是技术突破的关键。

影响球墨铸铁力学性能的主要因素是微量元素的含量，其中以碳、硅、锰、硫、磷的影响最为明显。

1. 碳、硅含量

由于球状石墨对铸件基体的削弱作用很小，因此球墨铸铁中石墨数量的多少对其力学性能的影响是微弱的。确定球墨铸铁的含碳量时，主要应从保证铸造工艺性能方面考虑，为此将碳当量选择在共晶成分附近。

由于球化元素使铁碳相图上共晶点的位置右移，使共晶碳当量移至4.6%～4.7%附近，而具有共晶成分的铁液的流动性最好，形成集中缩孔的倾向小，铸件的致密度高。碳当量过低时，铸件容易产生缩松和裂纹；碳当量过高时，则易产生石墨漂浮现象，其结果是使铸件中的夹杂物增多，降低铸件的力学性能。

在球化处理过程中，硅能减少铁液的结晶过冷和形成白口的倾向，此外硅还能细化石墨，提高石墨球的圆整度。但硅又会降低铸件的韧性，并使韧脆转变温度升高。因此在生产高韧性球墨铸铁时，应遵循高碳低硅的原则，根据国外的经验，硅的质量分数一般控制在2.6%以下，这样才能保证铸件在低温寒冷地区的使用效果。

2. 锰含量

球墨铸铁中锰元素所起的作用与其在灰铸铁中所起的作用有不同之处。在灰铸铁中，锰除了能强化铁素体和稳定珠光体外，还能减少硫的危害作用；而在球墨铸铁中，由于球化元素具有很强的脱硫能力，因而锰已不再起这种有益的作用。由于锰有严重的正偏析倾向，往往有可能富集于共晶团晶界处，严重时会促使形成晶间碳化物，从而显著降低球墨铸铁的韧性。有资料显示，对于等温淬火贝氏体球墨铸铁，当锰的质量分数由0.07%增加到0.74%时，其冲击吸收能量由78.5J降到36.3J。所以，控制铁液中的含锰量是生产高韧性球墨铸铁的关键之一。然而我国是高锰铁国家，因此寻找低锰含量的生铁或进口低锰铁，是发展高韧性球墨铸铁的重要政策支持点。

3. 磷含量

磷在球墨铸铁中有严重的偏析现象，容易在晶界处形成磷共晶，将严重影响球墨铸铁的韧性。磷还会增大球墨铸铁的缩松倾向，造成铸件缺陷。当要求球墨铸铁有高韧性时，应将磷的质量分数控制在0.05%以下。如果球墨铸铁中有钼存在，则更应该注意控制磷的含量，因为磷、钼在晶界处易形成脆性的磷钼四元化合物。

4. 硫含量

球墨铸铁中的硫与球化元素有很强的化合能力，将生成硫化物或硫氧化物，它们不仅会消耗球化剂，造成球化不稳定，而且会使夹杂物数量增多，导致铸件产生缺陷，还会使球化衰退速度加快。故在球化处理前，应对原铁液进行脱硫处理，对铁液中的硫含量加以控制。国外生产高韧性球墨铸铁时，硫的质量分数一般不能超过0.02%。由于我国焦炭的硫含量较高，原铁液中的硫含量往往达不到这一标准，影响了高强度高韧性球墨铸铁的推广应用。因此进一步改善熔炼条件，增加炉前脱硫措施，降低硫含量，也是开发和生产高强度高韧性球墨铸铁的关键技术之一。

综合上述分析，发展高强度高韧性球墨铸铁件势在必行，工程机械电液控制驱动桥及其他相关壳体，如高压液压件等，都需要使用这种铸件。但是，目前国内没有相关生产基础，建议采用招标规划的方式，以现有球墨铸铁生产基础较好的企业为核心，建立创新平台，进口优质生铁，并给予减免税优惠；同时加强与汽车制造业的沟通，将汽车整车制造厂冲压后的边角废料进行集中收集，作为高韧性球墨铸铁的炉料来源之一。

8.5.3 高强度高韧性球墨铸铁研发企业推荐

目前，国内工程机械行业除德国采埃孚集团与广西柳工集团有限公司的合资企业和小松（常州）铸造有限公司两家中外合资企业以外，基本上没有生产能力。铸造行业中球墨铸铁生产企业较多，但缺少研发和生产高韧性球墨铸铁的企业。以下企业可作为规划研究的发展对象：河北春风铸造有限责任公司、本溪参铁（集团）有限公司、河北龙凤山铸业有限公司、济南庚辰钢铁有限公司、林州合鑫铸造有限公司、柳州励志铸造有限责任公司、湖北全力机械集团。

第9章

工程机械配套用高性能柴油机发展研究

柴油发动机是工程机械运行的心脏，其动力性能的优劣直接影响着整机质量。几十年来，我国工程机械发展一直被发动机技术困扰，国内虽有10多家柴油发动机生产企业为工程机械配套，有汽车行业口的，也有农机行业口的，但真正为工程机械配套研发创新的机型极少；达到国际先进水平，可供选择的机型至今没有研发到位。工程机械配套柴油机的技术特征，除节能、环保、可靠以外，与主机的匹配性能要求复杂多变，工况条件相对恶劣，需要与工程机械主机生产企业密切配合和协同研发，才能达到预期目标。

9.1 国内外工程机械柴油发动机配套现状

9.1.1 国外配套情况

国际上为工程机械配套的发动机的研发生产大体上有三种形式。一是国际工程机械跨国公司巨头自行研发，如美国的卡特皮勒公司、日本小松公司、德国的利勃海尔集团、瑞典的沃尔沃集团等，都有专门的柴油发动机研发制造事业部，能够结合本公司产品技术特性，研发匹配合理的先进柴油发动机，为本公司产品配套。但是，这种发展模式要有一定的规模效应，否则企业难以承受研发投入和配套成本。二是大部分工程机械企业与专业发动机制造公司合作研发，充分利用柴油发动机制造公司的技术力量和研发手段，形成专业的配套关系，在国外，发动机制造公司对用户的服务理念和宗旨优于国内企业，所以这是一种常规的合作发展模式，绩效显著。三是一般工程机械产品对柴油发动机匹配无特殊要求，所以根据柴油发动机制造公司产品情况直接进行选配，或稍加改动就可选用。

目前，国际工程机械柴油发动机技术研发主要集中在节能、尾气排放符合法规要求方面，重点改造进气系统、燃烧系统、电控系统，包括生物燃料动力、混合动力等多种形式的节能技术，使柴油发动机焕发出了新的活力。

9.1.2 国内配套情况

近五年来，我国工程机械行业规模发展很快，柴油发动机配套需求量（包括配件）已超过百万台，其中对高性能柴油发动机的需求更加迫切，年需求量达25万台以上。目前，我国工程机械发动机配套来源和发展趋势主要有以下5种类型。

1. 直接进口国际知名品牌柴油发动机

从20世纪初开始，我国进口国际知名品牌柴油发动机的数量不断增加。其中以出口为主的高端工程机械，所需配套柴油发动机基本上以进口为主，进口量比较多的品牌有美国康明斯公司、德国道依茨公司、英国珀金斯公司和日本五十铃汽车公司等，年进口量达10万台以上。但在这种进口形式中，在与主机的配套性能要求和进口贸易条款等方面，进口方往往处于被动地位。

2. 选用国产知名品牌柴油发动机

国产知名品牌发动机制造企业，如潍柴控股集团有限公司、玉柴机器股份有限公司、上海柴油机股份有限公司、一汽解放汽车有限公司无锡柴油机厂、浙江新柴股份有限公司等一批企业，随着工程机械配套柴油发动机需求量的高速增长，纷纷加大了非道路柴油机的研发力度，改善了配套性能，提高了产品使用可靠性，并已取得一定成效，为工程机械动力配套做出了重大贡献。但受基础技术和二次配套技术水平的限制，与国际先进水平比较仍有较大差距。

3. 国际知名品牌柴油发动机在我国国内的生产逐渐形成规模

国际知名柴油发动机制造商，早已预测到我国工程机械潜在市场的可观性，对在我国发展工程机械配套用柴油发动机生产很有信心，主动来我国成立独资、合资企业，如美国的康明斯公司、德国的道依茨公司、英国的珀金斯公司，包括美国的卡特彼勒公司等都加大了对我国的投资，逐步形成了较强的配套能力。

4. 工程机械大型企业直接参与柴油发动机制造业，为自身产品配套

由于国内柴油发动机的技术性能指标满足不了高端工程机械产品的配套要求；同时，现有柴油机制造企业缺乏主动协调服务的理念，没有建立起与企业的合作创新、融资机制及紧密的互为支持的配套关系。于是这些大型企业开始效仿美国卡特彼勒、日本小松公司等的模式，通过引进、合资、合作等方式，自己建设柴油发动机项目，期望把主动权掌握在自己手里。但是，柴油发动机的研发生产属于技术密集、资金投入大的项目，且受柴油机制造基础技术与二次配套难的牵制，要想超越我国现有柴油发动机制造水平，同样是任重而道远，其技术路线依然是曲折、艰难的，建议应首先做好项目实施前的技术论证和投资风险评估。

5. 对于量大面广的中低端工程机械产品，选用国内一般发动机配套

对于工程机械中低端产品，如简易农用机械，只要排放法规等指标符合要求，即可以配套，这是当前技术落后的发动机得以生存和发展的主要原因。

9.2 我国工程机械配套动力的发展现状

工程机械配套动力，是我国内燃机的重要组成部分。目前，我国生产内燃机（包括主机及配件）的制造企业约有 3 000 家，从业人员近 40 万；2011 年，内燃机产量逾 7 700 万台，总功率逾 14.5 亿 kW。

9.2.1 工程机械配套用柴油发动机需求量

2011 年，工程机械配套用柴油发动机需求量（包括维修配套）已达 110 万台左右，其中进口 10 多万台；机型主要是多缸机，其中 75% 为 4 缸机。2011 年工程机械主要机种发动机配套需求量见表 9-1。

表 9-1　2011 年工程机械主要机种发动机配套需求量

序号	主机产品名称	需求量/台	功率范围
1	液压挖掘机	182 400	30 ~ 42kW 占 12 770 台，100 ~ 120kW 占 120 000 台
2	轮式装载机	259 000	50 ~ 120kW 占 77 000 台，160 ~ 175kW 占 145 000 台
3	推土机	14 000	160 ~ 220kW 占 8 200 台，110 ~ 140kW 占 2 000 台，275kW 以上占 2 900 台
4	平地机	5 500	118 ~ 180kW
5	压路机	22 000	37kW 以下占 160 台，95 ~ 112kW 占 15 000 台，120kW 以上占 6 840 台
6	叉车（内燃式）	240 000	37 ~ 55kW 占 19 200 台，55kW 以上占 42 000 台
7	摊铺机	3 400	110 ~ 180kW
8	汽车起重机	37 300	100 ~ 135kW 占 7 000 台，160 ~ 230kW 占 28 000 台
9	履带式起重机	2 200	127 ~ 300kW 占 1 800 台，330 ~ 700kW 占 400 台
10	混凝土泵	4 200	110 ~ 180kW
11	混凝土泵车	11 000	265 ~ 330kW
12	混凝土搅拌车	50 000	排气量为 10 ~ 15L
13	其他小型工程机械	269 000	主要是农用工程机械
	合计	1 100 000	

9.2.2 企业发展与产品开发

1. 企业发展

随着我国排放法规的不断升级，工程机械对内燃机的要求主要集中在满足国家排放法规、高可靠性、节能方面。在工程机械的配套动力领域，开发了一批具有自主知识产权和自主品牌的节能、节材、低污染柴油机新产品。

目前，我国有40多所大专院校设立了动力机械及工程（内燃机）专业，一些企业建立了国家、省、市、企业级的技术中心或实验室。通过资本、资产兼并、整合等多元化形式，形成了规模优势的企业集团，或与配套主机厂建立了多种形式的战略联盟。通过股份制改造和建立现代企业制度，企业内部结构和经营机制发生了新的变化，结合产品结构调整，发展了系列产品平台，加快了结构调整和行业发展的步伐。

一些柴油机生产企业通过国际合作研发途径，积极利用世界先进技术，开展自主创新开发和自主品牌建设。如潍柴动力、玉柴动力、上海柴油机股份有限公司、华丰集团、浙江新柴股份有限公司等一批柴油机生产企业，分别与国际内燃机界知名的技术公司合作开发了一批拥有自主知识产权、具有国际先进水平的工程机械用柴油机产品。通过交流和合作研发，获得了先进技术和产品，培养了科研骨干，学习了产品开发的全过程，掌握了先进的开发手段，增加了技术储备。

与工程机械配套的柴油机生产企业，在产品设计和现代化管理方面普遍采用了CAE、CAD、CAT等现代工程开发和设计技术，一些企业已经与配套主机企业共同实施了“同步工程”。另外，在实现产品数据管理（PDM）、企业资源管理（ERP）和现代化企业管理等方面也取得了显著的成效。

2. 产品开发

我国生产工程机械配套柴油机的主要企业有：玉柴机器股份有限公司、潍柴动力股份有限公司、上海柴油机股份有限公司、华丰集团、安徽全柴集团有限公司、常柴股份有限公司、东风朝柴动力有限公司、江苏江淮动力股份有限公司、昆明云内动力股份有限公司、江苏常发实业集团有限公司、浙江新柴股份有限公司等。其开发的工程机械配套用柴油机产品如下。

潍柴动力股份有限公司的WD615、WP6、WP10、WP12系列柴油机均采用增压中冷技术，其中WD615系列柴油机是潍柴动力股份有限公司与奥地利AVL公司共同开发研制的，主要配套于装载机、推土机、压路机、挖掘机、混凝土拖泵、汽车起重机等工程机械。

玉柴机器股份有限公司开发了YC4D、YC4F、YC6B、YC6A、YC6M和YC6J系列柴油机，采用直列、水冷、四冲程、直喷、四气门、增压/增压中冷技术，部分采用FEV缩口燃烧技术。机型满足GB 20891—2007《非道路移动机械用柴油机排放污染物限值及测量方法（中国Ⅰ、Ⅱ阶段）》，主要配套于装载机、挖掘机、立方空压机、叉车、压路机、混凝土拖泵、平地机、牵引车等工程机械。

上海柴油机股份有限公司生产了D9系列、D114系列、C6121ZG等工程机械配套用柴油机。其中D9系列的功率覆盖192～257kW，转矩储备大，排放达到国Ⅲ排放标准，是中重型装载机的配套动力；C6121ZG柴油机引进于美国卡特彼勒公司的3300系列柴油机，主要配套于装载机、推土机。该公司与AVL公司联合设计了D114系列柴油机，整机结构上采用零部件多功能集成设计方法，主要配套于装载机、推土机、挖掘机、汽车起重机、压路机、摊铺机、平地机、拖拉机、铣刨机等工程机械。

常柴股份有限公司开发了4G、4D、4L、75-80、85-90、102-110系列柴油机，采用电控VE泵燃油系统、增压中冷和EGR技术，排放满足非道路国Ⅱ、EPATierⅣ、欧盟非道路ⅢA标准，开发的EH、H、S/ZS、L和SQD系列单缸柴油机配套于小型工程机械。

浙江新柴股份有限公司的4V33、4D28、4105、498、495、492、490、N85系列柴油机，采用了直喷技术。其中，与美国西南研究院共同研制开发的4V33系列柴油机采用了四气门系统，排放达到欧Ⅲ和EPATierⅢ排放标准。在采用英国里卡多和奥地利AVL公司多项技术的基础上，该公司自行研制开发的490系列柴油机，主要配套于2～3t叉车及小型挖掘机等工程机械。

我国柴油机零部件行业中的燃油系统、增压系统、排气后处理系统及控制系统关键技术的研发及应用取得了较大的进步。经过柴油机生产企业和研究院所、高等院校等“产、学、研”相关部门的共同努力，我国掌握了工程机械柴油机电控高压共轨燃油喷射系统、多气门、增压（中冷）、可变截面涡轮增压系统（VGT）、废气再循环（EGR）和排气后处理等新技术。特别是高压共轨燃油喷射系统和排气后处理系统的自主研发获得了突破，产品实现了产业化批量生产，开始逐步打破国外跨国集团长期垄断我国市场的局面。此外，燃油系统制造企业还结合我国国情需要，开发推广了电控直列泵、电控VE泵和电控单体组合泵等高压燃油喷射系统，及时满足了工程机械用配套动力性、经济性和排放法规的要求。

9.2.3 工程机械动力的发展趋势

近年来，世界各国在开发工程机械柴油机的新技术和新产品方面，都取得了很多重大的突破性成果。以美国康明斯和英国珀金斯公司为例，这两家公司一直将满足日益严格的发动机尾气排放标准作为研发主攻方向，重点研究柴油机的进气处理系统、过滤和后处理系统、燃油系统、电控系统和缸内燃烧优化五个关键问题。2005 年以来，康明斯公司依靠强大的技术实力和研发资源，根据不同的排放标准，提出了发动机生命周期和整机优化匹配的概念，推出了各种降低排放的后处理技术，以满足更严格的排放标准。

英国珀金斯公司开发的工程机械配套柴油机，采用了高压共轨燃油喷射系统、涡轮增压系统、电子控制系统及后处理（DOC/DPF 柴油颗粒过滤器、NRS 氮氧化物减排系统）等技术，排放满足欧盟ⅢA/B 阶段、美国 EPATierⅣ、日本第 4 阶段排放法规，主要配套于挖掘机、装载机、建筑工程、物料装卸等工程机械。

目前，针对工程机械配套柴油机的要求，柴油机产品新技术的发展趋势主要为：

1）应用现代设计技术和手段，缩短产品开发周期，提高产品智能化水平，改善产品综合性能。

2）优化柴油机燃烧系统，采用多气门技术，提高喷油压力，优化和可控喷油规律，优化燃烧匹配，采取更先进的机内和机外净化措施，减少有害排放物，满足环保要求。

3）开发电控柴油机产品，利用电子控制技术对柴油机燃油、进气、排气、冷却等系统进行集成控制，对环境、工况和故障等作出反应，实现全自动管理。

4）采用低摩擦、综合热管理、零部件集成与控制技术，提高燃烧效率和机械效率，降低柴油机能耗。

5）进一步发展高效率、高压比的二级/多级、可变截面涡轮增压系统及中冷技术，优化增压器与燃油泵的匹配，以满足现代排放法规和更高动力性及经济性的要求。

6）发展排气后处理技术，进一步降低排放，采用机外净化措施，包括废气再循环、氧化催化技术、脱 NO 催化剂、颗粒捕集器等。

7）开展柴油机与传动系统优化匹配技术的研究，优化液力机械、静液压传动技术，提高液力变矩器的传动效率，解决装载机、压路机、挖掘机和叉车等工程机械与柴油机的优化匹配问题，拓宽柴油机的经济油耗区。

8）发展混合动力驱动技术和替代燃料，开展对油电混合驱动节能技术的研究，开展工程机械用柴油机替代燃料的研究。

9.2.4 我国柴油机产品与国际知名品牌的主要差距

随着工程机械行业技术研发和转型升级的要求不断提高，作为工程机械配套动力的高端柴油机产品产能不足、低端产品产能过剩，综合成本上升。此外，柴油机工艺装备水平、企业经营管理水平、创新开发能力和人员素质等都与国际上先进的同业者存在不同程度的差距，主要体现在以下方面。

1）工程机械配套用柴油机整体规模优势不突出，虽然产量大，但效益不高，制造体系水平参差不齐。

2）自主创新能力不强，高新技术层面缺少竞争优势，部分核心技术仍然依靠国外。由于科研开发力量投入的缺失，以及科技成果转化机制的不健全，导致我国柴油机产品技术创新能力长期处于弱势，核心技术受制于人。柴油机先进技术软件的开发能力落后，具有高技术含量的整机和零部件产品的研发过多地依赖于国外。

3）低水平、无序的重复建设现象仍很严重，非理性的竞争局面没有得到根本性的改变，阻碍了工程机械配套柴油机的正常发展和进步，影响了在国际市场上的开拓与竞争。

4）测试技术与设备严重缺失和落后。工程机械配套柴油机的生产制造和试验检测等环节、测试技术和测试设备依赖国外企业的现象非常严重，关键测试设备和仪器绝大多数需要进口，严重阻碍了自主创新能力的提高和新产品的发展。

5）在工程机械配套柴油机研发和产业化制造链中，主机与零部件协同、协作的合作关系存在着门槛和不协调。

9.2.5 需重点解决的问题

工程机械配套用柴油机产品既是燃烧源，又是排放污染源，在节能减排中肩负重大的历史和社会责任。以节能减排要求为指导，工程机械配套用柴油机产品需要重点解决以下问题。

1）开发具有竞争力的工程机械用柴油机节能产品，整合工程机械产业资源及领先的高校和研究所等创新资源，建立为工程机械产品进入国际市场的高性能柴油机技术平台。

2）按照国家节能减排的总体要求，大力推进柴油机产品及其关键零部件的开发，推动先进节能技术应用、节能产品产业化，建立较为完善的柴油机再制造体系，大幅度降低工程机械配套用柴油机产品的能源消耗。

3）突破燃油喷射系统、增压器、后处理器等产业发展技术瓶颈，实施技术转移，加速关键共性技术科技成果的商业化运用，提高我国工程机械用节能环保柴油机自主开发能力和技术创新成果的辐射能力，推动产业结构调整和升级。

4）健全和完善柴油机产品节能减排技术标准体系、燃油消耗率限值及试验方法标准、柴油机燃油消耗量综合评价标准、柴油机产品与配套工程机械的燃油消耗评价标准等。

5）对工程机械用柴油机进行大量行之有效的改进和提高，积极发展替代燃料在柴油机上的研究和推广应用。

9.3 提升工程机械高性能柴油机技术发展思路

我国柴油机产品的发展思路是：根据国家节能减排的总体要求，依据工程机械配套柴油机的具体需要，立足国内车用柴油机动力的技术水平，加强与国内高校、研究院所、国外柴油机研发单位的合作，提升国内工程机械配套柴油机的研发能力，瞄准国内、国际工程机械市场，开发满足排放要求的高性能柴油机。

根据“十二五”规划关于工程机械配套柴油机的发展目标，围绕高性能柴油机发展的重点领域和产品规划，重点提升产品研发能力，提高生产制造技术水平，完善质量保证体系。

9.3.1 产品技术研发

我国柴油机行业应借鉴车用技术，发展工程机械配套柴油机先进技术，主要围绕高压燃油系统、增压系统、柴油机控制、废气再循环系统、排气后处理及替代燃料应用等关键技术展开新产品的研发工作。

1. 高压燃油系统技术

燃油喷射系统对柴油机的混合气形成、燃烧过程起着决定性的作用，对柴油机的动力性、经济性、排放、振动、噪声以及可靠性等指标具有决定性影响。其主要技术研发内容如下：

1）高动态响应电控喷油器总成开发。开发高速强力电磁阀执行器组件，进一步改善喷油量与喷油定时的一致性和喷射循环波动率，提高喷射系统的动态响应性能和可靠性。

2）电控高压共轨系统系列化产品的应用研究。开发高压供油泵、电控喷油器、共轨管、电控单元（ECU）等系列化产品，满足大功率柴油机用大流量高压供油泵和共轨喷油器的产品系列化需要。

2. 增压系统应用技术

柴油机增压技术，是充分利用废气能量提高内燃机经济性的最有效技术手段，重点开展以下工作：

1）宽域、高效、低惯量增压器的开发。开发宽流量范围、高绝热效率的涡轮增压器，通过结构优化设计，降低系统的低转动惯量，适应现代高速柴油机对增压器流量范围、高效匹配和瞬态响应的要求。

2）开发具有自主知识产权的新型可变几何涡轮增压器，重点解决增压器变工况适应性能、复杂恶劣条件下调节机构的工作可靠性、高精度电控系统开发等关键技术，实现可变几何涡轮增压器的产业化。

3）重点利用两级增压系统的匹配方法、控制规律，形成产业化能力，并突破可靠性关键技术。

4）通过研究不同增压系统与废气再循环系统的匹配特性，对已经掌握的涡轮中冷增压系统和可调涡轮（VNT）设计技术进行工程化应用研究，开发出适应高 EGR 率的涡轮增压系统。

3. 柴油机控制技术

针对工程机械配套用柴油机控制系统，重点进行现代柴油机工作过程的控制平台和控制策略的开发，实现主机与部件、整机与配套底盘的“实时对话”和控制；掌握整车的标定和匹配技术，以实现降低燃油消耗的目标。

4. 排气后处理技术

柴油机排气后处理技术，是保证产品满足更高排放法规要求的必要技术措施。随着排放法规的日益严格，降低工程机械配套用柴油机排放的标准会越来越严格。要实现柴油机的低排放目标，必须运用氧化、还原等化学方法，在柴油机排气管道中加设具有特定物理、化学特性的转化器，利用物理、化学等手段降低有害物排放。主要技术内容如下：

1）研制高效、可靠的废气再循环装置、EGR 冷却器和车载进气流量测量装置，保证 EGR 控制系统与整车控制系统的有效耦合，为满足更严格排放法规提供部件。

2）开发工程机械柴油机用柴油氧化催化剂（DOC）、颗粒物氧化催化剂

(POC)、选择性催化还原催化剂（SCR）以及具有催化功能的柴油颗粒过滤器（DPF）和EGR控制技术，研究后处理装置与DOC、POC、DPF的匹配技术。

5. 替代能源应用技术

替代能源是当今节能减排的一个新领域，应在传统能源动力装置的基础上，开展替代能源的应用研究，围绕应用技术、应用范围、应用适应性、所需适用材料、减排效应等不同角度，开展可行性研究。加快高效应用替代燃料的内燃机的产品研发，坚持替代燃料发动机与现有发动机制造体系的兼容。

9.3.2 生产制造技术

近几个五年规划期间，我国柴油机企业在制造工艺和装备方面进行改造的决心和力度很大，是制造装备水平跃升幅度最大、效果最好的一个时期。通过有针对性的技术改造，柴油机整机和零部件大中型企业总体制造水平提高得很快。在工程机械配套用柴油机生产制造先进技术方面，一些企业采用了薄壁高强度铸造技术、精密铸造技术、机器人装配、柔性及半柔性加工技术、在线自动检测技术等，同时广泛使用高水平、高精度的生产装备，确保了生产加工过程中的一致性。

在测量与检测设备方面，一些大型龙头企业可以自行生产一些关键装备。例如，柴油机动态性能及排放污染物的测量、关键零部件的检测，燃油系统的标定设备、先进零部件制造装备等，都有了很大的提高，保证了柴油机生产整体制造水平的提高，逐步满足我国工程机械配套市场的需求。

9.3.3 质量保证体系

工程机械用柴油机生产企业必须建立完善的质量保证体系，并通过相关质量保证机构的认证。

生产企业必须建立工程机械柴油机制造的质量管理系统，通过面向制造过程的集成化车间生产管理与控制系统，制订总体质量计划，并根据生产过程中下达的作业计划，对生产质量进行控制。质量保证体系应详细质量计划，设定各个工艺流程需要达到的工艺规范和工艺参数，形成工序级的质量控制规范和过程控制参数表。在生产过程中，不断测量生产系统的质量特性，并借助各种质量统计分析手段和控制方法，与工序级的质量控制目标进行比较分析、质量决策和质量评估，不断把决策信息和评估结果反馈到生产系统的各个阶段，以对生产过程进行前馈式和反馈式质量控制。

企业应加强产品质量的检验工作，以确保柴油机及其各个零部件在生产过程中达到质量规范。依据生产进度对产品的质量进行检验，通过对检验数据的分析，判断零部件加工过程中的质量状况。对零部件生产的异常表征进行自动监控，设立异常报警装置。对于加工过程中出现的不合格品，按照企业制定的处理流程进行审核处理，并制订相应的预防或处理措施。

9.3.4 我国柴油机行业发展目标

我国柴油机行业的发展目标是：根据国家的要求，以转变经济增长方式和调整经济结构为主线，保持配套企业经济效益的稳定增长，履行节能减排的重大社会责任，自主科技创新，完善管理、质量及标准法规，提供先进优质的节能环保型柴油机。“十二五”规划期间，工程机械优质柴油机产品的产量预计达到60万台以上。

1. 产业结构调整目标

工程机械配套用柴油机，要继续进行产业结构调整，加大重组整合力度，培育若干个规模大、水平高、具有国际竞争力的大型企业集团。积极推动柴油机与配套企业之间的战略重组与整合；积极推动和促进主机企业和相关产业之间的合作，采用资本置换、协同合作、战略合作等不同方式，进行产品互通、优势互补、互惠（共享信息、供应商和市场服务体系等）的多元化合作；坚持对外合作，鼓励企业与国外跨国公司进行多种形式的联合与合作，加快企业国际化进程，促进产业结构升级；鼓励外资和民营资本进入，实现工程机械柴油机配套生产资本的多元化。

通过深化改革和结构调整，达到提高生产集中度、自主开发创新能力、产品技术水平和自主品牌知名度的目标，形成柴油机专业制造企业与配套企业、柴油机整机与零部件制造企业共同协作、和谐发展的新局面。

2. 产品结构调整目标

推进产品结构调整、实现产品结构的优化升级是我国工程机械柴油机行业的重要任务，也是实现行业从量的扩大转向质的提升的重要途径。根据国家节能减排的发展目标，抓住主机配套换代升级的市场契机，柴油机行业应以掌握核心技术、提高自主创新能力为主线，重点发展一批技术水平高、性能优良、市场使用前景好、油耗低、排放低的节能型先进柴油机产品，培育出3～5个可以与国际品牌并驾齐驱的名牌产品。

3. 管理、质量及标准法规目标

现代化工程机械柴油机生产企业必须具备科学的管理体系，严谨的质量管理、质量控制和质量保障体系，完善的标准法规体系，以确保企业的正常运营与发展进步。主要措施如下：

1）加速完善现代化企业管理体系，以适应市场和社会发展的要求。

2）工程机械柴油机产品在生产制造过程中，产品的质量管理和保障是维系产品工程化生产和实现产品技术性能的关键。应强化质量意识，建立切实有效的质量管理体系。

3）柴油机排放标准的提出和排放等级不断提高，要完善工程机械柴油机技术标准体系。

9.3.5 工程机械高性能柴油机的重点发展领域与产品

1. 重点发展领域

1）发展大功率、大转矩、高可靠性、排放达到国家标准要求的大中型工程机械用环保和节能型柴油机。

2）发展为先进工程机械柴油机配套用的零部件，重点在提高运行可靠性和生命周期。

3）发展工程机械柴油机的设计开发、生产制造和检验测试用的各类先进设备和仪器，建议由国家资助建设 2 ~3 个工程机械柴油机载荷谱实验室。

4）发展工程机械柴油机的开发、试验验证、标定匹配和应用管理体系的信息化技术平台。

5）开展工程机械柴油机再制造的推广应用工程。

2. 重点发展产品

1）大中型工程机械配套用 110 ~310kW 柴油机、中小型工程机械配套用 18 ~75kW 柴油机，鼓励 37kW 以下的多缸机采用增压技术。

2）重点发展天然气、甲醇、生物等代用燃料发动机。

3）发展电控高压共轨燃油喷射系统、电控组合式单体泵、能承受 160MPa 以上高动态响应的喷油器总成。

4）发展各类先进的排气后处理系统和废气再循环系统。

5）发展满足整机性能要求的高可靠性电子控制系统。

6）提高工程机械柴油机零件的使用可靠性和运行寿命，如缸套、活塞、活塞环、活塞销、曲轴、连杆、轴瓦及进、排气机构和各结合面密封垫片等，应用新一代柴油机用滤清器、冷却水泵、机油泵、输油泵、换热器等部件系统（特别鼓励支持集成模块化产品），从而改善系统可靠性。

9.4 建设工程机械配套用高性能柴油机研发生产基地

建议按工程机械的用途，结合柴油机生产企业的现状，采用行业协会和企业牵头、科研院所参加的方式，分别建立不同功率段的高性能柴油机研发生产基地，并进行专项规划。

以矿山机械和大型工程机械（包括大型挖掘机、推土机、装载机、起重机、混凝土机械、路面机械）为主体，建立大功率高性能柴油机研发试验基地。以挖掘机、叉车、起重机械、压实机械、桩工机械为主体，建立中小功率高性能柴油机研发基地。

9.5 措施和政策建议

1. 措施建议

1）国家重点项目的安排要与产业结构、产品结构调整及重点发展领域、重点发展技术、重点发展产品紧密结合，大力促进优势企业的发展壮大。

2）强化工程机械柴油机生产企业开发平台的建立，促进工程机械大型主机企业与柴油机生产企业共同建立协同研发、协同试验、协同标定的高效开发体系，充分利用柴油机行业现有的科技资源，现阶段暂不鼓励工程机械主机企业发展柴油机生产。

3）柴油机制造企业应与产业链上游（材料、零部件供应商）、下游（配套机械）以及加工制造装备生产企业建立紧密的合作关系，形成协调、同步、可持续、合作多赢的产业联盟体，集中优势，促进共同发展。

4）围绕节能减排技术，开展与国外的交流与合作，掌握核心技术，提高综合技术水平和自主开发能力。

5）推动国家倡导的“产、学、研、用”结合，优化集成科研力量，加快和促进成果转化。有效组织国内内燃机企业、大专院校和科研单位实施“产、学、研”相结合，或建立相应的产业技术创新战略联盟，对重点产品和关键技术，开展专题联合攻关，实现技术成果共享。

6）柴油机产品配套服务领域广泛，涉及多学科、多相关产业，为做好协调服务、信息传递、反映行业发展需求和企业诉求，建立柴油机行业沟通、协调和服务机制尤为必要。据此，必须在政府和产业政策的支持下，充分发挥中国内燃机工业协会和中国工程机械工业协会的作用，协助政府做好行业发展规划，引导产业健康有序发展，为企业做好具有实效的服务工作。

2. 政策建议

1）积极研究并制定工程机械配套用高性能柴油机超前实现排放法规要求的激励政策，通过减免税等手段，鼓励企业在主动承担社会责任的同时，具有更高的积极性。

2）调整对工程机械配套用柴油机的管理政策，对高耗能、高排放产品采用政策性手段，强制淘汰，特别是对排放严重超标、能耗明显过大、存在安全隐患的柴油机产品，应进行严格控制。

3）为推动工程机械积极配装先进的低能耗、低排放柴油机，建议出台工程机械企业购置高性能柴油机的财政补贴或实施减免税政策，激励工程机械企业与柴油机制造企业联手合作，同时鼓励消费者购买和使用低排放的工程机械。

4）建议国家科技主管部门将工程机械配套用高性能柴油机的关键技术研发与应用研究列入国家科技发展计划，给予重视和重点支持。建议国家主管部门以“采用先进技术，推动节能减排”为主题，对工程机械配套用柴油机企业的技术改造给予专项支持。

第 10 章

工程机械高端液压系统发展研究

工程机械液压系统的技术发展水平，是衡量工程机械产品技术性能指标是否先进的重要标志，包括节能、环保、效率、可靠性、舒适性、大修期寿命、产品是否能回收和再利用等，这些都能代表主机产品的诸多市场卖点。全力支持和加强对工程机械液压系统产品的创新发展，就是对高端工程机械产品创新发展的最大支持，是发展高端工程机械产业的重大战略部署之一。

10.1 我国工程机械液压件生产及技术发展现状

10.1.1 生产规模

目前我国液压件行业，规模以上的生产企业有200余家，是国际上生产液压件企业最多的国家，但基本没有国际知名品牌。“十一五”规划期间我国液压件行业总产值平均增长率为20.31%，2010年达到351.13亿元以上，同比增长30.36%，是世界液压元件生产大国。出口额由2006年的1.56亿美元到2010年达到3.67亿美元，年均增长率为25%；进口额由2006年的9.71亿美元到2010年达到28.58亿美元，占国内液压件行业生产总值的50%，年均增长率为30.10%。这两组数据说明两个问题：一是我国液压件行业发展在国内有很大的市场基础和发展潜力，促进了我国液压件行业规模与技术的发展；二是高端液压件基本上以进口为主，对外依赖性越来越高，不利于液压系统技术的自主集成创新。

10.1.2 企业构成

改革开放以来，国有液压元件生产企业逐渐分化，“国退民进”及外资品牌的进入，改变了行业企业构成，形成了国企、民营企业、合资企业、外商独资企业“四足鼎立”的局面，据不完全统计，截至2010年底，国企、民营企业、合资企业和外商独资企业的数量占比约为20%:61%:10%:9%，产销总额占比大约为25%:51%:14%:10%。从上述比例可以看出，民营企业的数量已占全行业半数以上，因此，工程机械液压元件创新发展也要重点关注民营企业优质资产的作用。在振兴高端液压元件发展规划中，要通盘考虑这四类企业所处的位置和产业结构调整的发展方向。

10.1.3 产业集群和大型企业技术中心的发展

“十一五”规划期间，液压元件行业企业集团化、专业化、差异化发展明显，一批优秀企业和大型企业集团崛起，液压元件的研发能力和科技投入得到了加强，制造工艺装备水平向数字化方向发展，产品销售既有国内市场，又有国际市场（主要是备品配件）。重点骨干企业比较集中，并以这些企业为中心，在全国形成了多个产业集群基地，如京津地区、辽宁阜新、四川泸州、山东青州、“长三角”聚集区、宁波与温州地区等，涌现出了一批专业化的生产企业。同时，在国家政策的支持下，建设了浙江大学液体传动及控制国家级实验室、榆次液压集团有限公司国家级技术中心、泸州国家级高性能液压件高新技术产业化基地、阜新国家级液压装备高新技术产业化基地、中鼎密封件股份有限公司国家级技术中心。这些都是我国液压行业创新发展的宝贵资源，但是为了更好地发挥这些资源的作用，应从企业角度和行业管理层进行进一步分析和协调。

10.1.4 工程机械液压件配套技术水平

目前，工程机械中低压液压元件配套与备品配件市场，基本上是以国产液压件为主。其中液压缸配套，如液压挖掘机、轮式装载机、汽车起重机、叉车、升降平台与高空作业车等所用液压缸，基本实现了国产化，而且有批量出口；液压转向器、齿轮泵不仅完全能满足国内主机配套和备品配件的市场需求，而且有大量出口，占有过半的市场份额；中压系列柱塞泵、液压马达、多路阀等基本上也能满足国内配套需求。但性能好和可靠性高的产品仍选用进口件或国内外资企业的品牌产品；高压系列液压元件以进口为主，目前国内虽然已有研发生产，但还没有进入主流市场。

10.1.5 工程机械液压件行业近期发展趋势

国际金融危机爆发以来，工程机械面对国内外市场环境，其竞争压力越来越大，产品亟待向节能、环保、高可靠性方向转型发展。然而，我国现有液压系统的开发能力和液压元件的制造水平，与国际先进水平比较有较大差距，特别是高端液压元件的生产供应，已成为我国工程机械行业的难题。面对这种情况，企业对高端液压件的投资热情、创新发展欲望空前高涨，各展所长，但普遍存在急功近利、浮躁的现象，缺乏系统、科学、渐进式的创新逻辑，技术路线不明确，主机企业与液压元件制造企业之间的联系和合作没有很好地建立起来。从投资情况分析，投资强度大、重复多；终端产品投资多，产业链中技术难点攻关投资少。

目前企业对液压元件产业的投资取向主要体现在以下四个方面：

1. 主机企业重归液压件行业，投入大量资金发展液压件生产

20世纪60年代初，工程机械大中型企业在建设发展时，一般都设有液压件生产车间，为主机产品配套。经过几十年的发展，特别是市场经济运行以来，液压元件生产逐步走向专业化，工程机械企业中的液压件生产也逐渐被分离出去，但仍有一些企业保留了下来，如广西柳工集团有限公司、徐工集团等。

现在，为了解决高端液压件配套瓶颈问题，为了不受进口液压件的制约，工程机械行业大型企业纷纷凭借自己的资金实力，再度挺进液压件的开发与生产中，加大资金、技术、人才的投入，期望在解决自身产品配套方面有所突破。其中三一重工先后在浙江萧山经济开发区、常州武进两地投资10亿元，用来建设高端液压泵、液压马达、液压阀研发生产基地，直接进入高压系列液压件生产领域，力求取代进口，创立自主品牌；广西柳工集团有限公司计划投资10亿元，对现有齿轮泵、液压缸、多路阀的生产技术水平和生产规模进行改造升级，提高对装载机、液压挖掘机等产品的配套技术水平，降低主机制造成本；山东常林集团与日本4S株式会社、济南海依兰机电液压有限公司合作，计划投资26亿元，建设60万件高端液压件产品生产基地，其一期工程建设项目已进入投产验收阶段，准备打造我国的高端液压生产基地。对于企业的这些主动性行为，政府应予以管理和扶持，将其引导到集约化的技术发展路线上来。

2. 民营资本投入液压件行业的金额与日俱增

改革开放以来，民营企业大多数通过模拟仿制，与院校、研究院所开展技术合作，广揽人才，为工程机械等相关产品配套液压元件，总体规模已占总行业的50%以上，成为液压行业一支重要的企业群体，其产品技术水平不断提高，有的企业能够承担国际品牌的原厂委托制造（OEM）加工订单。这些企业的市场意识和产品的质量责任意识比较强，部分产品得到了主机企业的认可，这是民营企业得到快速发展的重要原因之一。例如，安徽博一流体传动股份有限公司、宁波大港意宁液压有限公司、江苏恒立高压油缸股份有限公司、杭州力龙液压有限公司、宁波广天赛克思液压有限公司、山东中川液压有限公司等企业，已经成为液压件行业中不可缺少的成员。以下简单介绍其中三家民营企业的发展思路。

安徽博一流体传动股份有限公司于2008年1月在合肥市经济开发区组建，是一个走“产、学、研”结合技术发展路线的民营企业。其产品以30MPa以上级高压系列高端液压件为主，生产液压件所需的关键基础材料、关键二次配套件从欧美进口，从严把关，以确保产品技术性能指标和质量。为了解决产品研发的

技术支撑问题，2008年，该公司与哈尔滨工业大学联合挂牌成立流体传动及控制研究中心，并与中科院、浙江大学、合肥工业大学、安徽工业大学合作，坚定不移地走“产、学、研”发展道路。企业严密的质量管理体系和精神，深入每一名员工心中，建厂以来，其产品技术水平已初步得到市场认可。

杭州力龙液压有限公司目前是三一集团旗下的一个子公司，创业以来，从基础技术项目开始做起，不急于求成，着力解决每一个技术环节中存在的问题，注重研发技术和实验手段的建设。目前，其产品已进入审核试验阶段，为液压挖掘机配套液压马达、液压泵、多路阀及减速机等部件，不久将投入批量生产。

山东中川液压有限公司计划投资26亿元，用于开展国内外技术合作，该公司从国内外广募人才进行科研开发，在深入研究国际先进产品的基础上，创新发展，力求设计生产具有自主知识产权的高端（压）系列液压泵、液压马达和液压阀等产品。产品制造从铸件毛坯攻关开始，采用数字化精密加工、热能爆炸法及化学处理去毛刺等先进工艺，不断突破技术难关，确保产品质量。

对于这些企业，只要进一步加强与主机企业的技术合作和资本“联姻”，提高液压元件的技术开发水平，加强对薄弱环节的研发攻关力度，提高使用可靠性，都能培育成为专、精、特的配套企业，完全可以成为主机企业的紧密合作伙伴。在产业结构调整中，国家应关注它们的发展瓶颈，加强政策性引导，特别是在投融资政策和方式上，要打破国企、民企、自然人的界限，提供服务平台，鼓励股份制企业重组联合，向专业化集群方向发展。

3. 国有液压件企业面临发展机遇期，加大科研与投资力度

2009年国家关于《装备制造业调整和振兴规划》（以下简称《规划》）指出，机械基础件、基础制造工艺和基础材料是装备制造业赖以生存和发展的基础，其水平直接制约我国高端装备制造业的发展。首次把液压件等基础零部件和基础工艺列入《规划》，放在了非常重要的位置，翻开了振兴民族液压件工业崭新的一页。特别是液压件行业的很多攻关难点，如工艺难题和先进的高、精、尖制造装备及试验条件等，从此得到了应有的重视。工信部在液压件“十二五”规划中认证了多个高新技术产业基地，加大了对国有企业技术创新和技术改造的支持力度，设立专项科研开发基金，对重点攻关项目给予支持；在工信部的支持和领导下，搭建了“工程机械高压液压元件与系统产业化及应用协同工作平台”（以下简称“工作平台”）。这些政策和措施是对国有液压件企业发展的最大鼓舞和支持，政策性财政补贴和创新技术改造资金正在不断到位。

大型国有企业有着多年的液压件生产经验和较好的科研设施基础，承担着行业重大科研课题的研究任务。通过这些企业的发展，把小企业组织起来，形成以“领头羊”为主的产业集群，可以进一步改善目前液压件行业“散、乱、差、小”的局面，使品牌集中、产业集中、产品销售网络化，这是国有企业做大做强的发展趋势。为了达到这个目标，对国有企业来说，仍然要把改革和创新放在首位，进一步去除国有企业在计划经济体制中遗留下来的种种弊端，大力提升企业的竞争活力。

4. 外资企业已注重对我国高端液压件市场的技术与资金投入

从20世纪80年代末开始，液压行业跨国公司在我国几乎都有大小不同的投资项目，为我国工程机械产品配套液压件，但都是中低端产品。最典型的是博世力士乐公司在20世纪90年代中后期投资1亿欧元，增强其在北京和常州的两个生产基地，扩大生产能力，成为我国工程机械主要液压件配套商之一。有的外资品牌则通过与我国港、澳、台资本“联姻”进入内地市场，到目前为止，外资品牌产品在华销售额已达20%左右，与国企相当。这些外资公司主要是为液压系统服务，并提供中低压液压元件产品，其产品可靠性普遍高于国产液压元件。对于高压系列、高端液压件技术，国际知名公司一直持保守、谨慎的态度，不向我国输出技术，只在我国设立产品组装企业，以销售为主。

最近几年，我国发展高端装备制造业政策开始向基础技术方向倾斜，对高端液压件产品的需求放量增长，成为国际液压件用户的大市场，引起了跨国公司的深度关注。面对我国本土液压件企业对高端液压件进行攻关的趋势，出于对竞争对手的潜在威胁感，这些外资企业开始加大了对我国市场的资金与技术投入力度，把部分产品的试验开发和生产设施向我国转移，其目的是加强与我国工程机械大型企业面对面的技术合作，稳住与大型企业的配套关系，其中表现最为突出的是日本的川崎精机株式会社和德国的博世力士乐两大世界品牌。

川崎精机株式会社的前身是川崎重工集团的液压机器事业部，其自1916年开始从事液压系统研发生产以来，跨越90多年的发展历史，一直跟随主机密切合作、同步发展。挖掘机用液压泵、液压马达、多路阀是公司的核心产品，成为世界级的品牌之一，我国挖掘机行业就是它的一大用户。该公司于2005年12月在苏州高新区投资2.6亿元，注册资本1.1亿元，租用厂房8 000m^2，设立了子公司，主要以组装生产为主，柳工集团和三一重工都是它的客户，其2010年度销售额达到6.07亿元人民币。2010年6月，该公司又增资7 500万元，新建厂房 13 500m^2，当年液压泵和液压马达的销售量由 3.5 万台提高到 11 万台，销售额达 10 亿元；第二座同规模新厂房于 2012 年投入使用，公司综合年产量达到了 20 万台。

德国博世力士乐公司是世界上最知名的液压件公司之一，该公司本着开放的思路，于 2011 年 8 月 24 日在中国（长沙）国际工程机械配套件博览会期间，在长沙签约超过 20 亿元人民币的投资项目，计划兴建我国最大的液压件生产基地。德国除了博世力士乐公司以外，进入我国市场的还有国瑞液压（GRH）、贺德克液压（HYDAC）、郝莱特密封（HALLITE）等公司。

除了德国、日本以外，美国、韩国也有多家公司来华兴办独资企业或合资企业，到目前为止，我国液压件市场已形成国企、民企、外资品牌多元化的发展格局；同时，给我国高端液压件的发展带来了难以预测的格局。

10.2 我国工程机械液压件配套产业存在的问题

在液压、液力、气动、密封行业“十二五”规划中，将液压件行业发展存在的问题描述为六个方面：自主创新能力不足；科研投入少；产品结构不合理；技术水平严重影响主机产品技术水平的提高；自主创新产品推广应用困难；专业人才缺乏。这些问题主要集中在高端液压产品方面，近几年来，随着我国本土企业配套需求量的急剧上升，国产高端液压件又无法进入主流市场，导致主机生产受制于人的被动局面越来越严重。一是国外厂商不能按时、按量供货，周期长、积压资金多，影响了销售合同的执行，进而影响了我国本土品牌主机产品的发展空间；二是国外供应商同货不同价，随着我国液压件需求量的不断上升，进口价格也随之跳跃式上升。例如据有关企业反映，液压挖掘机 60% 以上的销售利润被进口液压件吞噬掉了，从而降低了本土品牌挖掘机的市场竞争力，这是国际知名品牌挖掘机在我国市场一直保持需求旺盛的主要原因之一。同时，这种配套供应链方式使我国主机液压系统创新又受到进口液压件的限制，企业无法拿到定制产品，这就是所谓的“卡脖子”问题，是现在广大业内人士为之纠结的一件大事。要加快这种局面的转变，历史经验告诉我们，不能靠一个液压行业或一个企业来解决，而要系统地总结和认识这一方面的问题，挖掘深层次的原因。

目前，“工作平台”在工信部工业装备司的指导下，正在为此奔波协调，但并没有深层次地治理和解决这些问题。必须深入改革，既要解决“卡脖子”的问题，更要解决液压技术自主创新的发展机制和动力问题。当前我国工程机械液压技术配套存在的问题如下。

10.2.1 主机企业与液压件企业缺乏合作，产业链协调发展困难重重

随着液压系统的不断创新，产品技术水平的不断提高，液压技术不再是简单的实现驱动和控制功能，而成为了一个节能减排创新点。目前，工程机械液压技术已进入动力流优化的发展概念，成为工程机械主机产品集成创新的核心技术和主要任务。液压件企业为之服务，除了要提供合格的系列元件以外，更多地是要承担主机产品 OEM 件的研发制造任务。工业发达国家工程机械企业从来都是把液压系统的创新发展放在主导位置上，与液压件专业制造企业结成紧密的合作伙伴关系，一直保持着主机企业与液压件企业同步发展的状态。例如：德国的博世力士乐公司与德马格公司（主机企业）从一开始就是兄弟公司，主机的发展成就了今天的博世力士乐公司；日本川崎精机株式会社在液压挖掘机技术发展的带动下，也成为国际级的专业液压件制造企业。

我国工程机械液压技术发展从元件输入开始，就走了一条不同的技术路线，不是主机企业带动和促进液压件企业发展，而是主机企业一直停留在“元件成套”的技术水平上，即主机跟着元件走，于是液压元件的技术就决定了主机液压系统的技术水平。多年来，我国主机企业与液压元件生产企业之间，一直停留在商业模式的产业链上，价格链成了主机企业与液压件企业的主要关系，压价的现象大量存在；同时，液压件生产企业为了生存和发展，寻找配套和备品配件市场时同行间相互竞争，造成液压元件企业利润低，无法在研发方面投入大量资金。而采用进口液压件，大量利润将流入境外液压件企业，这种发展模式，导致本土液压件行业发展始终没有形成系统合力，不利于液压元件企业的成长壮大和行业结构优化。

10.2.2 发展高端液压技术，我国液压件企业要承受双重压力

现代液压技术涉及液体动力流研究、电子学、磁学、信息传感技术、控制学等多方面的技术，这些技术在液压系统中的相互依存度很高，其中某一项技术的突破都不能起决定性作用，必须整合这些相关技术，建立起相应的发展与管理模式，才能形成创新合力和竞争力。担当此重任、起引导作用的应是主机企业，因为它们既是新理念的开拓者，又是最终用户。液压元件企业除了承担主机厂提出的新型液压技术产品的生产任务以外，还要承担较多的甚至是跨行业、跨部门的

基础技术研究与开发，如精密冶炼、双金属熔炼、精密加工工艺、污染控制、密封、特种新材料及其他二次配套技术等。这些技术又构成了高端液压件制造的技术路线，是一个不可分割的产业链。在这个产业链中，每一个技术节点都是难以逾越的鸿沟，其中大部分技术虽然在工业发达国家已经达到了成熟的水平，但对我国液压件企业来说，很多要从头做起，势单力薄，要承担如此繁重的协调攻关任务是很困难的。因此，要发展我国的高端液压系统技术，国家政策和主机企业必须给予支持。

10.2.3 我国工程机械产品技术发展被进口液压件制约

我国工程机械液压元件进口量虽不占多数，但在液压元件总的采购金额中，进口额已占半数以上。其中液压挖掘机、混凝土泵车、旋挖钻机、大型工程起重机、盾构机等产品，其液压件进口量以日本川崎精机和德国博世力士乐为代表的外企品牌已占据我国大半个市场，可以说控制了我国挖掘机等高端工程机械产品的发展步伐。有人认为这些国外品牌液压元件采用的是高端液压技术，但其中一部分其实是20世纪八九十年代设计的产品，其可靠性和实现主机节能减排目标已无潜力可挖，产品生命周期接近尾声。近年来，国际工程机械知名企业在博览会上展出的新型产品，大部分液压系统都进行了更新换代，使用的是经过主机企业与液压件供应商双方不断改进的定制产品或专利产品。我国主机企业受总体开发技术水平的限制，提不出定制产品的参数，即使提出参数，进口价格也极高，或受技术保护而无法得到。

现在，我国企业一方面在大量进口国外即将被淘汰的通用化液压元件，另一方面仍在进行模拟和仿制。这种发展模式，正是国外知名厂家希望我国企业做的事情。一是它们的产品出口到我国还能赚取大量利润；二是低价采购我国仿制的产品大量进入备品配件市场，又可以赚取一部分利润；三是这些仿制产品的质量没有进口的原品牌好，从而助长了国外供应商在华倾销这些旧产品，甚至来我国办企业，进而又能使我国工程机械企业对国产液压件失去信心；四是我国主机企业使用此类液压件装备起来的主机产品，市场竞争力就会受到影响。这正是现在中国工程机械液压技术发展陷入的一个难以自拔的怪圈。

要想扭转这一局面，必须从原始创新做起，充分吸收和继承国外已经成熟的技术和经验，坚持走自我研发之路，这样我国工程机械液压技术才能步入自主创新的发展轨道。

10.3 我国工程机械液压技术发展思路探讨

10.3.1 努力实现主机液压系统和液压元件创新研发能力的同步提高

由上述分析可知，我国工程机械液压技术的发展，如果继续以前的模式，不走自主创新之路，将无法达到先进水平。当然，我国也有较为成功的产品，如液压转向器、齿轮泵、液压缸等，因为这些产品在国际市场上没有垄断性的大品牌。

对于高端（压）液压系统，国际知名主机企业和液压件企业已经打造了几十年的品牌，而我国的液压件企业到目前为止，尚处于起步阶段；同时，液压件技术又不能和主机同步发展，使得液压件企业无法得到博弈的能力和机会，只能进入备品配件市场或中低端市场。

然而近 20 年来，在国家科技强国方针的指引下，我国液压件行业也出现了像江苏恒立的高压液压缸、镇江液压有限责任公司的全液压转向器、西安航天动力研究所的液力变矩器、力源液压为神州 8 号配套生产的多种规格液压泵（马达）、宁波天生密封件有限公司与安徽中鼎控股（集团）股份有限公司的密封件等，被国内外公认的品牌产品。这些企业成功的原因，就在于它们能够不断保障主机技术进步的需求，即促进了主机企业的发展，又促进了配套企业市场的扩大和技术水平的提高，进入到一个良性循环的发展状态。

这些企业的成功，都离不开强有力的研发团队和创新手段，例如安徽中鼎控股（集团）股份有限公司主要生产汽车和工程机械橡胶减振器与密封件，其产品畅销全球，该公司不仅与国内外研究机构组成了专业研发团队，而且装备有先进的研发实验与试验设备，一个小小的橡胶件产品，其研发实验和试验等的运行费用每年就投入近 2 亿元人民币的资金，占销售收入的 6% ~7%。美国卡特彼勒公司人员到安徽中鼎控股（集团）股份有限公司参观考察时，在了解了其研发手段和研发水平后，立即就签订了长期供货合同。这充分说明了这些企业保障了创新研发的投入，执行了正确的技术路线，从而具备了与主机企业同步发展的水平和能力。

10.3.2 坚持一个目标，为主机做好定制生产

当前我国工程机械液压件技术发展现状与主机不同步已是不争的事实，主机

厂不信任国内的液压件厂，其表现在两个方面：一是主机企业的高端液压件产品完全依赖于国外知名供应商；二是主机企业自己斥巨资开发生产液压件，而把国内已有技术基础和资源较好的液压件企业放在一边。

国内液压件大型生产企业多数是从计划经济体制中发展过来的，很长一段时间内，这些大型企业只是引进技术和仿制国外产品，缺乏自主创新，其产品没有优势，于是主机企业不会选择，使国内生产的液压件终端用户，主要集中在中低端产品市场上，同时也大量出口到国际备品配件供应商手中。出口液压件的平均单价只有进口件的1/6左右，利润极低。因此，液压件企业能否为主机企业做定制产品，是决定我国液压件工业能否取得丰厚利润的关键。但是，根据国外的发展经验，主机企业也应发挥在液压技术发展道路上的引导作用，要支持和扶植液压件厂的创新发展。

要做好定制产品，主机企业和液压件企业都必须调整发展理念和发展思路。这就更要发挥“工作平台”的组织协调作用，把主机企业和液压件企业联系起来，按产品技术发展路线，发挥各自优势。液压件企业一方面要为主机企业液压系统集成创新提供技术支撑，开发新型液压元件；另一方面要不断突破液压件制造工艺瓶颈，加强管理，使产品质量得到保证。但从目前的发展趋势来看，虽然国家正在大力支持专业液压件创新研发基地的建设，但有些主机企业却走向另一个极端，斥巨资发展自己的液压件产品，重新投资自己的液压件制造企业，使液压件振兴规划与市场脱节。这种做法，高端技术人才要从现有液压件企业中去挖掘，元件创新试验和试验手段要从头做起，高精尖设备要重新购买，不仅增加了投资风险，又使整个行业的力量分散，导致现有液压件企业的良好资源和几十年的经验不能很好地被利用，因此这种发展思路值得商榷。

现代液压行业是一个产业链长、学科知识面广、基础技术难度大的行业，某种意义上要比主机集成创新难度还大，周期也长。因此，一方面要继续支持和保护主机厂的积极性，将其纳入高端液压件规划的创新体系中；一方面要从产业链上进行协调，形成创新合力，这也是“工作平台”深入研究的问题。

10.3.3 申请高端液压件国家专项规划研究课题

鉴于我国液压行业企业规模小、点多分散、势单力薄、主机与液压件技术路线脱节的现状，要加快高端液压技术的发展，必须由政府提出政策措施的引导和支持，发展明星企业，带动产业结构调整和转型升级。为了便于政府操作指导，建议首先申请“工程机械高端液压技术国家专项规划”研究课题，并请国家科技部（科技部重点支持产品领域中已包含）、财政部等有关部门批准立项。专项规划建议由“工作平台”负责牵头，组织相关行业协会、研究机构及创新能力强的企业参加。规划研究课题的目标，一是建立几个主机和液压件攻关项目相携相生的协调发展平台，把主机和液压件创新项目整合为一体；二是分析研究工程机械高端液压件产业链中难以攻克的技术节点，并制订实施计划和措施，取得相关行业的技术支持；三是研究高端液压系统自主创新的发展方向、途径，摆脱工业发达国家的控制。

这些课题的研究，虽然以工程机械产品为龙头，但对军工、农机、冶金等行业均有很强的辐射意义和带动作用，将对我国液压工业的创新发展起到劈山开疆的作用。

10.3.4 要抓住一个机遇：节能、减排

节能、减排是国家战略性新兴产业发展的综合性目标。工程机械的节能、减排，是当前技术发展的大趋势，是国内外市场竞争的焦点，谁占据先机，谁就将占据市场。而节能、减排离不开液压系统的创新发展，反过来说，如果没有电子化控制的液压系统，工程机械节能、减排技术的发展将寸步难行。例如：一台额定载重量为5t的轮式装载机，更新了HTV电液控制新型变速器，一年可以节油3万元；采用了电液控制的动力流控制系统，则发动机既能实现节能目标，又能达到EAPTier4i排放标准，从而可扩大主机出口。

实现节能、减排，液压系统需要满足以下要求：

1）完善柴油机和液压系统的动力流控制，包括高压共轨电喷柴油机爆发力不足的问题、自动设定转速问题、柴油机运行“调峰”功能与功率分配问题、控制柴油机低油耗工作区等问题。

2）液压系统内各元件的工作效率要高、自损耗要小，特别是起动效率要高。

3）液压系统内多机构执行时协调性要好，即实现最佳的解耦控制。

4）每个执行机构都应实现运行控制。

5）对于一个泵源、多执行机构的开式液压系统，应从流量耦合逐步过渡到压力耦合。

6）现有液压系统的单变量、单参数、单节点的液压控制，已不能满足节

能、减排的要求，需要发展多变量、多参数、多节点的电子控制系统。因此，现有的节流调速、负荷传感调速、流量共享调速，都应向电子先导控制方向发展，使电子控制发挥其作用，走向数字化控制发展阶段，这是对原有液压元件的一场革命性发展。

10.3.5 要实现一个路径：信息化和工业化融合

信息化和工业化融合，是当前装备制造业转型升级的重要途径和发展目标，工程机械及其液压技术的发展也不例外，主要表现在以下几个方面：

1）开发工程机械电液比例控制、电液数字阀等液压元件，以实现系统的全面电子控制。借助于信息化技术，克服液压控制不能实现多变量、多参数、多节点的弱点，是工程机械向机器人化发展的必要条件。

2）发展具有无线传输功能的机载计算机，借助液压系统，实现工程机械的远程控制、远程服务、备品配件的物联网功能、远程培训和技术支持、远程运行数据云计算等功能。优化液压元件的参数，找到改进和发展新一代液压元件的依据。

3）建立 B2B 网站，拉近主机企业与液压件供应商的距离，实现原件网购。

4）加快实现链接物联网（IOT）、ERP、CAPP、CAD、CAM 等计算机技术，组成数字化加工大型分布式控制系统（Distributed Control System，DCS），促进我国液压元件的智能化制造，实现多品种批量供应能力。

5）加快实施和完善仿真和虚拟开发设计能力，其具有以下优点：

① 仿真的优势可以给出形象而量化的参数，大大提高了效率。

② 仿真可以快速优化系统并得到相应参数。

③ 仿真可以节省人力、物料，减少试验，从而可以降低成本。

④ 仿真便于项目的研讨、会诊、审查，可尽快投入实施，也便于领导决策。

液压基础元件研发需要的仿真平台，有元件运动学仿真平台和元件动力学仿真平台，包括动态有限元的零件强度仿真和噪声仿真、液压流体力学仿真、自动控制系统仿真等，对这些技术要系统建模。

10.3.6 倾力于一个提高：平均无故障时间

随着工程机械液压系统与自动化水平的不断提高，液压元器件的运行可靠性、安全性指标显得尤为重要，其中平均无故障时间是综合衡量产品可靠性的主要指标。以液压挖掘机为例，采用进口液压件时的平均无故障时间要比采用国产液压件长，好的主机产品，其平均无故障时间可以达到1 000h，这也是主机厂坚持采用进口液压件的主要原因之一。

目前，主机厂对液压零部件的平均无故障时间要求达到4 000h以上，对于无渗漏现象则要求能达到2 000h，而德国博世力士乐公司的产品能达到5 000～8 000h，日本川崎重工公司产品的平均无故障时间为其60%左右。满足主机企业对平均无故障时间的要求，是我国液压件发展自主知识产权产品的首要攻关任务。

提高液压系统的可靠性，一是要提高液压元件的产品质量和疲劳强度，二是要确保系统内的洁净度，两者缺一不可。系统洁净度主要是主机厂在制造装配过程中保证的，所以加强主机厂的制造污染治理工作同样重要。

为提高液压元件的可靠性指标，建议采取如下措施。

1. 适当提高设计元件的冲击强度和疲劳强度指标

为确保可靠性，鉴于各种不稳定因素的影响，一是建议强度计算按目前规定的压力提高20%左右，具体指标由相关研究机构认证；二是改变用静态计算强度的旧设计模式，通过仿真技术手段核算和优化结构，提高强度，特别是疲劳强度。

2. 要尽快攻克高强度致密性铸件毛坯和二次配套的技术难关

高压液压泵、液压马达、阀要长期承受高压状态下的静压力、冲击压力、振动等负荷，油液流道要畅通，达到最小的阻力与摩擦损耗，耐蚀与耐磨损等技术要求都是此类铸件生产的技术难关。所以有人认为，要开发高压系列液压元件，铸件技术必须过关。目前，我国很多企业都在针对这类问题进行攻关研究，重复消耗人力、物力，国家政策着力点又不集中，难以见到成效。因此，建议将铸件毛坯发展列入国家政策性支持专项，择其优，走专业化发展道路，实现大批量生产，以规模经济效益再促发展。

二次配套技术是一个产业链问题，不是一个液压件企业能独立完成的。建议由“工作平台”在工信部工业装备司的指导下，协调有关行业、部门、重点企业，通过调研制订攻关计划。本着轻重缓急、先易后难的原则加快实施。对于技术难度大、周期长的项目，走国际化发展道路，以进口为主或在境外收购合适的企业加以发展。总之，二次配套必须抓好，并纳入专项规划之内，否则，高端液压技术攻关路线就会中断，永远无法形成整体效应。

3. 高度重视液压件加工制造工艺研究

液压元件加工制造中，除了常规工艺以外，要特别注意去毛刺光整加工技术、超精加工技术、洁净度技术及流程管理中的污染治理等，这是影响液压件工作可靠性的关键因素。

10.3.7 要践行一个思路：坚持以企业为主的“产、学、研、官、商”结合的技术进步路线

“产、学、研”结合是国际上通用的，他们是靠利益和目标走到一起，这个道理我们要继承。然而，我国的“产、学、研”计划层次差别较大，有些成效不大，其中一个主要原因就是缺一个“官”字。对于重大项目或难以协调的项目，如果没有政府的指导和支持，将很难达到预期目标。

突出一个“商”字，就是要坚持以应用技术为主、市场为导向、企业为主体的原则。通过“商”字，才能把上、下游产业链结合在一起，否则技术攻关项目将很难调动它们的积极性。“商”字的另一个含义，就是要坚持以企业为主体的发展原则，创新项目要有商业目标、合作目标，不可沽名钓誉；要坚持签订合作协议，有量化验收目标。参加项目或攻关的企业，应具有攻坚克难、砥砺奋进、孜孜不倦、追求完美的企业文化和精神。

第 11 章

推进工程机械再制造产业发展

工程机械再制造，是将大批退役工程机械产品回收拆卸，将有再制造价值的退役零部件作为再制造产品的毛坯，利用表面工程技术对其进行修复，使得再制造后的零部件及整机的性能与使用寿命，具有与原型的零部件及整机相同的质量，在性能参数、质量承诺、使用寿命、售后服务和配件供应等五个方面达到和新品一样的水平，它是退役工程机械产品高科技维修的产业化。再制造产品的成本只是新品的50%，节能60%，节材70%，对环境的不良影响显著降低，有力地促进了资源节约型、环境友好型社会建设。我国近期再制造实践的初步经验统计表明：以再制造1 000台中型平地机为例估算，可回收利用金属10 000t，节电约1 000万kW·h，减少CO_2排放量1 000多t。

工程机械再制造是循环经济发展、先进绿色制造的重要组成部分，是我国工程机械行业可持续发展的重要战略之一。从近几年工程机械行业再制造试点的初步经验可以看出，再制造的社会效益、经济效益明显、具有广阔的发展前景，对资源、能源节约贡献度大，环境保护作用显著。从直接经济效益看，再制造将成为工程机械行业新的经济增长点，并可提高就业率。工程机械再制造既是产业链的延伸，又是一个后服务业，发展好再制造技术体系，通过服务提高国际竞争力，实现跨越式发展，具有重要的现实意义和历史意义。

工程机械产品的可利用剩余价值相对较高，旧体利用率达到80%，因此发展工程机械再制造产业势在必行。

11.1 工程机械再制造的定义、内涵和成长环境分析

工程机械再制造理念是中国工程机械工业协会于2005年11月24日在“第四届中国工程机械发展高层论坛”上正式向行业提出的，至今已7年有余。期间，国家各部委出台了一系列鼓励再制造产业发展的政策和法规，使工程机械骨干企业、研究院所、高等院校、代理商、维修企业等单位，以饱满的热情和社会责任感投入到工程机械再制造的尝试和实践中，但目前仍处于开展试点、统一认识、借鉴提高、经验总结的初始发展阶段。因此，发展、做大、做强已成为工程机械再制造企业的共同目标，希望能够在认识层面、政策层面，以及在规范市场、再制造标准等方面，获得更多的支持，以使工程机械再制造产业化进入有序的“快车道”。

11.1.1 工程机械再制造的定义

为了推进、规范工程机械行业再制造产业有序、健康发展，2011年8月3

日，中国工程机械工业协会安排天津工程机械研究院、中国工程机械工业协会学术工作委员会，会同行业相关单位启动了工程机械再制造标准的制定工作，包括《工程机械零部件再制造术语》标准的制定。该标准对工程机械零部件再制造是这样定义的：工程机械零部件再制造即旧工程机械零部件经过专业化修复或技术升级改造，质量和性能达到原型新品水平的批量化制造过程。这个定义包含了三个方面的内容：一是对再制造毛坯实施“专业化修复”（或是“技术升级改造”），这其中包含用专业化拆解方法，将零件拆分至最小单元，然后进行专业化清洗、专业化再制造加工、专业化检测等；二是再制造产品的“质量和性能达到原型新品水平”；三是再制造企业要达到“批量化制造”。

作出这种界定，既是从我国的现实情况考虑，又是从国际对工程机械再制造的不同认识和理解出发的。另外，“定义”还适用于工程机械的整机再制造。

这种界定严格区别于工程机械维修。工程机械维修是对出现故障的零部件作出具有针对性的修复，是指更换磨损件、失效件以及适时修复某些零部件，维修后的零部件质量和性能难以达到原型新品水平；再制造是“批量化制造”，是产品的“质量和性能达到原型新品水平”的制造过程。

这种界定在国际市场上与日本的工程机械“二手设备”是有严格差异的。其主要区别就是“二手设备”不能达到“质量和性能达到原型新品水平”的要求，尤其是“二手设备”不是完全按照拆解、检测等再制造程序进行的。

在美国，再制造与翻新的词义是并列的，美国“翻新”一词用“Refurbishment”或“Rebuilt”，“再制造”一词用“Remanufacture”，两者没有明确而严格的界定。美国卡特彼勒公司对再制造的定义，则与我国工程机械再制造的定义基本吻合。卡特彼勒（中国）投资有限公司参与了《工程机械零部件再制造术语》标准的制定工作。

11.1.2 工程机械再制造的内涵

工程机械再制造是绿色制造技术的重要组成部分，是21世纪先进制造领域关键技术的重要发展方向之一，是工程机械产业结构调整、产业结构升级以及工程机械可持续发展的驱动力之一。

20世纪60年代，美国学者蕾切尔·卡森的专著《寂静的春天》出版后，环境保护开始引起人们的关注。同期，美国经济学家K·波尔丁提出了循环经济理论，把经济发展与资源和环境作为一个系统来考虑，为20世纪80年代的可持续发展模式的提出奠定了理论基础。

1972年6月，联合国召开了人类环境会议，通过了《人类环境宣言》：我们应该做些什么，才能保持地球不仅成为适合人类生活的场所，而且将来也适合子孙后代居住。1987年，世界环境与发展委员会正式定义了可持续发展：可持续发展是指既满足当代人的需求，又不损害后代满足其需要的能力的发展。该委员会同时提出了三个方面的发展——经济可持续发展、生态可持续发展和社会可持续发展，推出了六项应遵循的原则——公平性原则、持续性原则、共同性原则、自然资源价值性原则、公众性原则和法制性原则。

由此，可持续发展和资源循环再利用逐渐成为各国经济发展的战略重点，并从国家层面向企业层面延伸。

面对日趋严峻的资源和环境现状，世界各国都在制定可持续发展规划，推行绿色制造技术。例如：德国制定了《产品回收法规》；日本等国提出了减少、再利用及再生的3R（Reduce、Reuse、Recycle）战略，日本小松公司大约从20世纪90年代起开展工程机械再制造，距该公司1931年生产第一台履带式农用拖拉机大约60年，距该公司1947年生产D5推土机近50年；美国提出了再制造（Remanufacturing）及无废弃物制造（Waste-free Process）的新理念；欧盟颁布了《汽车材料回收》法规。

绿色制造技术不单要从环境出发考虑，而且要从包括资源、环境和就业三个方面的可持续发展战略上进行综合考虑。推行绿色制造既给制造业的发展提出了严峻的挑战，同时也创造了很好的机遇。工程机械再制造就是可持续发展战略中的重要一环。

工程机械再制造技术是能源、资源节约和环境友好的现代制造模式。如果说传统的工程机械制造是一个开环系统或称单向直线模式，即原材料→加工制造→产品使用→退役；那么工程机械再制造则是一个闭环系统或称反复循环模式，即原材料→加工制造→产品服役→二次资源再利用、再制造→再服役。也就是说，在工程机械产品的研制初期，就以系统集成的观点考虑产品环境属性、资源和能源的利用效率等问题。在产品的方案论证→设计→工艺→加工制造→服役→产品退役→回收再制造的全生命周期中，遵循对环境影响最小，资源、能源利用率最高的绿色制造理念，就是对环境保护从研制的初期源头抓起，在满足环境要求的前提下，保证产品应有的基本特性、使用寿命和质量等。

工程机械再制造，在技术层面主要涉及：工程机械整机和零部件全生命周期理论与对理论延伸创新和重塑的研究，广义工况下（高寒、高温、沙尘、盐雾、高原、水下、强冲击及交变载荷等）工程机械整机和零部件性能失效分析、寿命评估与无损检测技术，材料（金属和非金属）与材料表面工程（纳米表面技术、自动化表面技术等）的应用技术，绿色高效清洗、拆解工艺技术，以及再制造产品的检测技术等。

11.1.3 工程机械再制造的成长环境分析

绿色制造及其再制造从宏观上看，是由人类可利用资源和能源的短缺，并接近了供给的末端，以及工业高速发展对人类生存环境污染的负面影响日益严重等因素相互作用而引发的。

对工程机械行业而言，再制造产业的成长又有其自身的特点，这主要表现在各企业开展工程机械再制造的切入时机与本企业成长的历史、产品销售额度、产品市场占有率与保有量、企业管理水平、技术发展水平和发展阶段等方面密切相关，且各企业之间有一定的相似之处。卡特彼勒公司再制造的发展历程就是工程机械再制造发展的典型案例，通过对其进行了解与分析，对准备进入工程机械再制造的企业有一定的参考价值。

从切入时机上看，卡特彼勒公司工程机械再制造开始于20世纪70年代，距该公司1904年生产第一台铲运机、运土车约70年的时间。20世纪70年代末，卡特彼勒公司的年销售额在80亿美元左右，该公司当时已经是一家成熟的工程机械跨国公司，其产品在国内外市场的占有率和保有量当时均居世界第一位。在这样的环境下，该公司开展了再制造产业化的拓荒、创新与发展工作。

从管理水平上看，顺畅而持久的逆向物流是再制造批量化生产的重要条件。当时，卡特彼勒公司已是世界工程机械行业市场运营中的佼佼者，无论是在产品质量管理、生产管理，还是在服务的网络化和国际化运营管理水平等方面，都处于领先地位。该公司对售出的产品有较强的控制力，或者说对再制造件的逆向物流把握能力较强。从这方面来看，无论是原始制造，还是新开展再制造的企业，谁掌握了再制造件的逆向物流，谁就向成功迈进了一大步。

从技术层面上看，卡特彼勒公司产品的标准化、系列化、通用化都达到了65%以上，对工程机械新材料、新技术、新工艺，以及产品信息化水平、现代设计方法等的利用都位于国际工程机械技术前沿。这样才能保证对再制造件有较强的技术支撑，保证对再制造件进行成本控制，保证对再制造件的专业化修复和技术升级。

可以看出，从事工程机械再制造需要一定的成长阶段和发展环境。

11.2 国外工程机械再制造的发展

11.2.1 国外工程机械再制造发展概况

自 20 世纪 70 年代以来，发达国家一直非常重视再制造的发展。至 2005 年，全球再制造产值已达 1 000 亿美元。美国再制造产业规模是全球最大的，达 750 亿美元，其中汽车和工程机械等领域占 2/3 以上。在工程机械行业，再制造已经有四五十年的历史，欧美国家已经形成较大规模的再制造产业，设有再制造产业协会及相关研发机构，有较完善的再制造政策法规、技术标准，拥有上百项专利技术。

1. 日本的再制造产业

日本小松、日立建机等工程机械厂商，纷纷开设了专业的工程机械再制造生产厂，或与其他的专业再制造厂、再制造件经销商（专门从事收购旧机、出售再制造件业务），建立了联营网络，年收购旧工程机械约 6 000 台，经专业厂整机修复或拆卸零部件修复后，由再制造件经销商出售。日立建机（上海）有限公司自 1998 年成立开始，就将部件再制造业务的体制建设纳入产品服务整体发展规划中，先后在技术人才的培养、再制造设备引进、销售体制完善等方面持续推进，于 2003 年实现产业化，2010 年再制造部件实现营业额约 1 500 万元人民币。

日本的工程机械二手机市场很发达，已经形成了稳定的二手机资源，其中有租赁公司退役下来的设备，也有工程公司完成施工工程后变卖的设备，这些设备往往只使用了 5 000h 左右，仍然保持着较好的性能。

以日本最大的工程机械制造商小松公司为例，其二手设备业务具有一定的规模。公司内部专门设立二手设备事业部，收购用户手中的二手设备，并能够根据市场和客户的需求作出快速反应。小松公司对其代理商中具有丰富经验的人员进行专业评估培训，使他们成为小松公司优秀的二手设备评估师。这些评估师根据小松公司的统一标准对二手设备进行专业评估，并确定回收价格。拥有小松公司二手设备的用户，可以把旧机器作为首付购买新机器，从而使小松公司占据了新设备市场的有利地位。而且小松公司在日本有专门的更新制造厂，可以运用厂家的技术，对收购的二手设备进行整修，通过更换零部件等方法恢复设备的功能，延长设备的寿命，制造出通过小松公司认证的二手设备。小松公司的二手设备服务及质量有制度保障，工厂提供检查表、修理明细表和品质保证书，确保用户可以放心地购买其二手设备。小松公司还有一套非常完善的二手设备拍卖体系。在小松公司的拍卖会上，由于有品牌信誉的保障及相应的质量服务承诺，机器拍卖过程简明稳妥，一般平均一分钟就能完成一台机器设备的拍卖。

日本是工程机械二手设备市场发展较成熟的国家之一。20 世纪六七十年代，日本政府对经济高速增长期使用的大量多余建筑工程机械，提出了具有针对性的策略，采取了很多措施，主导创造了二手设备市场，推动了二手设备市场的发展。例如，将二手设备全面翻新，在保证质量的情况下出口到临近国家和地区，以此拓宽经营门类，弥补因新设备销售不旺造成的利润损失。

2. 卡特彼勒公司的再制造产业

20 世纪 70 年代，国际工程机械行业巨头——美国卡特彼勒公司开始涉足再制造领域，并经历了漫长而艰辛的探索和创新过程，逐步在技术和经营模式上取得了突破。由于再制造产品的成本低、利润高，卡特彼勒公司认为再制造产业有着巨大的发展空间。进入 21 世纪后，卡特彼勒公司便不断拓展再制造业务。目前，卡特彼勒公司已先后在美国、英国、法国、墨西哥和中国等 8 个国家建立了 20 多个再制造工厂，拥有 160 多条生产线，在全球 200 多个国家和地区拥有完善的物流体系，每年回收利用的零件超过 200 万件，重达 6.356 万 t，已基本实现“全球物流”。仅 2010 年，卡特彼勒公司就循环利用了 5.9 万 t 的报废钢材，90.8t 纸板及 145t 木质材料，回收并制造了 200 万件再制造产品。卡特彼勒公司的再制造产值占其总产值的 20% 左右。同时，该公司也进行再制造技术的自主研发，在再制造方面拥有 100 多项专利技术。2006 年 7 月，卡特彼勒公司再制造中心在上海临港工业园成立，成为第一家在我国获得再制造许可的外商独资公司；2009 年上半年又在顺德、成都建立了面向消费终端的再制造回收点；2009 年，卡特彼勒公司与玉柴集团合作，为玉柴柴油发动机和零部件，以及部分卡特彼勒公司柴油发动机和零部件提供再制造服务。

卡特彼勒公司之所以在再制造产业上取得了巨大的业绩，是因为该公司把再制造产业作为公司承担社会责任的延伸，对出厂的产品实施全生命周期服务，把再制造产业作为商业模式来经营。

（1）服务延伸　卡特彼勒公司的服务延伸，是指在产品退役后负责旧件回收、以旧换新，保证用户正常使用。公司的服务延伸建立在对所销售产品全生命周期的服务体系之上，通过将产业链延伸到再制造等后市场的服务，使公司在发展绿色循环产业的同时，把服务延伸作为提升公司竞争力的利器。

（2）商业模式　将再制造产业作为商业模式来经营，是卡特彼勒公司经过长期探索总结出来的，正如卡特彼勒公司在其经验中所说的：再制造首先是一种商业模式，而绝不仅仅是产品本身，所以从这点来说，它与维修和翻新就有本质上的差别。就维修而言，首先以排除故障、恢复或改善功能为主要目的，维修的好坏与维修人员的技能有直接关系；其次，维修是一对一的个性化处理方案，而再制造具有批量生产的特点；维修一般都是就近来完成的，而再制造则是一个全球化的产业链。就翻新而言，再制造与翻新的本质区别是：翻新一定是针对整机，一般大型结构件都不会进行更换，机器还是以原有的属性存在；但再制造更多的是针对零部件，而零部件进入再制造流程后经过100%的拆解，其原来的属性就完全不存在了。

卡特彼勒公司再制造运营中还很重视对客户的激励。卡特彼勒公司采取押金激励方式吸引客户退还旧件，假设卡特彼勒新件的价格是100元一件，一位客户花100元购买了一个品质、质保和新件一模一样的再制造产品，其中含有30元的押金，当他在规定期限内返还该原厂旧件并经过检测合格后，就可以获得返还的押金。

这就好比我们喝完啤酒去退瓶子，买的时候是1.5元，喝完后瓶子能退回0.5元。但这里有一个前提，瓶子是退回到当初买啤酒的那家店，否则店主可能不会同意退还，这就鼓励下次买家还来这家店消费。卡特彼勒公司针对自己的产品回收旧件，不仅培养了客户的忠诚度，更获得了源源不断的旧件来源，支持了再制造商业模式的持续发展。

这样，卡特彼勒公司既可拥有充足的原材料，保障再制造产业链正常运行，又通过和客户保持产品的替换关系，帮助用户降低施工成本，从而提高了用户的忠诚度，与用户形成了长久的互利共赢关系。

（3）完善的经销商网络　卡特彼勒公司产品回收率高，除了有旧件返还的激励机制、为用户提供优质产品和全方位的服务这些原因外，还在于该公司有完善的代理商网络，可以通过代理商获得再制造旧件的充足资源和众多的用户，代理商也从中获得了新的利润增长。

（4）技术和标准支持　卡特彼勒公司已经有近四十年的再制造经验，再制造业务是其实现全球扩张的主要板块之一。除了在再制造领域拥有完整的产业链和逆向物流模式外，先进的再制造技术和系统的生产加工过程，也是卡特彼勒公司能够扩大再制造产品市场的关键所在。再制造核心技术有低污染清洗技术、拆解技术、无损检测技术、加工技术、材料表面工程技术（如无磨损喷砂清洗、熔融盐浴清洗、冲击波清洗、热切削、金属沉积、激光熔覆）等。另外，卡特彼勒公司对再制造设备的投入也非常高，如再制造的专用器具、工量具及专用再制造生产线等设备。

卡特彼勒公司再制造产业有完备的技术规范、工艺流程、质量与检测以及再制造产品的标识等标准和规范，用来保证再制造产品的质量。

（5）质量承诺　与加工新产品的要求一样，卡特彼勒公司的再制造企业拥有一套适用于指导制造及检验的技术文件。也就是说，卡特彼勒公司再制造零部件除了产品编号及价格与新产品不同外，其他方面如“质量三包”及技术支持等与新产品完全相同。

再制造产品的生产组装过程与新产品制造过程是完全一样的，装配好的产品经过测试和检验，其性能也与新产品完全一样。

从再制造的生产流程来看，卡特彼勒公司首先将回收的旧产品全部拆解，直到最后一颗螺钉，并对所有零部件进行筛选和处理：一部分是需要全部更换的易损件，一部分是经过再制造技术加工可以恢复原状的零部件，还有一部分是清洗之后就可以再次使用而不需要翻新或修复的零部件。然后，合格零部件进入装配流水线，进行完全崭新的组装，最后再制造的新产品经过性能测试后，进入市场销售。在卡特彼勒公司，再制造产品都明确标识为“再制造”，并提供与新件相同的质量承诺。

（6）高水平的再制造产业链人才队伍　卡特彼勒公司拥有完整的再制造产业链人才队伍。通过回收产品的质量评估专家、产品修复专家和再制造组装线上的高级技术工人的共同努力，在保障再制造产品质量、性能的同时，也保证了企业的生产利润。

11.2.2　可借鉴的经验

国际工程机械再制造发展历史较长，积累了一些经验，我国企业可以在开拓思路和制定再制造发展战略时进行参考。

1. 对再制造产品消费文化的认同

人类消费及消费文化的演变，经过了漫长的渐进过程，并伴随着科技进步及人类对自然，对地球上的资源、能源、生存环境的清醒认识而逐步形成共识。

人类从公元前30世纪至公元18世纪60年代，对自然界是畏惧的。当时，由于生产能力低下，对自然界的索取有限，人类对环境的损害尚小于自然的自我调节能力。18世纪60年代至20世纪40年代，随着科技进步和生产力的提高，人类对资源、能源的索取开始提速。20世纪40年代至20世纪70年代，人类对自然的索取加速，经济高速发展，资源和环境的压力加大。因此，科技领域、经济学、社会学方面的学者拓展了研究领域，生态经济、循环经济、可持续发展等逐渐被人们所认识。人与自然和谐共处，绿色制造与绿色文化在制造业中成为一个行业和企业承担社会责任的重要内容之一。

由于清醒地认识到用户对工程机械产品再制造达到心理接受需要一定的过程，卡特彼勒公司近四十年来工程机械再制造的发展历史，始终贯穿向用户宣传绿色文化、绿色制造和再制造的理念：通过与各国政府的相关部门沟通，介绍工程机械再制造产品对节能环保和循环经济的促进；通过与用户沟通，介绍工程机械产品全生命周期服务，以及购买和使用再制造产品对提高施工效率、降低成本、获取更多利润的意义。因此，卡特彼勒公司在工程机械再制造领域取得成功，与其宣传绿色文化理念是分不开的，与再制造产品消费群体对再制造产品的认知度也是分不开的。

2. 工程机械再制造产品的质量得到保障

工程机械再制造产品质量保障建立在较完备的技术标准、规范，以及较成熟的技术、工艺装备、检验器具的基础上。再制造产品要严格遵循工艺规范，包括拆解、清洗、测量与检测、分类、加工处理、清洗、装配、测试、标识、包装等环节。其中，测量与检测环节中的无损检测和零部件寿命预估，从源头上把住了产品质量关。测试环节遵照原型新品的测试程序和测试标准进行，包括按照企业标准、行业标准和国家标准要求进行产品性能和可靠性测试，以保证其质量达到原型新品的要求。

3. 成熟的逆向物流体系

再制造的毛坯就是退役的工程机械零部件，它们顺畅地流向再制造企业，是保证再制造产业链能正常运营的关键。国外除了卡特彼勒公司对返回旧件的激励机制外，代理商的作用也功不可没，代理商具有对产品熟悉和地利的优势，所以在废旧的工程机械或零部件逆向物流体系中扮演着重要的角色。

4. 美国在再制造方面的相关法律

（1）专利权用尽原则　规定产品原始制造企业的专利权在产品销售给用户前得到保护，而产品销售到市场后，其专利权保护就终结了。这样，原始制造企业不能利用知识产权阻止其他再制造企业对产品进行再制造，也无权阻止维修企业对其出售的产品进行维修和二次销售（这一法律条文内涵的表达与我国和其他国家相似）。

（2）广告真实性原则　这是以美国联邦法案的形式保护消费者不受虚假广告的误导，也就是生产企业的产品广告宣传内容与产品性能和质量要保持一致性，否则，企业将面临承担法律责任的局面。再制造产品可保留原制造企业的商标，但必须标示出再制造企业的商标和再制造标识。

11.3　我国工程机械再制造产业情况

11.3.1　我国工程机械再制造产业正面临战略机遇期

1. 国家对工程机械再制造产业政策的扶持与支持

2005年发布的《国务院关于加快发展循环经济的若干意见》，明确提出了支持发展再制造产业。

在政策方面，工程机械再制造得到了国家的大力支持，2009年1月1日起实施的《中华人民共和国循环经济促进法》第四十条明确提出："国家支持企业开展机动车零部件、工程机械、机床等产品的再制造和轮胎翻新"。

2009年，工业和信息化部确定了7家工程机械企业为机电产品再制造试点单位：徐工集团工程机械股份有限公司、武汉千里马工程机械再制造有限公司、广西柳工机械股份有限公司、卡特彼勒再制造工业（上海）有限公司、天津工程机械研究院、长沙中联重工科技发展股份有限公司和三一集团有限公司。

2010年4月19日，国家发展改革委、人民银行、银监会、证监会联合发布了《关于支持循环经济发展的投融资政策措施意见的通知》，加大了对循环经济的支持力度，为循环经济和再制造产业发展提供了投融资政策支持体系。

2010年5月，国家发展改革委、工业和信息化部、科技部等11部委发布了《关于推进再制造产业发展的意见》，进一步从宏观层面明确了我国再制造产业发展的路径和相关措施。《中华人民共和国国民经济和社会发展第十二个五年规划纲要》等一系列规划，均把发展再制造产业作为重要内容。各项相关法规、政策、规划的出台，为再制造产业发展营造了良好的外部环境。

2010年6月29日，工业和信息化部发布了《再制造产品认定管理暂行办法》，明确了再制造产品的认定程序，规定了再制造申请企业应具备的基本条件。再制造申请企业应具备的基本条件主要有：“（一）在中国境内注册，具有独立法人资格；（二）产品符合国家法律法规及相关产业政策要求；（三）国家对产品有行政许可要求的，应获得相应许可；（四）具备再制造产品批量生产能力，采用的再制造技术、工艺先进适用、成熟可靠；（五）产品质量达到或超过原型新品，且符合国家相关的安全、节能、环保等强制性标准要求。”

2010年9月30日，工业和信息化部发布了《再制造产品认定实施指南》，这对推动工程机械再制造产业健康有序地发展起到了引导作用。

2010年10月，工业和信息化部批复了4家企业的工程机械再制造试点实施方案，包括长沙中联重工科技发展股份有限公司、武汉千里马工程机械再制造有限公司、天津工程机械研究院和卡特彼勒再制造工业（上海）有限公司。

2011年8月，工业和信息化部发布了已经认定评价的《再制造产品目录（第一批）》。该目录涵盖了工程机械零部件、矿山机械零部件等六个领域。广西柳工机械股份有限公司的5类共120种再制造零部件产品入选目录。

2011年9月14日，国家发展改革委发布《关于深化再制造试点工作的通知》，明确将适当扩大再制造产品种类和试点范围，根据试点情况，把符合新品标准、规模化生产的再制造产品纳入《再制造产品目录》，对再制造试点单位的重点工程、技术研发、旧件逆向回收体系和资源循环利用项目建设给予必要的资金支持，对纳入国家试点单位的再制造企业，给予包括信用贷款在内的多元化信贷支持，并优先将成熟的再制造技术、工艺、设备和产品纳入国家鼓励的相关名录。

工程机械再制造得到了国家多方位与多元化的扶持与支持。中国机械工业联合会于2009年5月，组织机械行业27个单位成立了“绿色制造产业技术创新战略联盟”，推动绿色制造和再制造产业发展。2011年，中国机械工业联合会组织天津工程机械研究院、广西柳工机械股份有限公司、厦门厦工机械股份有限公司、天津大学等单位承接了国家科技部重点支撑项目——《工程机械零部件再制造关键技术与装备》，该项目有力地推动了工程机械再制造基础技术研究和产业化，使再制造进入了发展的战略机遇期；同时安排了三一重工股份有限公司负责《混凝土泵车类工程机械绿色再制造技术应用开发与集成示范》项目。

2. 我国工程机械再制造产业发展时机基本成熟

我国既是工程机械消费大国，又是工程机械生产制造大国。随着国民经济的发展和人民生活水平的提高，人们对施工和作业机械化、自动化的需求越来越迫切，基础设施建设、市政建设及物料搬运等，都成为工程机械应用的领域。

我国工程机械行业生产的机种齐全，有挖掘机械、铲土运输机械、工程起重机械、机动工业车辆、压实机械、混凝土机械、路面机械和桩工机械等 20 大类，近万种规格产品。2007 年，我国工程机械销售量超过美国和日本，2009 年销售收入居世界第一位；2011 年销售额已达 5 467 亿元，出口额达 159 亿美元，产量和销售额均居世界第一位。工程机械行业是我国钢铁消耗大户之一，年钢铁消耗量达 2 000 万 t 左右，这一数量，是新中国成立初期全国钢铁年产量的 21.5 倍，超过法国 2008 年的全年产量，因此，产品回收再利用问题亟待解决。到 2010 年底，我国工程机械主要设备的社会保有量约为 500 万台，这为工程机械再制造产业的发展，提供了很大的潜在市场和宝贵资源。

工程机械再制造已经纳入工业和信息化部装备工业司编制的《中国工程机械行业"十二五"发展规划》，在《规划》的"科技发展目标"中，提出了工程机械再制造要突破的关键技术，提出要"开展工程机械再制造技术研究，以绿色拆卸与回收技术研究、关键零部件寿命预估与可靠性评价研究为基础，做好基于材料表面工程技术的工程机械再制造产业化试点工作；完成典型产品的可拆解、回收技术研究和再制造，并实现示范作用；提高其回收拆解效率和资源再利用水平，减少二次污染"在"十二五"期间，首先规划建立 6 个或 7 个工程机械再制造基地。

工程机械行业现状和国家产业政策已为再制造产业的发展奠定了坚实的基础，再制造产业化的时机已基本成熟。

3. 工程机械再制造的技术支撑初步形成

我国再制造是由维修工程和表面工程技术发展而来的，结合了材料学、摩擦学、固体力学、表面物理、表面化学、腐蚀学等多学科理论，因此再制造既有传统的维修技术、表面工程技术，又有新兴的退役产品评价、无损检测、寿命评估预测、质量控制等先进技术，目前工程机械再制造的研究主要围绕上述内容开展。

中国工程院院士徐滨士指出，目前我国已成为世界上最重要的再制造中心之一，而且在基础理论研究与技术应用开发方面走在了世界前列。国外再制造主要采用换件修理法和尺寸修理法，虽可节能、节材和环保，但对再制造的巨大潜力挖掘得还不够。我国在总结世界各国经验的基础上，主要基于表面工程技术、纳米表面工程技术和自动化表面工程技术，恢复产品的性能和尺寸精度，而且在耐磨、耐蚀、耐疲劳等性能上达到或超过原型新品。我国的再制造发展主要经历了三个阶段：第一阶段是再制造产业萌生阶段；第二阶段是学术研究、科研论证阶段；第三阶段是人大制定法律、政府全力推进阶段。

在再制造基础技术研究方面，装甲兵工程学院装备再制造技术国防科技重点实验室、天津工程机械研究院、上海交通大学、合肥工业大学等国内许多单位开展了再制造基础技术研究。

1）在理论基础技术研究方面，完善了涂层残留应力的计算方法，探索并初步建立了寿命预测评估模型。例如：引入均益系数，修正了残留应力经典公式Stoney方程；研究并初步提出了再制造零部件涂层中残留应力的计算方法；以退役柴油机曲轴为对象，研究了非线性动力学分析模型，探讨了退役零部件疲劳试验数据与模型分析数据的映射关系，初步建立了剩余寿命预测模型；基于金属磁记忆原理和接触疲劳寿命评定准则，初步提出了退役零部件的剩余寿命评估和再制造零部件服役寿命预测的方法。

2）在工艺基础技术研究方面，发展、创新了多项再制造关键技术，深入研究了相关的基础技术理论。例如：研究了高温条件下Fe-Al金属间化合物的形成机理，首次将高速电弧喷涂技术与粉芯丝材相结合的方法，应用于再制造零部件的表面修复，实现了Fe-Al（基）金属间化合物的制备与涂层成形一体化技术；发明了一种“双通道、双温区”的超音速等离子喷涂新工艺，解决了涂层熔滴的过熔、夹生及烧损问题；利用具有自主知识产权的高能物理化学法，解决了纳米颗粒在多离子溶液体系中的均匀分散与悬浮稳定的难题，实现了纳米电刷镀过程中非导电的纳米颗粒与导电的基质金属镍的高效共沉积；制备了纳米金属、纳米氧化物及纳米稀土化合物等多种性能优异的纳米减摩自修复添加剂，初步实现了在装备运行过程中纳米自修复添加剂对磨损部位的原位动态自修复；对利用激光熔覆进行再制造，进行全面、深入的研究，内容涉及功率、扫描速度、送粉量、搭接率等工艺条件，设备包括送粉器、反射镜等；对泵轴、变速器齿轮、柴油机气缸、发动机连杆、机电产品、汽车曲轴等零件的再制造进行了研究。另外，在再制造产品的智能拆卸和评估系统、清洗流程、尺寸恢复、工厂规划与设计等方面均有所研究。

国内在工程机械再制造技术方面已经取得了一些成果，并且在工程中得到了应用。例如，天津工程机械研究院承担的天津市科技支撑计划重点项目——平地机关键零部件的再制造技术及其产业化，取得了如下成果：采用表面工程技术并通过使用新材料、新工艺，对平地机传动系统、液压系统及工作装置等结构中的多种典型零部件进行了再制造；根据零部件失效形式、损坏程度和工作情况，对失效零部件进行分类；运用新材料以及表面工程技术中的耐磨合金堆焊法、脉冲冷焊法、电刷镀工艺、氧乙炔火焰喷涂、氧乙炔火焰喷焊等工艺方法，对平地机中的导板、液压缸活塞杆、链轮、液力变矩器齿轮箱体、变速器箱体、齿轮套、液力变矩器的连接套、车轮轴等多种零部件，按照失效情况不同，选择不同的表面处理方法进行了再制造。

在再制造技术方面，针对工程机械零部件的服役环境和承载工况，采用有限元数值模拟和实验应力分析技术，研究机械零部件所承受的工作载荷、应力及变形变化规律、应力集中变化特征；通过磨损、疲劳及腐蚀试验方法研究机械零部件服役期间材料性能的变化规律及影响因素；采用失效分析理论及方法，研究机械零部件的损伤、失效及破坏机理及影响因素；采用损伤与力学理论结合的方法，评估机械零部件服役后的综合性能，评定再制造的可行性及附加值；采用磨损、腐蚀及疲劳寿命评估理论及方法，建立工程机械零部件损伤及剩余寿命评估理论及方法、关键零部件损伤与剩余寿命评估基本原理和模型，简化快捷剩余寿命工程评估技术，并实现对典型零部件再服役使用性能和剩余寿命的预估。

进行再制造产品表面质量评价技术研究，研究表面强化涂层的化学成分、金相组织、耐磨性和结合强度等，对再制造表面涂层的各项技术指标进行综合评定。

从技术、经济、环境等方面对产品进行再制造性分析，构建产品再制造性评价模型，形成再制造性评价方法和评价软件。

4. 工程机械行业结构调整成为再制造的切入点

工程机械行业结构调整和优化升级，是工程机械行业“十二五”规划的重点之一。在行业“十二五”规划的“发展重点及主要任务”中明确提到：“大力推进旧工程机械产品回收再制造工程，在‘十二五’期间，首先建立6个或7个工程机械再制造基地，特别是大型企业集团生产的产品，在市场上流通使用的数量已经很多，有的已经快到寿命期，这些大型企业集团应该担当起工程机械再制造的重任。”把再制造作为企业结构调整和优化升级的切入点，恰逢其时。

11.3.2 我国工程机械行业再制造企业发展基本情况

1. 天津工程机械研究院

天津工程机械研究院是我国工程机械领域最早进行机械零部件再制造研究的

科研院所之一。2005年，“中国工程机械工业协会第四届二次会员代表大会暨第十一届工程机械发展高层论坛”上提出了工程机械再制造理念。天津工程机械研究院在充分分析国内外工程机械技术发展状况和趋势的前提下，将绿色再制造作为研究院重点科研发展方向之一。从2006年初开始从事工程机械再制造工作，与北京装甲兵工程学院装备再制造技术国防科技重点实验室合作，在退役工程机械产品再制造领域进行了许多开创性的研发工作，完成了我国首台平地机的整机和零部件的再制造，2009年经工业和信息化部批准成为第一批机电产品再制造试点企业。同年，该研究院与天津大学建立了天津工程机械研究院再制造中心，致力于深入研究工程机械再制造关键技术，引领再制造技术发展。

天津工程机械研究院利用多年基础件（包括传动液压部件等）研究、工程机械材料研究、表面工程技术研究，以及零部件检验、检测等方面的优势，对工程机械合理用材、铸铁冷焊、耐磨合金堆焊、异种钢焊接、刷镀工艺和材料、尼龙喷涂、铜材减量化、工程机械易损件修复等进行了研究，并取得了阶段性突破，已申报11项具有自主知识产权的再制造技术专利，形成了7项再制造企业标准和近20项再制造工艺流程。

天津工程机械研究院正在开展的再制造关键技术研究有：工程机械再制造理论研究和基础研究，包括再制造毛坯的检测技术和质量评价研究；工程机械典型零部件疲劳寿命分析、剩余寿命评估理论及方法研究；关键零部件再制造工艺研究，针对工程机械关键零件的失效情况和技术要求，通过试验和经济分析，确定最佳的表面工程技术方法、涂层材料和再制造工艺参数；采用基于电化学测试方法的诊断技术、超声无损检测技术、磁记忆技术等进行再制造件的检测分析与寿命预估等。

2. 武汉工程机械再制造产业基地

武汉市积极策划实施汽车零部件再制造、工程机械再制造、激光再制造装备及工程化应用项目。2008年以来，武汉千里马工程机械再制造有限公司、武汉泰天工程机械再制造公司均争取到了中央财政预算内投资。2010年5月18日，武汉千里马工程机械再制造有限公司完成工程机械整机与零部件再制造项目一期工程，建立了再制造的生产、资源回收、产品质量保证、产品信息管理、市场营销及技术开发等六大管理体系。目前已具备挖掘机整机再制造200台/年，挖掘机零部件再制造200台套/年的生产能力。该项目的第二期工程已经展开，将建成华中地区最大的工程机械再制造研究院及再制造培训基地。2011年，该公司申报激光再制造装备及服务试点、工程机械旧件回收和再制造产品销售网络试点。目前，武汉市的工程机械再制造项目已取得了阶段性的成效，其2011年工程机械销售、服务及再制造产值超过18.5亿元。临工、柳工、三一重工、徐工、龙工、中联重科、卡特彼勒、厦工等多家大型工程机械装备再制造企业准备落户武汉。到2015年，武汉工程机械再制造产业基地总产值将达到50亿元，完成税收2亿元；工程机械再制造整机产品，在全国同类产品市场的占有率将达到10%以上；通过再制造产品生产，实现年节约钢材9万t、节水约27万t、节能4.5万t煤、减排16.5万t二氧化碳。

3. 广西柳工集团西南再制造中心

2009年5月，广西柳工集团有限公司启动了西南再制造中心项目，先期投资1.2亿元，建设8L以上柴油机再制造基地及西南地区技术培训中心；而后向工程机械液压系统的液压泵、液压阀、液压缸、液压马达等零部件再制造过渡，最终将推进装载机、挖掘机等各类工程机械整机的再制造。2011年，投入7 000万元建设零部件再制造基地和整机再制造中心。目前，柳工的再制造产品主要包括装载机的变速器、液压阀、液压缸、驱动桥、液压泵、制动元件、传动轴等高附加值零部件。到2012年，柳工零部件再制造产品的产值可以达到8 600万元，再制造整机520台，从而使柳工再制造产品的市场化率达到配件份额的5% ~ 10%。柳工发展再制造有诸多优势：一是柳工具有自主知识产权的零部件设计能力、先进的零部件加工制造能力、完善的配件支持；二是再制造采用纳米电刷镀修复、绿色清洗、磁粉无损检测等先进的特殊制造工艺技术。柳工西南再制造中心利用与配件业务签约的近100家经销商，逐步实现与全国500多个网点的整机销售网络并轨。2011年，柳工再制造业务实现销售额2 000万元。预计2015年将实现销售额2.5亿元，对内形成门类齐全的再制造技术以提升再制造工厂的能力，对外形成系统的整机再制造技术并全面支持经销商的整机再制造业务。

4. 长沙中联重工科技发展股份有限公司再制造中心

2009年12月，中联重科被工业和信息化部列为工程机械再制造首批试点企业。作为有国家科研院所背景的中联重科，近年来发展迅猛，它的再制造中心起步较早，并已形成初期业务模式和一定规模。中联重科再制造中心位于长沙高新开发区产业园，结合社会责任、公司经济效益与目前对再制造设备低认可度的现实，中联重科再制造中心的发展以客户需求为导向，以混凝土机械零部件的再制造为突破口，致力于打造“技术成熟、整机应用、品种多样、批量形成、产业发展”的国产工程机械再制造品牌。

目前，中联重科再制造业务已经形成独特的学科体系，包括再制造工程技术、再制造工程质量控制、再制造产品的物流管理等，通过遍布全国乃至全球的服务体系和回收体系，来实现关键零部件和整机的回收，并形成了独具特色的再制造产品独立销售体系，提供“新品”般的服务。未来，中联重科将继续加大再制造技术的研发力度，努力开拓灵活多样的再制造设备流通渠道与销售方法，大力发展工程机械产品再制造的类别，进一步完善旧件回收机制，力争成为我国工程机械再制造市场的领跑者。

5. 三一重工股份有限公司再制造发展情况

2010 年 9 月，三一重工首台再制造泵车成功下线，标志着三一重工再制造进入一个新的发展阶段。作为一家被工业和信息化部列为首批工程机械产品再制造试点企业的民营股份制企业，三一重工为再制造行业的多样化提供了成功的案例。三一重工计划在迁安区域建设再制造中心，总投资 2 亿元，主要建设挖掘机再制造车间、仓库，承担泵送、挖掘等三一重工系列产品的再制造；在襄阳投资 5 亿元建设工程机械再制造中心，销售额将达 10 亿元。三一重工将再制造项目在江西赣县首期投资 1 亿元，规划占地 50 亩，计划新建再制造车间、成品仓库、综合大楼设施（“前店后场”模式），主要负责三一重工各系列产品整机和零部件的再制造、销售、售后服务，以及配件的销售、售后服务。项目建成后，预计年再制造三一重工各类工程机械 250 台以上，年销售各类工程机械 300 台以上，销售收入将超过 3 亿元。三一重工工程机械整机及零部件再制造还将在牡丹江、安康建立基地。

2011 年 4 月，三一重工与衢州经济开发区管委会签约年产 200 台各类工程机械再制造项目，总投资 1 亿元，征地 25 亩。衢州基地主要负责其挖掘机、起重机械、路面机械、混凝土泵车系列产品整机和零部件再制造；安康基地将通过先进的清洗、修复和表面处理技术，使废旧的工程机械达到或接近与新品相同的性能，以实现节能、节材和环境保护的目标。

6. 徐州工程机械集团有限公司再制造发展概况

2010 年 10 月，徐工集团开始通过控股子公司徐州重型机械有限公司，投入 6.2 亿元实施起重机再制造项目，其中固定资产投资 4.7 亿元，项目建设期为 24 个月；项目完成后，预计新增销售收入 8.3 亿元、净利润 1.4 亿元。另外，徐工集团挖掘机再制造中心建成后，将配备挖掘机再制造行业较为先进的设备，配置企业优秀的人力资源，以确保再制造中心在发动机、液压件、电控等方面的维修和再制造能力；再制造中心投产后，每年可达到500台以上的挖掘机翻新与再制造能力。

7. 四川成都“工程机械再制造基地建设项目”

2011年6月，四川成都成工工程机械股份有限公司在成都浦发工业园建设“工程机械再制造基地建设项目”，总投资5.85亿元，预计年产值25.2亿元。

8. 工程机械维修与再制造分会

为了引导工程机械再制造业的健康发展，中国工程机械工业协会适时地调整了下属分会的职能，以适应再制造产业的发展，原工程机械维修分会更名为“工程机械维修与再制造分会”，2011年10月26日民政部给予了批复。

11.3.3 工程机械再制造标准体系的建立

为了使工程机械再制造产业有序和规范地发展，保护消费者的权益，中国工程机械工业协会于2010年8月在北京召开了工程机械行业标准制定研讨会，会议决定，由天津工程机械研究院和中国工程机械工业协会学术工作委员会负责并组织制定工程机械再制造标准。

2010年11月11日，中国工程机械工业协会在天津召开“工程机械再制造标准工作研讨会”，工业和信息化部节能与综合利用司综合处领导与会指导。参与起草编写的企事业单位共11家，分别为：天津工程机械研究院、徐州重型机械有限公司、长沙中联重工科技发展股份有限公司、三一工程机械再制造有限公司、广西柳工机械股份有限公司、卡特彼勒（中国）投资有限公司、武汉千里马工程机械再制造有限公司、山推工程机械股份有限公司、厦门厦工机械股份有限公司、中国工程机械工业协会维修与再制造分会、中国工程机械工业协会学术工作委员会。会议决定先期制定《工程机械零部件再制造术语》、《工程机械零部件再制造产品标识》和《工程机械零部件再制造通用技术要求》等三个标准。

2011年2月3日，中国工程机械工业协会下发《关于工程机械再制造标准工作安排的函》，同意制定《工程机械零部件再制造术语》等三个标准。

2011年9月1—2日，中国工程机械工业协会在天津召开“工程机械再制造标准工作审核会”，参加会议的11家企事业单位和专家对送审稿进行了现场修订，通过了三个标准的报批稿。

在《工程机械零部件再制造术语》标准中，规定了工程机械零部件再制造的术语及其定义，共计21项。标准除了对再制造内涵和定义作出规定外，还对“工程机械零部件再制造产品生命周期”（lifecycle of construction machinery component remanufactured product）、“工程机械零部件再制造性”（construction machinery component remanufacturability）、“工程机械零部件再制造性评估”（construction machinery component remanufacturability assessment）、“剩余寿命预估”（estimate of remaining servicelife）、“无损检测”（nondestructive testing）、“失效分析”（failure analysis）等作出了规定。

图 11-1　再制造标识

在《工程机械零部件再制造标识》标准中，规定了工程机械零部件再制造产品标识的术语、定义、内容、要求、方式等，规定只要是工程机械再制造的产品，就必须执行该标准，标注再制造标识（图 11-1）。

在《工程机械零部件再制造通用技术要求》标准中，规定了工程机械零部件再制造产品的一般要求和通用技术要求等内容，并规定了再制造工艺流程，如图 11-2 所示。

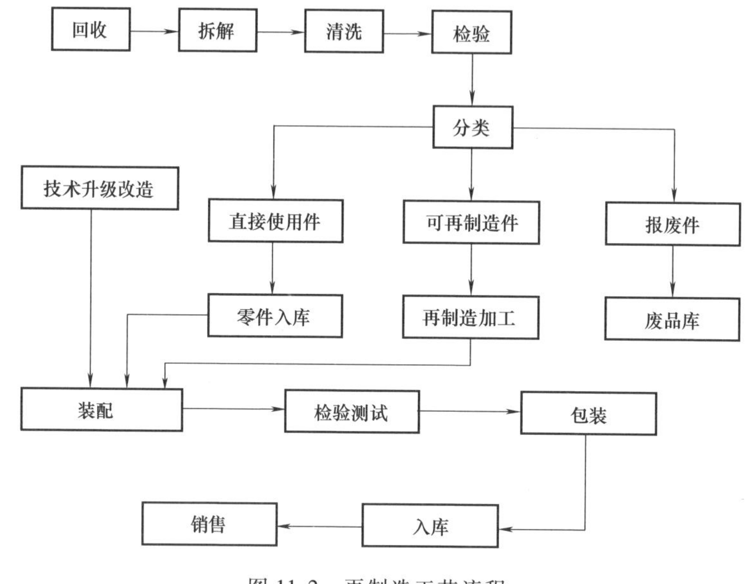

图 11-2　再制造工艺流程

2011 年 11 月，以上三个标准由中国工程机械工业协会正式批准实施。三个标准的制定，对行业再制造后续标准的制定起到了示范和引导作用。

11.4 工程机械再制造值得关注的问题与建议

11.4.1 值得关注的问题

1. 增强对工程机械再制造的舆论引导

工程机械再制造一方面为行业可持续发展提供了新的动力，另一方面也体现了工程机械行业对自然资源的珍惜，以及对人类生存环境现状的自我觉醒。

把绿色制造、再制造产业提升到人与自然和谐共存、和谐发展的人文层面的高度上来认识，既要重视可持续发展的实践，又要在环境意识和生态伦理上加强舆论引导。人类对大自然强力征服、无序索取而无视对环境的污染和对生态的破坏，这样的时代已经过去。

这样的认识，还要延伸到对工程机械再制造产品终端用户的消费意识和对消费文化的培育及引导，改变用户的一次性消费观念，提高用户对工程机械再制造产品的认同程度，培育绿色消费理念。

2. 建立退役工程机械产品评价体系

退役工程机械产品评价体系的建立，是再制造回收和逆向物流的关键技术支撑之一。建立有效、定量、快捷的退役工程机械零部件损伤和剩余寿命评估技术及方法，是控制再制造产品质量的关键。应尽快建立可操作的退役工程机械产品评价体系，以适应再制造市场的现实需求。

在加强退役工程机械产品评价体系共性技术研究的同时，还要注重退役工程机械产品评价的人才培养和队伍建设，并可试点组建第三方回收评价机构。

3. 构建退役工程机械产品回收渠道

工程机械产品的社会保有量已超过 500 万台，构建退役工程机械回收渠道已成为亟待解决的大问题。目前，我国退役工程机械回收尚未建立规范的整机和零部件自由流通市场，从事工程机械再制造的企业都遇到回收渠道不畅的瓶颈，严重制约了再制造企业的健康发展。只有构建有序、规范、开放的退役工程机械产品自由流通市场，再制造企业才能摆脱回收渠道不畅的困境。现阶段，我国工程机械再制造全部围绕以旧换新业务展开，难以形成批量优势，因此难以满足生产和市场的需要。

应发挥代理商在工程机械再制造产业链中的主体作用，因为代理商直接面对用户，对用户使用产品的过程有更直接的了解。但目前，代理商对再制造技术了解不足，难于评估符合工程机械再制造市场需求的产品。代理商在回收过程中的利润分成操作尚不规范，使得代理商开发市场的动力不足。所以，制定退役工程机械产品回收和评估标准，激励代理商在逆向物流中的积极性，也是构建废旧工程机械回收渠道的重点工作之一。

4. 加强工程机械再制造关键与共性基础技术研究

工程机械再制造关键与共性基础技术的研究和应用，是再制造产业发展的技术支撑。建立完整的再制造产业技术支撑体系，需要相关主管部门和行业协会各方的共同推动，充分发挥相关试点企业、科研院所、高等院校等的优势，加大对工程机械再制造关键与共性基础技术的研发力度，加快产业化应用步伐，进一步缩小与世界先进水平的差距。开展再制造关键与共性基础技术研究和应用，具有巨大的现实意义，建立具有中国特色的再制造理论体系也将成为再制造科研人员的光荣使命。

在再制造关键技术方面，零件尺寸恢复法是由我国在国际上率先提出的，而且具有自主知识产权。应加强再制造先进表面工程技术体系的创新研究，加强纳米表面工程技术和自动化表面工程技术研究，使再制造零件表面涂层的强度更高、寿命更长，确保再制造产品质量达到或超过原型新品，使工程机械再制造产品成为用户信得过的产品。

5. 加强工程机械再制造成套技术的研发、应用和推广

工程机械再制造是先进绿色制造的组成部分，它既有一般制造业的通用属性，又有自身产业链运作的技术个性，不同机种对再制造技术又有不同的需求。目前，我国在工程机械再制造单项技术研究方面取得了初步的成果，例如正在开展的再制造毛坯的质量评价和产品资源化评价、退役零部件的无损拆解与清洗、再制造工艺研究等项目已取得了阶段性成果。然而，距离把量大面广、具有再制造前景的工程机械整机和零部件再制造技术整合起来，向再制造企业提供成套技术与装备，使其形成工程机械再制造产业链的目标，还有较大的差距。因此，加强工程机械再制造成套技术的研发、应用和推广，成为再制造产业发展的当务之急。

6. 工程机械再制造标准体系的建立及知识产权保护

我国工程机械再制造标准的制定工作，在中国工程机械工业协会的领导和组

织下已初步展开，并对构建工程机械再制造标准体系作出了初步安排，而且在国家层面也已启动了工程机械再制造标准的制定工作，这是一个较好的开端。工程机械再制造标准制定和知识产权保护是密不可分的，它对我国再制造产业技术进步和国内外市场竞争能力的提升等方面，都具有现实意义。我国工程机械再制造产品市场巨大，未来的国际市场也是可以预期的，使得再制造标准制定和知识产权保护的重要性和迫切性日益凸显。

支持行业协会、相关企业等制定退役零部件回收和再制造质量标准；完善产业发展的法律责任制度，引入生产责任延伸制度，设立再制造企业准入门槛，加强对再制造各环节的监管；鼓励出台促进再制造产业发展的地方性规范性文件，尽快形成完整的标准体系。

11.4.2 建议

1. 建立工程机械产品退役制度

建立工程机械产品退役制度，是解决再制造产业链源头的关键问题，是工程机械再制造毛坯具有可再制造性和再制造价值的政策保证，并能使工程机械用户在施工期间始终保证机械设备处于高效能状态。这是有利于国家、企业和用户的多赢举措。

建立工程机械产品退役制度，就是要建立科学的退役工程机械产品市场退出机制，改变目前消费者对工程机械过度使用的习惯，使工程机械再制造产业链得以正常运作和可持续发展。

2. 实现退役工程机械产品逆向物流的规范化、制度化

为促进工程机械再制造产业健康发展，国家制定发布了《再制造产品目录》，研究了对列入目录的再制造产品的财政税收优惠政策，推动银行业金融机构为再制造提供信贷、担保等投融资服务，这对促进再制造产业发展起到了极大的引导和示范作用。目前，退役工程机械产品逆向物流的规范化、制度化尚处于起步时期，尤其是确定退役产品回收过程增值税中的销项税额还有一定的难度，成为影响工程机械再制造产业发展的又一重要因素。

3. 把工程机械再制造产品纳入政府采购目录

国家应鼓励政府机关、事业单位、国企施工企业优先采购再制造产品，把工程机械再制造产品纳入政府采购目录。加大宣传力度，广泛宣传工程机械再制造在节约资源、保护环境中的重要意义。通过综合的财政、税收、金融、价格等激

励政策，引导广大用户和消费者踊跃使用工程机械再制造产品。

4. 在招投标中应对工程机械再制造产品一视同仁

加快工程机械再制造产品进入流通市场，在机械设备、工程施工等招投标中，再制造产品应与新产品具有同等资格，不应受到歧视。

5. 建立工程机械再制造技术国家重点实验室

为加速科技创新，发挥行业科研单位的科技引领作用，加强再制造关键技术、共性技术攻关，应支持建立工程机械再制造技术国家重点实验室，开展关键技术的推广和产业化示范应用，支持科研院所和企业联合组成战略联盟，开展工程机械再制造的绿色设计，走出一条具有中国特色的工程机械再制造产业化发展之路。

6. 在政府指导下，充分发挥各方面的积极性

工程机械再制造产业在我国尚处于初期发展阶段，再制造产业化有赖于国家政策的规范、指导和激励，为了使再制造产业能够健康发展，应发挥各方面的主动性和积极性。

1）发挥工程机械行业协会在再制造产业发展中的组织、协调和引导作用，发挥其对再制造产业规划、示范和再制造标准制定等方面的作用。

2）发挥再制造企业的主体作用。对制造企业而言，要提高制造与再制造的互补性的认识；对单一从事再制造的企业而言，应加强对再制造标准的认识，增强社会责任感。

3）发挥科研院所的技术支撑和技术辐射作用，加快工程机械再制造共性基础技术研究与成果推广，加快工程机械再制造标准体系的构建以及再制造示范工程的实施。

4）发挥并激励工程机械再制造产品用户群体的消费积极性，从消费理念和消费文化上，改变一次性消费的传统观念，增强用户对再制造产品的认同感。

5）发挥工程机械代理商在产业链中的驱动作用。代理商直接面对用户群体，在退役工程机械产品回收、再制造产品销售等再制造产业链中起着不可或缺的作用，代理商理所当然地是工程机械再制造产业链的驱动力。

6）发挥再制造中介机构的桥梁作用。再制造中介机构应以公平、公正、公开为宗旨，为再制造企业和用户之间搭建信赖的桥梁，并充分发挥在退役产品评价、质量评估等方面的作用。

第 12 章

我国工程机械国际化战略及重点企业

国务院、国家发改委、商务部等十部门联合发布的《关于促进战略性新兴产业国际化发展的指导意见》（商产发［2011］310号），就促进战略性新兴产业国际化发展提出了指导性意见，并提出了战略性新兴产业国际化发展目标，要求通过政府引导、上下联动的方式，力争到“十二五”末期，战略性新兴产业国际分工地位明显上升，国际化主要企业竞争力显著增强，全方位、多层次的国际化发展体系初步形成。国家政策应大力支持国际化示范基地的建设，培育国际化领军企业。

目前，我国工程机械行业企业在运营机制、兼并重组、人才战略、国际化产业分工、产品发展技术路线与品牌建设等方面，正面临着国内外市场竞争压力和进出口贸易中不利因素的制约，突出重围、走国际化发展战略路线已势在必行，这也是工程机械行业进行产业结构调整、转型升级的客观需要和必然选择。此外，我国工程机械行业已具备较好的发展基础，国际化发展空间前景广阔，机遇适宜，应尽一切努力，推进国际化发展战略。

12.1 我国工程机械已面临国际化市场发展环境

12.1.1 我国工程机械产业和市场已处于国际化发展格局

工程机械是我国装备制造业开放早、力度大的一个行业。自20世纪90年代以来，工程机械市场与产业进一步加快了开放发展的步伐，在招商引资政策与相应政绩考核的驱动下，各部门、各地方大力引入外资项目，国际工程机械行业知名品牌纷纷落户我国。2011年，外资品牌规模以上企业数量已占我国工程机械行业企业的1/3，国际品牌产品在我国的产销量不断上升，有的产品已占绝对优势，如液压挖掘机外资品牌的产销量目前仍占本行业的55%，电扶梯产品销量达到70%以上，其他工程机械产品在我国本土市场的占有率也达到20%～50%不等（包括从海关直接进口的产品）。我国本土就是一个竞争激烈的国际化市场。另外，在国际工程机械制造产业向我国市场转移的影响下，工程机械零部件制造业除直接进口量不断上升以外，近年来，外资公司也加快了在我国兴办独资、合资企业的步伐，包括专业性强和技术含量很高的关键零部件，也开始在我国兴办多个研发与生产基地，竞争激烈。在这种形势下，业内人士都认为我国已是国际工程机械发展的主要产业基地和国际化大市场。因此，今后企业的发展战略必须顺应国际化的发展趋势，否则，从长远发展来分析，继续热衷于同质化、低水平、低价竞争的企业，迟早要被市场淘汰或被兼并重组，这样的例子历历在目。近几年来，只要坚定不移地贯彻国际化发展战略，不仅特大型企业（如徐工集团、三一重工、中联重科、柳工股份等）大大拓宽了发展空间，中小型企业的产品（如抚顺永茂建筑机械有限公司的塔式起重机、中交西安筑路机械有限公司的路面机械、陕西航天动力高科技股份有限公司的液力变矩器、安徽惊天液压智控股份有限公司的液压锤、镇江液压件厂有限责任公司的全液压转向器等）也成为了国际上的知名品牌，提高了市场竞争力，为企业发展拓宽了国外发展空间。

12.1.2 部分产品和企业已开始融入国际市场，国际化战略势在必行

2011年，我国工程机械产品出口额已达159.09亿美元，同比增长53.8%，其中零部件出口额为54.56亿美元。但是，在零部件出口方面，我国并没有占据国际主流配套市场，主要是备品配件和“OEM”定制产品，两者的出口贸易额基本各占一半。在整机出口方面，出口额为104.53亿美元，同比增长56.68%，其中具有自主知识产权的品牌产品的出口额大约为70亿美元，约占整机出口额的67%。这类产品已开始进入国际中高端市场，其出口增长速度之快，促进了我国工程机械行业某些企业开始向外向性方向发展，这是我国工程机械行业走国际化发展战略道路的基础。另外，在我国工程机械行业，具有自主知识产权品牌的出口企业，在国际上的知名度也不断上升，其中年出口额超过1000万美元的企业已有43家，出口额超过1亿美元的企业有10家，它们在国外市场都有代理商和相应的合作伙伴，包括“OEM”合作伙伴，在当地均有一定影响。大型企业已开始在国外收购企业，在发达国家设立技术研发中心，在新兴经济体国家投资建厂，正向跨国企业的经营模式发展，为我国工程机械国际化发展打下了一定的基础，国际化战略发展方向已不可逆转。

12.1.3 新兴经济体国家市场是我国工程机械发展的历史机遇

21世纪以来，国际工程机械市场需求分布发生了根本性变化，由发达地区逐步转向次发达地区和新兴经济体国家。以液压挖掘机为例，2001年全球销售量为201 330台，其中在次发达地区和发展中国家的销售量为69 340台，只占全球销售量的34.44%。到2011年，液压挖掘机的全球销售量达到442 480台，比2001年增长了一倍多，其中在次发达地区和发展中国家的销售量达到309 770

台，占全球液压挖掘机销售量的比例增长到70%，增长幅度最大的是中国、印度、俄罗斯、巴西、东南亚、中亚等发展中国家和地区。最近几年，发达国家受国际金融危机的影响大，导致我国工程机械向美国、欧洲等地区的出口量逐渐下降，向发展中国家的出口量则逐年创新高。我们应该抓住这样的历史机遇，充分发挥我国与其他发展中国家之间的经济合作，扩大贸易额，使其成为我国工程机械行业国际化合作的重要伙伴。

12.1.4 工程机械制造业必须顺应全球经济一体化发展的大趋势

随着全球经济发展工业化与信息化的融合，资本流动加快，资源开发与产业分工越来越明显。工程机械行业也不例外，跨国并购大幕开启，国际工程机械制造业已进入优化整合阶段。

改革开放30多年来，借助国内市场需求的“顺风船”，以及国际跨国资本、产品技术、制造技术与管理理念的输入，成就了我国工程机械名列世界前茅的产业规模，形成了以中国、日本、欧盟、美国四足鼎立为主的国际工程机械产业格局，行业发展与竞争环境发生了根本性变化。国际竞争对手主要来自欧盟、日本、美国的跨国公司，新兴市场主要是新兴经济体国家和地区。为了顺应这种发展趋势，我国工程机械行业发展战略必须由以输入性为主向输出型转变，即实现资本输出、产品输出和技术输出，与发达国家展开面对面的竞争和合作，不断创新，提高在国际工程机械市场中的竞争水平，这样才能迎来我国工程机械行业发展的第二个春天。

12.2 国际化发展战略的基本思路

我国工程机械国际化发展战略，应借鉴发达国家国际跨国公司已经走过的60多年发展历程，探寻新时期的发展道路；同时，近十年来我国工程机械行业有些企业也正在向国际化发展转轨，本书调研并列举了18家企业的创新发展和面向国际市场的发展思路，详见本书附录D。这些企业以不同方式，从不同角度逐渐把产品推向国际市场，有些产品已具备一定的品牌效应。但是，国际化发展战略对于我国企业还是一个新课题，这18家企业探寻的道路各有特色，也有可能付出一定代价。展望未来，只有不断总结，不断吸取教训，才能不断向前推进。

根据国际跨国公司几十年来的发展模式和我国本土企业国际化发展的初步体

验，要充分实施我国工程机械行业国际化发展战略，必须做到以下七个方面。

12.2.1 练好内功，树品牌

目前，我国工程机械出口贸易中，大部分产品的名声不好，信誉不高，没有国际知名品牌，这是国际化发展的第一大障碍。所以提高产品知名度，树立品牌是我国工程机械国际化发展的首要任务，也是漫长的道路。

而品牌的树立不是一朝一夕能实现的。一是发达国家经过了几十年竞争的洗礼，其知名品牌产品的技术水平、质量、优化服务等方面已经深深扎根于用户；二是我国工程机械产品最近几年才在国际市场上崭露头角，认知度低，需要时间进行不断创新，扩大影响，提高知名度，需要企业在正确的技术发展路线上耐心地坚持下去，直至达到预期的目标；三是产品质量不稳定，有的甚至是低劣产品，这是影响我国产品信誉的最直接原因；四是我国工程机械低价恶性竞争现象已经发展到出口贸易，严重影响了我国工程机械产品的信誉。这些问题的改善，需要企业坚持不懈地练好内功，国家则应加强对外向性企业的管理和政策性支持，加强对名优产品的认证和宣传引导。商务部要充分发挥行业的力量，在技术层面上和法律法规方面加强对出口外贸的管理，加强对知名品牌的支持力度。

12.2.2 充分利用国际先进资源，提高工程机械制造产业链的综合技术水平

目前，我国工程机械制造产业链各个环节的发展水平很不平衡，突出反映在原材料及配套零部件方面。对影响整机研发技术水平的部分关键零部件，国家已经出台了相关扶持措施，现正在实施中。同时，还应该支持企业提高国际化优选采购的比例，加强国际技术合作，鼓励企业引进技术，收购和兼并知名品牌，稳定配套关系，避免陷入低价竞争的采购误区。例如，摩擦材料、非金属制品、密封件、轴承、液压元件、电子信息元件等都应该寻求国际上有信誉的知名品牌。如要实现本土化采购，一定要达到等效替代的目标，并加强与配套供应商的技术合作，这样才能保证整机产品质量，从而提升品牌效应。

12.2.3 精心培育国际化代理商，不断完善代理机制

国际工程机械市场环境千变万化，包括地区差别、文化意识、建设环境、法律法规、运行机制、对产品的需求特点和操作与管理人员的素质等。因此要开发

和稳定一个地区的市场，必须靠本土化的代理商来实现，因为他们具备人脉广、熟悉当地文化和市场的优势。

但是，寻求合格的代理商不是一件容易的事情，不少企业已经吃过亏、上过当。企业应通过我国各个层次的驻外与外贸机构及承担当地建设工程的业内人士，对当地代理体制进行充分的调研、考察，对当地工程机械产品的需求情况及习惯进行分析。有的地区有代理商委员会，如欧盟就有代理商推介委员会，通过代理商委员会，选择信誉好、能力强、有事业心的代理商，将对企业开拓该地区的市场起到重要作用。选择好代理商后，必须对业务人员进行双向培训，做好服务保障工作，同时要建立各种风险保障的法律与法规手续，在稳中求发展。

12.2.4 以资本输出收购国际知名品牌

综上所述，我国工程机械行业缺少国际知名品牌，而品牌建设又需要企业不断练好内功，不断创新，需要长时间的积淀，才能打造出一个知名品牌。但是，国际上对品牌的买卖转让时有发生，通过收购或兼并企业使品牌转移，是一条既便捷见效又快的发展之路，但必须要有承接能力，否则到手的品牌也有可能毁掉。

自2008年国际金融危机暴发以来，发达国家的许多企业陷入了经营困境，全球企业重组兼并频发。2011年，我国企业在海外并购的交易数量和金额创下了历史新高，交易数量达到207宗，交易金额达到429亿美元，遇到了从来未有过的历史机遇。

在工程机械行业，也出现了大型并购案例，如中联重科控股意大利西法（CIFA）公司的混凝土机械制造业，三一重工收购德国普茨迈斯特公司的混凝土制造业，徐工集团收购德国施维英公司的混凝土制造业。至此，世界混凝土制造业三大品牌都纳入了我国工程机械行业。柳工股份、中鼎股份、山东重工等企业也收购了海外的相关公司。但是对零部件的收购并不多，建议主机企业凭借资金实力，支持或控股相关零部件生产企业到海外收购对口公司，这样更有利于我国工程机械行业整体技术水平的提高。

当然，这种并购也充满风险，一是在文化价值观和技术层面上存在差异；二是以不发达地区的商业模式去兼并和管理发达地区的公司，需要沟通、融合、学习和适应，要在与国内不同的法律、法规环境中运行，因此兼并后的消化工作更加艰巨。但这是历史机遇，要鼓励和支持有能力的企业到海外收购有影响力的品牌，这大大加快了我国工程机械行业走向世界的速度。

12.2.5 加快在新兴经济体国家建设工厂的速度

21 世纪，工程机械市场的发展潜力主要集中在发展中国家，特别是新兴经济体国家，大规模基础设施建设、资源开发、房地产等行业，对工程机械需求的增长率呈两位数快速发展。这些地区与发达国家之间的贸易和货币政策的矛盾正在升级，相关法律、法规、税制等政策都要保护本国经济的发展，口岸对口岸的直接贸易优势逐渐削弱。在这种情况下，我国工程机械制造业与发展中国家的互利合作具有一定优势，利用国家的影响力，开启合作发展的大门。借此机遇，我国工程机械行业中已有 10 多家企业在印度、印度尼西亚、巴西、俄罗斯、南非、马来西亚及中亚等国家和地区兴办独资或合资企业，这对扩大在该地区的市场和提高服务水平具有重要意义。建议国家有关部门在信贷、项目审批、结汇、税收等方面给予支持。

12.2.6 走出去、请进来，培育国际化人才队伍

我国工程机械要走向国际化发展轨道，尽快培育国际化人才队伍是关键，包括能掌握国际前沿技术的创新研发团队、国际贸易与市场运作人才、跨国经营企业管理人才和资本运作金融人才等。

改革开放以来，工程机械行业通过产、学、研培育了一批具有一定创新能力的专业技术人才，但面临国际竞争的发展要求还远远不够，国际化人才的匮乏是当前许多外向型企业的发展难点。走出去、请进来，是最近几年少数企业为培育国际化人才闯出的一条新路子。

所谓走出去，就是要充分利用和发挥发达国家的技术优势和人才队伍，在海外建立研发中心，广泛吸收海外相关领域的高级人才，组建海内外技术合作与人才培育平台，达到既出成果又出人才的双向目标。目前，我国工程机械行业已有多家企业在英国、德国、美国、日本等国家和地区建立了产品研发与市场开发的相关研究机构，投入了大量资金，通过合作与交流，大大开阔了国际视野，提高了国际化运作能力。

所谓请进来，就是为了使本土企业更加适应国际化的发展要求，在企业管理、创新研发、产品质量管理、国际贸易等方面，聘请发达国家的专业人才（包括离退休人员）来华工作，对企业进行整改，以传、帮、带方式，提高本企

业的人才素质和业务水平。这样的案例已有多家企业运作，并取得了初步成效。

对于国际化人才的培养，建议国家有关部门制定相关措施和政策，并落实到企业。对国际化发展较好的企业，应给予政策和资金等方面的配套支持，建立国际化人才工程项目，提高可操作性。例如，有的地方政府，对企业外聘专家给予财政补贴，以减轻企业的压力，特别是发展中的中小企业，更是雪中送炭。

12.2.7 提高我国工程机械产品的海外展示水平

国际工程机械博览会，除了德国慕尼黑的 BAUMA、美国拉斯维加斯的 CONEXPO-CON/AGG 和法国巴黎的 INTERMAT 三大博览会以外，其他热点市场，如俄罗斯、巴西、中东等地区也相继举办了工程机械博览会，我国工程机械行业有关企业都积极报展参加。十多年来，我国参展企业及其产品技术水平参差不齐，虽然宣传了名优产品，显示了我国工程机械产品的风采，但也有劣质低价产品混杂其中，进行低价竞争，损害了我国工程机械产品的品牌形象。对于这种情况，应加强规范管理，即鼓励知名企业和名优产品出展，同时抑制低价恶性竞争蔓延到国外市场。根据多年的参展情况，建议由行业专家对参展企业进行评议，由行业协会和商务部联合备案，编制名优品牌参展目录。按此目录，建议恢复商务部、财政部关于出国参展宣传的财政补贴政策。这样可以不断提高我国工程机械企业和产品在国际市场上的信誉，有利于培育名优品牌，更有利于行业结构调整和转型升级的发展。

我国国际化发展重点企业简介详见附录 D。

第 13 章

政策性措施建议及企业发展战略提示

13.1 重大政策性措施回顾

2005 年 2 月，由国家发展改革委和科技部发布《国家重大技术装备研制和重大产业技术开发专项规划》，旨在从“十一五”后期开始，组织实施 10 项重大科技装备和 10 项重大产业技术项目，以国家重点建设工程为依托，集中研制一批重大技术装备，促进产业技术水平的提高，重点攻克一批共性和关键技术，带动产业结构调整和优化升级，提升产业的核心竞争力。工程机械全断面掘进机作为重大科技装备之一，在项目招投标、关键零部件进口优惠税率、企业技术改造等方面获得扶持，使得全断面掘进机从产品研发到制造国产化率逐步得到提高，从而使北方重工、上海隧道工程股份有限公司、中国铁建重工集团有限公司等企业形成了规模化生产能力。

2006 年 2 月，国务院发布《关于加快振兴装备制造业的若干意见》，系统地提出了振兴装备制造业的目标、原则、主要任务等，重点发展 16 项重大技术装备和产品，包括大型发电及输电设备、大断面岩石掘进机与盾构机等大型施工装备和铁路轨道交通建设装备等。工程机械 16 种大型施工机械列入发展目录，因此在工程机械重点技术研发中心建设、进口关键配套零部件的关税与增值税、依托工程及首台（套）政策等方面，国家发展改革委和财政部都给予了很大支持，有关高铁建设、核电、大型矿山开采、大型水利和隧道建设工程等所需大型施工与起重设备得到了快速发展，使用国产大型工程机械的比例不断上升，并有少量出口。

2006 年 3 月，在由国务院发布的《国家中长期科学和技术发展规划纲要》中提出，对装备制造业，要重点研发重大装备所需的关键基础件和通用部件的设计、制造与批量生产的关键技术。由科技部牵头，组织了相关核心部件及通用零部件的“创新合作平台”，对工程机械行业的电液自动换挡变速器、湿式制动驱动桥项目、回转支承、液力变矩器、工作压力大于 25MPa 的关键液压元件等进行创新研发。但是，由于没有建立起有效的协调机制，“创新合作平台”没有真正建立起来，只有液压系统与元件创新工作平台于 2011 年 10 月 18 日组建，目前已投入运作。

2009 年 5 月，由国务院发布了《装备制造业调整和振兴规划》。本规划制定了装备制造业的整体发展目标：提升国产装备国内市场满足率，巩固出口产品竞争优势，提高行业的基础配套水平；基本掌握高档数控装置、电动机与驱动装置、数控机床功能部件、关键部件等的核心技术；发挥增值税转型政策的作用，调整税收优惠政策，推进企业兼并重组，向品牌发展。在此政策延伸下，工业和信息化部提出了《产业结构调整指导目录（2011年本）》。国家鼓励和支持的大型施工机械有10项：机重30t以上的液压挖掘机、直径6m及以上的全断面掘进机、最大功率320马力及以上的履带推土机、额定载重量6t及以上的轮胎式装载机、最大起重量600t及以上的成套架桥设备（含架桥机、运梁车、提梁机等）、最大起重量400t及以上履带式起重机、最大起重量100t及以上全地面起重机、钻孔直径100mm以上凿岩台车、最大功率400kW及以上砼冷热再生设备、1m宽及以上铣刨机；关键零部件有：动力换挡变速箱、湿式驱动桥、回转支承等。国家发展改革委、商务部据此出台了《外商投资产业指导目录（2011年修订）》，工程机械协会为商务部编制了“十二五”进出口规划，一些产品成为装备制造业重点出口产品支持对象。

2010年1月，国务院关于《加快培育和发展战略性新兴产业的决定》正式发布，并在当月中共中央十七届五中全会上提出，要突破重点技术领域、强化核心关键技术研发，发挥国家重大科技专项的引领支撑作用，推动高技术产业做强做大。工业和信息化部出台了《机械基础零部件产业振兴实施方案》，提出把发展重心转移到基础技术、基础零部件、基础原材料方面来，逐步扭转我国装备制造业基础零部件产业发展严重滞后的被动局面。

以上宏观政策为我国工程机械行业的发展创造了良好的环境，但在行业发展和治理方面偏重于发展，忽略了治理。要使行业健康、快速地向集约化方面发展，必须将政策性引导和治理措施相结合，这样才能加快发展速度，提高发展质量。

13.2 政策性措施建议

13.2.1 政策性措施要点线结合

发展战略性新兴产业，要牢牢抓住研发体系和制造系统两条技术路线。工程机械高端制造涉及的学科门类多、关联性强，制造技术复杂多样，特种工艺盲点多，因此没有系统的科学态度，很难达到预期目标。我国航天工程技术发展得如此稳健，从系统研发到火箭升空，无论是在研发体系还是在每个制造环节上，都达到了极高的水平。工程机械行业应该学习航空航天行业的科学态度和创新精神。

在工程机械行业，政府的政策面偏重于抓产品，企业偏重于抓形象工程、抓盈利产品，都不重视系统技术路线。虽然有些产品研发成功了，但其中有些关键技术节点仍然依靠国外先进技术，其结果是主动权还是掌握在“别人”手里。例如在盾构机技术研发体系中，离不开使用者的参与和合作，离不开液压系统与电子技术的合作配套，要想真正提高盾构机的国产化水平，就要从政策措施方面建立起研发和制造体系的工作平台，按照盾构机的创新技术路线，把政策措施逐一落实到位。又如高压液压元件制造技术涉及毛坯材质、铸造技术、密封、特种工艺等，这些都是其技术难点，而这些技术难点不是一家液压件企业所能解决的，首先是因为产品研发离不开主机液压系统的创新，其次是由于制造技术受上游产业链的牵制。因此，政策措施只抓一家液压件企业或某一个产品，是无济于事的。建议仿效抓“成套”或“一条龙”技术攻关的经验，从研发和制造技术路线入手，攻克每一个技术节点；把这样的攻关平台纳入政策层面，进行市场化扶持，使相关承诺企业有目标、有信心、有利润，只有这样攻关工作平台才会有凝聚力，政府指导才能发挥作用。

13.2.2　调整国家财政和产业政策的支持方向和支持力度

根据“调结构、转变经济增长方式”的指导思想，今后，支持工程机械高端产品的政策性发展资金（专项财政补助、技改贴息、发展基金和进出口减免税等）应主要用于规划认定的创新项目、创新工作平台、企业技术中心、行业共性基础技术研究及地区产业集群规划等方面。进一步细化工程机械产品进出口税则号编码，建议将关键零部件，如工程机械属具、动力换挡变速器、驱动桥、全液压转向器、高压液压泵与马达、电液比例阀等分别列出单独税则号；结合产业结构调整，将进出口政策扎扎实实地落实到工程机械核心技术的发展轨道上来，淡化对整机产品进出口政策的支持力度。将调结构，转方式的相关政策真正用到刀刃上。

13.2.3　抓好关键技术专项规划，组建实施工作平台（联盟）

发展高端装备，重点要抓好关键核心与基础技术。现在，宏观政策面已经把关键核心与基础技术创新提升为战略产业。发展高端工程机械，重点要抓好高性能材料研发与工程机械行业的技术对接、高端液压系统、节能环保型动力及传动部件等关键核心技术。目前我国在这些关键技术的国际竞争中处于劣势，如果没有国家专项支持，完全靠市场去推动，要想达到与国际品牌一争高下的水平，只靠单个企业的力量是很困难的。为此，建议做好以下专项规划，并以规划思路组建协调发展平台（联盟），联盟成员之间建立市场供需对接的关系，将联盟中攻关的技术难点和所需进口的关键设备纳入政策性计划加以支持。

1. 编制工程机械特种钢材需求与实施规划

针对我国钢铁行业产能过剩，目前正在加快实施产业结构调整措施的有利时机，大力发展优质与特种钢材，更新设备，创新熔炼轧制工艺，与高端装备制造业对接。这是我国工程机械最好的发展机遇，有的钢铁企业已经开始服务上门，行业内由过去的“有什么钢就用什么钢”的局面转向以需方为主的发展模式。但是，钢铁行业与工程机械制造行业毕竟横跨两个行业，需要由政府来引导，组织由主要企业参与的创新联盟和市场对接机制，完成如下工作：

1）组织编制工程机械高强度钢材创新发展规划和项目实施平台。

2）组织编制齿轮钢材的创新发展规划和项目实施平台。

3）组织实施叉车门架型钢精密轧制规划。

4）组织实施耐磨耐蚀钢板的研发规划。

2. 编制海洋工程施工机械专项发展规划

海洋工程是国家战略性新兴产业发展的重要组成部分，然而我国海洋工程建设用的施工装备都被发达国家垄断，这些装备在国内的研发制造正处在起步阶段，其研发制造及施工工艺涉及多种特种技术、特种材料，并且涉及与其相关的部门的技术与管理，需要政府统一组织和协调。为此，建议首先组织实施海洋工程机械发展规划的编制，落实科研专题，并按市场机制落实承担企业，这样才能把国家政策和配套资金落实到位。

3. 编制高性能球墨铸铁发展规划

研发高强度、高韧性、耐蚀球墨铸铁件熔铸工艺，解决关键零部件的壳体和液压件毛坯铸造问题，根据市场需求编制实施规划，落实有关措施。

4. 进一步改善液压件创新平台的工作机制

按照高压系列液压元件制造技术路线，由政府引导编制项目实施规划，组织由主机行业、关键液压件制造及相关配套技术企业、研究机构组成的创新研发平台。

5. 创新发展工程机械新型发动机

加强重点工程机械企业与发动机企业的技术对接，充分利用内燃机行业现有的技术资源和基础，根据工程机械动力的技术特性，落实工程机械重点配套动力的试验研发基地，建立工程机械发动机的试验中心。

6. 研发高性能回转支承，为高端装备配套

研发回转支承毛坯熔铸与轧制新工艺，落实供求关系，以彻底解决与盾构机、风力发电机、液压挖掘机、工程起重机等产品配套的高端回转支承毛坯的质量问题。

13.2.4 提高产、学、研用研发水平

对工程机械重大装备创新发展，要组织“产、学、研、用”为一体的研发机制，特别是大型专有技术施工工程，如地铁隧道、大型基础工程、海洋工程等施工装备的研发，包括液压元件的研发，没有使用者加入的研发机制是不完善的。因此，建议由政府引导或牵头，把相关技术资源纳入研发体系，并提供自主研发的政策支持，化解风险，使用户放心，使制造者有积极性。

13.2.5 支持产业集群发展

配合地方政府，从规划入手，支持以龙头企业为主的产业集群基地的技术升级，整合企业，提高规模和流程效益，降低消耗。

13.2.6 加强国际化战略

继续支持企业实行“走出去”的发展战略，巩固和开拓国际市场，大力开展国际化合作和企业兼并收购，提高企业国际化指数；落实商务部关于工程机械产业进出口规划的有关措施。

13.3 加强工程机械市场准入管理

在我国装备制造业中，工程机械产业已发展成为营业收入近 5 500 亿元的大产业链，在国际工程机械行业中规模名列世界第一位，其生产量和消费量越来越大，产品出口到世界各地。工程机械行业所消耗的钢材、燃料等资源及产品在使用过程中发挥出来的不同社会效应，包括产品的经济性、安全性、有害污染物的排放、操作的舒适性等，已引起了社会各界的广泛关注。人们普遍认为，不断完善和提高产品市场准入标准与管理水平，对国民经济产业结构调整，加快转变经济增长方式具有十分重要的意义。20 多年来，针对工程机械行业市场竞争中出

现的问题，有些人认为工程机械产品可以仿效汽车类产品，实施市场准入管理机制，以达到净化市场的目标；也有些人认为，实行市场准入管理机制将有损于公平竞争，有碍于行业发展。虽然这两种观点都有一定道理，但根据工程机械市场发展中实际出现的问题分析，两种观点又都有缺失的一面。为此，我们根据本行业的发展现状，对工程机械产品市场准入与管理问题作了尝试性分析，并从中得到了一些启示。

13.3.1 工程机械市场准入与管理研究的必要性

1. 工程机械不仅是我国的支柱产业，更是支撑国民经济建设发展的战略装备，必须建立产品市场准入标准

近几年来，在高速公路建设、高速铁路建设、桥梁、城市轨道交通建设、大型环保工程，以及冰雪灾害、汶川和玉树地震及舟曲泥石流等抢险救灾中，工程机械发挥了巨大作用。但其中也有少数工程机械装备因质量等问题，频频出现故障或功能不到位的情况，延误了建设工期或抢险时间和机会，有的装备甚至不得不现场废弃。这说明工程机械产品的技术水平与质量，对国家重点建设工程、抢险救灾工程、民生工程等尤为重要，特别是对于核电工程、国防建设、高速铁路建设等，如稍有不慎，将会造成不可估量的损失。因此，对进入市场的工程机械产品应该负起历史责任，把好入市关，确保安全可靠，使用户满意。

2. 工程机械产业链规模越来越大，提高产品市场准入门槛，走集约化发展道路势在必行

我国工程机械有 20 大类 100 多个机种，是世界上工程机械产品拥有量最多的国家，也是消耗量最多的国家。据不完全统计和测算，我国目前正在使用的 14 种现役主要机型已达到 500 多万台，其中电扶梯 160 万台、叉车 110 万台、液压挖掘机 105 万台、推土机（73.5kW 以上）8 万台、装载机 140 万台、平地机 3 万台、推铺机 1.7 万台、压路机 12.3 万台、轮胎式起重机 20 万台、塔式起重机 25 万台、混凝土搅拌运输车 13 万台、混凝土泵车 3.3 万台、混凝土拖式泵 6 万台、混凝土搅拌站 3 万台。这些产品的技术指标、作业效率及其对资源的消耗和环境的影响，都有较大差异。大体上可将其分为高端、中端、低端三类，其中大部分是中低端产品。与高端产品相比，中低端产品能耗高、故障多、工作效率低、大修期寿命短及维修备件消耗量大，以牺牲环境和过量消耗资源为代价，这种生产和发展模式亟待改善。根据国家“调结构、加快转变经济增长方式”的发展战略，要鼓励创新，不断淘汰落后。因此，政府的职能部门应从法规、标准、机制方面不断提高产品的入市标准和市场管理水平，对工程机械产品进行常态化执法管理，促进大部分产品向高端技术发展，走集约化发展道路。

3. 国际市场竞争环境恶化，市场准入成为国际贸易的壁垒

自2008年国际金融危机发生以来，其对实体经济发展的不利影响至今仍在继续，未看到明显复苏迹象，导致各国贸易保护主义抬头，不断提高贸易门槛，外贸壁垒越来越多。工程机械与其他产品一样，在国际竞争中，发达国家不断提出安全、环保、节能等方面的法规和标准，用反倾销、自主知识产权保护本国企业。国际市场竞争环境，就是一个没有硝烟的“战场”，这种发展趋势已不可逆转。因此，不断提高工程机械产品市场准入标准，加强法规管理，提高“中国军团”的素质，是客观形势发展的紧迫要求。

4. 与时俱进，不断提高工程机械市场准入水平，是抑制低水平、无序竞争状态的必要手段

改革开放以来，我国标准化体制改革与制定、修订工作没有跟上国际同行业的发展步伐，没有与时俱进地不断提高产品的市场准入门槛，为低水平重复生产提供了宽松的环境。企业为了抓住市场，也不得不参与到低价产品竞争的行列中来，从而影响了企业创新发展的积极性，使行业的资源消耗、效率、对环境的影响、节能技术等难以改善和提高。只有与时俱进，不断提高市场准入门槛，才能尽快促进行业转轨发展，实现中央提出的“调结构、加快转变经济增长方式”的目标。

5. 工程机械市场监管机制缺失，导致二手设备交易乱象频生

我国工程机械主要机型拥有量约为600多万台，因设备故障、质量等问题，闲置停运的设备占20%～30%。部分设备陈旧落后，能耗高、排放超标、安全无保障的设备依然在运行使用；交易过程中无鉴定标准，坑蒙拐骗、偷漏税现象时有发生；该淘汰或报废的产品，没有合理的机制令其退出市场。造成这种情况发生和蔓延的主要原因，就是缺乏常态化的监管机制，这种情况亟待治理。

6. 加快发展工程机械高端制造业，离不开市场准入与管理的鞭策

在国务院出台的《关于加快培育和发展战略性新兴产业的决定》中，高端装备制造业已被列入战略性新兴产业，其中包括工程机械行业的部分产品。然而在市场经济运行体制中，高端装备制造业的技术定位、产品定位、企业定位最终都要通过市场来体现。也就是说，只有推动市场向集约型、环保型、效益型、安全型方向转变，才能加快工程机械向高端技术方向发展。这与转变经济增长方式一样，只有规范了市场运行体系，实现法规化、制度化、常态化管理，与时俱进、区别对待，不断提高入市门槛，才能加快发展战略性新兴产业。因此，研究市场准入与管理，对发展战略性新兴产业意义重大，抓好市场准入与管理就等于抓住了“牛鼻子”。

13.3.2 对工程机械市场准入管理的建议

为了规范和净化工程机械市场，解决市场准入与管理中的问题，初步提出以下建议。

1. 首先应抓好产品的知识产权和生产资质认证两个源头

目前，国内工程机械行业新上市的产品技术主要有两个来源：一是通过测绘仿制而来；二是通过自主研发与更新换代而来。对于前者，要根据知识产权法完善侵权处罚条例，加大处罚力度；自主研发的产品，则应具备完整的设计任务书、设计计算书、试验报告和标准化体系等。

生产资质的认定，是社会主义市场经济产品入市的必要管理手段，也是向市场经济转型期的权宜之计。现在，我国工程机械行业只有特种设备具有资质认证的程序，其他产品经过型式试验、权威的质量监督与检测中心的检测后，只要达到相应的产品标准和设计任务书的要求，即可投入批量生产。但对企业最基本的生产条件、测试手段、质量保证体系、协作配套条件等重要环节，是否能满足批量生产要求，保持产品质量的一致性，缺少可信的认定。因此，建议在产品型式试验检测通过时，由本行业专家组，按规定的验收标准，协助地方政府、技术与质量监督机构对产品进行认证，认证通过后，方可实施批量生产和销售。这样可以控制一部分低水平、同质化的产品入市，也可避免形成“一哄而起”的发展局面。

2. 加快行业标准化工作体系管理向行业协会转移

加快标准化体系的改革与发展，是发展社会主义市场经济和国际贸易、国际技术交流，促进技术进步，改进和提高产品质量，加快转变经济增长方式的重要手段。政府应该把标准化体系建设作为重要政务来抓，加大财政支持力度，对现行的标准进行清理、整顿、完善和提高，使其成为法规。

我国工程机械行业标准化工作体系，是由计划经济和改革开放初期的“双轨制”经济在发展过程中转型而来的，一直没有得到政府的足够重视，直到1988年12月29日我国第一次颁布了《中华人民共和国标准化法》，才开始有法可依；在标准化管理方面，改革开放以后，由归口管理逐步过渡到标准化管理委员会工作体制。标准化管理委员会由研究院所、生产企业、施工单位、高等院校联合组成，其秘书处仍挂靠在原归口单位。这一时期，恰逢各专业研究院所面临体制与机制改革，由事业单位转制为企业单位，走上以盈利为目标的企业发展模式，参与市场竞争。这种以盈利为目的的机构设置失去了公正性、中立性；同时，标准化工作的资金来源也没有着落，人才离散，使标准化工作处于半停滞状态。在这种情况下，只有行业协会才是政府与企业之间最公正的交流平台，它可以组织各方力量在国家标准化管理委员会的领导下开展工作，因此应将标准化管理委员会划归到行业协会管理。

3. 调整标准化管理委员会的工作重心，加快强制性法规标准的制定和提升

工程机械发展进入市场经济改革以来，我国在强制性标准的完善和提高方面做了不少工作，但一直处于被动地位，没有主动推进强制性标准的升级，与发达国家相比，在产品安全防护、自动警示、污染排放、噪声及振动等方面都有较大差距。在当前国际贸易中，有些国家出台了不同的法规标准，以提高产品的市场准入门槛。因此，不仅要研究我国工程机械法规性标准的提升，还要认真研究其他国家的法规标准，这样才能使我国工程机械产品顺利走向世界。

我国现在执行的工程机械产品标准，很多是在20世纪八九十年代修订确认的，这些标准的内容一是落后，二是不适应市场经济发展的要求。在这样的标准化体系下，高端、中端、低端产品基本都能通过，这对鼓励创新、限制落后没有任何积极意义。为此，建议对现有各专业标准化管理委员会代表成员进行调整，充实先进企业与先进产品的代表，尤其是产品所在行业的排头兵企业必须包括在内，并提高他们的话语权。同时，为了使产品在市场上有一个合理明确的定位，给客户透明度，防止低价恶性竞争，根据我国国情，应该尽快完善国家标准、行业标准、企业标准三个体系，只有健全这三个体系，工程机械入市交易才能公平公正，才能对高端、中端、低端产品有较明显的界定。

4. 规范人才流动机制

改革开放以后，全国人才流动逐渐放开，其中国企单位人才流出较多，这些人在开放的市场环境中，利用自身在国企单位积累形成的无形资产大展宏图，发

展了一批企业。时至今日，市场经济框架已基本形成，各种竞争要素，包括人才、资金、科技及管理等都成为企业发展的关键，在规范与公平的市场经济环境中，任何竞争对手，都不能用不正当或非法手段去“挖人”。对于企业之间的人才直接流动，不能只注重利用，还要注意培养和提高，要从企业发展的战略高度上打造本企业强有力的人力资本。对人力资源、人才流动的管理，应参照发达国家作出相关的法律规定。

5. 工程机械除特种设备以外，对其他主要机种的流通实行“一机一卡”可追溯管理

对工程机械主要产品采取出厂时“一机一卡”登记制，标明机号和发动机号码，该登记卡就是该设备的身份证。无论产品转手交易情况如何，登记卡一直随机流通保存，并进行网络化管理，将有关设备的大修、换配件、转手交易等均记录在案。同时在所在地作业时，要接受地方监督部门的管理，每年年检一次，保证设备的完好率，并记录在登记卡上。如果进行交易转让，必须携带机、卡一起办理，使买卖双方对该设备性能状态一目了然，进行公平交易。

6. 将市场上的不正当竞争行为纳入法规化管理

在目前的市场条件下，不正当竞争行为涉及方方面面，界定难、管理难、起诉难，只有明显的违法行为被打击。今后的任务，是要集中力量制定相应的产品市场准入与管理法规体系，包括行业协会代表大会通过的行规行约，在其有效期内都应有制裁措施。国家注册认定的行业协会有责任、有义务进行监督，对情节较严重的，可移交司法部门调解和处理。只有创造出一个完善的、法规化管理的社会主义市场经济体制，才能使我国成为真正具有市场经济地位的国家。

13.3.3 建立工程机械市场准入门槛

针对当前工程机械行业产品量大、面广的特点，根据国家调结构、转方式的发展战略，鼓励重组兼并，整合社会资源，减少重复建设，提高规模经济效益，向绿色制造和资源节约型方向发展。为此，应先将工程机械部分产品纳入市场准入管理机制。

1. 工程机械第一批纳入行业准入管理的机种

建议纳入机种包括机重≤20t的液压挖掘机、额定载荷≤5t的轮胎式装载机、发动机输出功率≤147kW的推土机、机重≤16t的压路机、最大起重量≤16t的汽车起重机、最大起重量≤100t的履带式起重机、额定载荷≤5t的内燃及电动叉车、生产率≤50m^3/h的混凝土搅拌站、罐容量≤6m^3的混凝土搅拌运输车和起重力矩≤60t·m的塔式起重机。

2. 产业布局

上述十种机型，除了列入国家西部大开发建设的12个省市外，在中东部地区原则上不再批地新建生产工厂（不包括移地建设和改扩建项目），国家金融机构不提供建设资金和流动资金贷款。

3. 建设规模

新建和移地改扩建项目应达到以下经济规模：

机重≤20t以下的液压挖掘机建设项目，年产规模≥2 000台；

额定载荷≤5t的轮胎式装载机建设项目，年产规模≥3 000台；

发动机输出功率≤147kW的推土机建设项目，年产规模≥1 000台；

机重≤16t的压路机建设项目，年产规模≥1 000台；

最大起重量≤16t的汽车起重机建设项目，年产规模≥1 000台；

最大起重量≤100t的履带式起重机建设项目，年产规模≥200台；

额定载荷≤5t的内燃及电动叉车建设项目，年产规模≥5 000台；

生产率≤50m^3/h的混凝土搅拌站建设项目，年产规模≥200台；

罐容量≤6m^3的混凝土搅拌运输车建设项目，年产规模≥1 000台；

起重力矩≤60t·m的塔式起重机建设项目，年产规模≥1 000台。

4. 自主知识产权

新建项目应具备独立的或采取产学研合作机制的产品研发体系，不能模仿或直接复制其他公司的产品；对产品关键零部件和整机具有型式试验和安全检测的能力，产品安全与技术指标达到国家和相关法规标准。

5. 工艺和装备

新建和移地改扩建项目中，工艺设施包含原材料表面处理工艺、流平涂装生产线的，其下料、冲压、成形、装焊、机械加工工艺的数字化率应达到60%以上，零部件与整机组装生产线应基本达到定置定位水平，应具备网络信息化管理和完整的产品质量保障体系。

6. 安全、健康、环境保护评价认证

新建与移地改扩建项目必须由国家认可的有资质的设计单位进行设计，由有资质的单位组织环境、健康、安全评价认证，严格执行国家、行业、地方的其他相关安全、环保要求、规范和标准；必须建立完善的安全、健康和环境保护管理

制度。

13.4 企业发展战略提示

1. 把握市场机遇，发展重点产品

（1）提高规模经济效益 对于量大、面广的产品，建议走联合、兼并发展道路，集中力量树立品牌信誉，提高技术水平，降低经营固定成本；对新上项目要持谨慎态度。

（2）创建零部件知名品牌 零部件知名品牌是产业结构调整、转变经济增长方式的发展重点，是技术密集型产品，具有较大的附加值和利润发展空间。

（3）努力发展特种施工装备 特种施工装备包括各类大型和特大型装备，既代表了行业技术水平，又有高的利润发展空间；其次是发展专业施工装备，如大型基础工程、地下管网隐蔽工程、海洋资源开发施工装备、铁路建设与高效维护工程、战备工程等领域，它是今后工程机械行业的延伸发展重点，具有较好的市场前景。

2. 努力研发核心技术

随着“人口红利”的流失、人民币升值、劳动力成本上升，我国低成本生产优势逐渐减弱，低端产品逐渐退出市场，企业需要向技术密集型转型，员工素质提高和淘汰机制成为企业管理的关键。

3. 向制造服务业延伸

向价值链纵深扩展，发展下游分销、金融租赁、物流、再制造服务，提供工程施工一体化服务。年销售额在100亿元以上的企业，应进一步发展上游配套企业链，包括发动机、特种液压元件、特种材料研究等。

4. 开展全球化布局

积极布局国外市场，扩展出口业务，获取优质生产配套基地，优化资源，转化技术、转化品牌，为我所用。把握全球资本市场疲软时机，收购国外优质企业和品牌，把握好属地化经营与管理，把握好不同国家的经济和技术法规，避免闯入误区。

5. 提高企业运营质量和效率

精益生产要学习德国企业，精益管理要学习日本企业，不断改进生产工艺流程和工艺技术水平，这是品牌发展的实施基础，是核心竞争力的集中体现之一。

附　录

附录 A 工程机械类别、组别、型式、产品系列名称划分

1. 挖掘机械（表 A-1）

表 A-1 挖掘机械组型划分及产品系列名称

组	型	主要产品
间歇式挖掘机	机械式挖掘机	履带式机械挖掘机、轮胎式机械挖掘机、固定式（船用）机械挖掘机、矿用电铲
	液压式挖掘机	履带式液压挖掘机、轮胎式液压挖掘机、水陆两用式液压挖掘机、湿地液压挖掘机、步履式液压挖掘机、固定式（船用）液压挖掘机
	挖掘装载机	侧移式挖掘装载机、中置式挖掘装载机
连续式挖掘机	斗轮挖掘机	履带式斗轮挖掘机、轮胎式斗轮挖掘机、特殊行走装置斗轮挖掘机
	滚切式挖掘机	滚切式挖掘机
	铣切式挖掘机	铣切式挖掘机
	多斗挖掘机	成形断面挖沟机、轮斗挖沟机、链斗挖沟机
	链斗挖掘机	履带式链斗挖掘机、轮胎式链斗挖掘机、轨道式链斗挖掘机
其他挖掘机械		

2. 铲土运输机械（表 A-2）

表 A-2 铲土运输机械组型划分及产品系列名称

组	型	主要产品
装载机	履带式装载机	机械式装载机、液力机械装载机、全液压装载机
	轮胎式装载机	机械式装载机、液力机械装载机、全液压装载机
	滑移转向式装载机	滑移转向式装载机
	特殊用途装载机	履带湿地式装载机、侧卸装载机、井下装载机、木材装载机
铲运机	自行式铲运机	自行轮胎式铲运机、轮胎式双发动机铲运机、自行履带式铲运机
	拖式铲运机	机械铲运机、液压铲运机

（续）

组	型	主要产品
推土机	履带式推土机	机械推土机、液力机械推土机、全液压推土机、履带湿地式推土机
	轮胎式推土机	液力机械推土机、全液压推土机
	通井机	通井机
	推耙机	推耙机
叉装机	叉装机	叉装机
平地机	自行式平地机	机械式平地机、液力机械平地机、全液压平地机
	拖式平地机	拖式平地机
非公路自卸车	刚性自卸车	机械传动自卸车、液力机械传动自卸车、静液压传动自卸车、电传动自卸车
	铰接式自卸车	机械传动自卸车、液力机械传动自卸车、静液压传动自卸车、电传动自卸车
	回转式自卸车	静液压传动自卸车
	地下刚性自卸车	液力机械传动自卸车
	地下铰接式自卸车	机械传动自卸车、静液压传动自卸车、电传动自卸车
	重力翻斗车	重力翻斗车
作业准备机械	除荆机	除荆机
	除根机	除根机
其他铲土运输机械		

3. 起重机械（表 A-3）

表 A-3　起重机械组型划分及产品系列名称

组	型	主要产品
流动式起重机	轮胎式起重机	汽车起重机、全地面起重机、轮胎起重机、越野轮胎起重机、随车起重机
	履带式起重机	桁架臂履带起重机、伸缩臂履带起重机
	专用流动式起重机	正面吊运起重机、侧面吊运起重机、履带式吊管机
	清障车	清障车、清障抢救车

（续）

组	型	主要产品
建筑起重机械	塔式起重机	轨道上回转塔式起重机、轨道上回转自升塔式起重机、轨道下回转塔式起重机、轨道快装式塔式起重机、轨道动臂式塔式起重机、轨道平头式塔式起重机、固定上回转塔式起重机、固定上回转自升塔式起重机、固定下回转塔式起重机、固定快装式塔式起重机、固定动臂式塔式起重机、固定平头式塔式起重机、固定内爬自升式塔式起重机
	施工升降机	齿轮齿条式施工升降机、钢丝绳式施工升降机、混合式施工升降机
	建筑卷扬机	单筒式卷扬机、双筒式卷扬机、三筒式卷扬机
其他起重机械		

4. 工业车辆（表 A-4）

表 A-4 工业车辆组型划分及产品系列名称

组	型	主要产品
机动工业车辆（内燃、蓄电池、双动力）	固定平台搬运车	固定平台搬运车
	牵引车和推顶车	牵引车、推顶车
	堆垛用（高起升）车辆	平衡重式叉车、前移式叉车、插腿式叉车、托盘堆垛车、平台堆垛车、操作台可升降车辆、侧面式叉车、越野叉车、侧面堆垛式叉车（两侧）、三向堆垛式叉车、堆垛用高起升跨车、平衡重式集装箱堆高机
	非堆垛用（低起升）车辆	托盘搬运车、平台搬运车、非堆垛用低起升跨车
	伸缩臂式叉车	伸缩臂式叉车、越野伸缩臂式叉车
	拣选车	拣选车
	无人驾驶车辆	无人驾驶车辆
非机动工业车辆	步行式堆垛车	步行式堆垛车
	步行式托盘堆垛车	步行式托盘堆垛车
	步行式托盘搬运车	步行式托盘搬运车
	步行剪叉式升降托盘搬运车	步行剪叉式升降托盘搬运车
其他工业车辆		

5. 压实机械（表 A-5）

表 A-5　压实机械组型划分及产品系列名称

组	型	主要产品
静作用压路机	拖式压路机	拖式光轮压路机
	自行式压路机	两轮光轮压路机、两轮铰接光轮压路机、三轮光轮压路机、三轮铰接光轮压路机
振动压路机	光轮式压路机	两轮串联振动压路机、两轮铰接振动压路机、四轮振动压路机
	轮胎驱动式压路机	轮胎驱动光轮振动压路机、轮胎驱动凸块振动压路机
	拖式压路机	拖式振动压路机、拖式凸块振动压路机
	手扶式压路机	手扶光轮振动压路机、手扶凸块振动压路机、手扶带转向机构振动压路机
振荡压路机	光轮式压路机	两轮串联振荡压路机、两轮铰接振荡压路机
	轮胎驱动式压路机	轮胎驱动式光轮振荡压路机
轮胎压路机	自行式压路机	轮胎压路机、铰接式轮胎压路机
冲击压路机	拖式压路机	拖式冲击压路机
	自行式压路机	自行式冲击压路机
组合式压路机	振动轮胎组合式压路机	振动轮胎组合式压路机
	振动振荡式压路机	振动振荡式压路机
振动平板夯	电动式平板夯	电动振动平板夯
	内燃式平板夯	内燃振动平板夯
振动冲击夯	电动式冲击夯	电动振动冲击夯
	内燃式冲击夯	内燃振动冲击夯
爆炸式夯实机	爆炸式夯实机	爆炸式夯实机
蛙式夯实机	蛙式夯实机	蛙式夯实机
垃圾填埋压实机	静碾式压实机	静碾式垃圾填埋压实机
	振动式压实机	振动式垃圾填埋压实机
其他压实机械		

6. 路面施工与养护机械（表A-6）

表A-6 路面施工与养护机械组型划分及产品系列名称

组	型	主要产品
沥青路面施工机械	沥青混合料搅拌设备	强制间歇式/连续式沥青搅拌设备、滚筒/双滚筒连续式沥青搅拌设备、双滚筒间歇式沥青搅拌设备、移动式沥青搅拌设备、集装箱式沥青搅拌设备、环保型沥青搅拌设备
	沥青混合料摊铺机	机械传动履带式沥青摊铺机、全液压履带式沥青摊铺机、机械传动轮胎式沥青摊铺机、全液压轮胎式沥青摊铺机、双层沥青摊铺机、带喷洒装置沥青摊铺机、路岩摊铺机
	沥青混合料转运机	直传式沥青转运料机、带料仓式沥青转运料机
	沥青洒布机（车）	机械传动沥青洒布机（车）、液压传动沥青洒布机（车）、气压沥青洒布机
	碎石撒布机（车）	单输送带石屑撒布机、双输送带石屑撒布机、悬挂式简易石屑撒布机、黑色碎石撒布机
	液态沥青运输车	保温沥青运输罐车、半拖挂保温沥青运输罐车、简易车载式沥青罐车
	沥青泵	齿轮式沥青泵、柱塞式沥青泵、螺杆式沥青泵
	沥青阀	保温三通沥青阀（分手动、电动、气动）、保温二通沥青阀（分手动、电动、气动）、保温二通沥青球阀
	沥青储罐	立式沥青储罐、卧式沥青储罐、沥青库（站）
	沥青加热熔化设备	火焰加热固定式沥青熔化设备、火焰加热移动式沥青熔化设备、蒸汽加热固定式沥青熔化设备、蒸汽加热移动式沥青熔化设备、导热油加热固定式沥青熔化设备、电加热固定式沥青熔化设备、电加热移动式沥青熔化设备、红外线加热固定式沥青熔化设备、红外线加热移动式沥青熔化设备、太阳能加热固定式沥青熔化设备、太阳能加热移动式沥青熔化设备
	沥青灌装设备	筒装沥青灌装设备、袋装沥青灌装设备
	沥青脱桶装置	固定式沥青脱桶装置、移动式沥青脱桶装置

（续）

组	型	主要产品
沥青路面施工机械	沥青改性设备	搅拌式沥青改性设备、胶体磨式沥青改性设备
	沥青乳化设备	移动式沥青乳化设备、固定式沥青乳化设备
水泥路面施工机械	水泥混凝土摊铺机	滑模式水泥混凝土摊铺机、轨道式水泥混凝土摊铺机
	多功能路缘铺筑机	履带式水泥混凝土路缘铺筑机、轨道式水泥混凝土路缘铺筑机、轮胎式水泥混凝土路缘铺筑机
	切缝机	手扶式水泥混凝土路石切缝机、轮胎式水泥混凝土路石切缝机、轨道式水泥混凝土路石切缝机
	水泥混凝土路面振动梁	单梁式水泥混凝土路面振动梁、双梁式水泥混凝土路面振动梁
	水泥混凝土路面抹光机	电动式水泥混凝土路面抹光机、内燃式水泥混凝土路面抹光机
	水泥混凝土路面脱水装置	真空式水泥混凝土路面脱水装置、气垫模式水泥混凝土路面脱水装置
	水泥混凝土边沟铺筑机	履带式水泥混凝土边沟铺筑机、轨道式水泥混凝土边沟铺筑机、轮胎式水泥混凝土边沟铺筑机
	路面灌缝机	拖式路面灌缝机、自行式路面灌缝机
路面基层施工装备	稳定土拌和机	履带式稳定土拌和机、轮胎式稳定土拌和机
	稳定土拌和设备	强制式稳定土拌和设备、自落式稳定土拌和设备
	稳定土摊铺机	履带式稳定土摊铺机、轮胎式稳定土摊铺机
路面附属设施施工机械	护栏施工机械	打桩、拔桩机，钻孔吊桩机
	标线、标志施工机械	常温漆标线喷涂机、热熔漆标线划线机、标线清除机
	边沟、护坡施工机械	开沟机、边沟摊铺机、护坡摊铺机
路面养护机械	多功能养护机	多功能养护机
	沥青路面坑槽修补机	沥青路面坑槽修补机

（续）

组	型	主要产品
路面养护机械	沥青路面加热修补机	沥青路面加热修补机
	喷射式坑槽修补机	喷射式坑槽修补机
	再生修补机	再生修补机
	扩缝机	扩缝机
	坑槽切边机	坑槽切边机
	小型罩面机	小型罩面机
	路面切割机	路面切割机
	洒水车	洒水车
	路面铣刨机	履带式路面铣刨机、轮胎式路面铣刨机
	沥青路面养护车	自行式沥青路面养护车、拖式沥青路面养护车
	水泥混凝土路面养护车	自行式水泥混凝土路面养护车、拖式水泥混凝土路面养护车
	水泥混凝土路面破碎机	自行式水泥混凝土路面破碎机、拖式水泥混凝土路面破碎机
	稀浆封层机	自行式稀浆封层机、拖式稀浆封层机
	回砂机	刮板式回砂机、转子式回砂机
	路面开槽机	手扶式路面开槽机、自行式路面开槽机
	路面灌缝机	拖式路面灌缝机、自行式路面灌缝机
	沥青路面加热机	自行式沥青路面加热机、拖式沥青路面加热机、悬挂式沥青路面加热机
	沥青路面热再生机	自行式沥青路面热再生机、拖式沥青路面热再生机、悬挂式沥青路面热再生机
	沥青路面冷再生机	自行式沥青路面冷再生机、拖式沥青路面冷再生机、悬挂式沥青路面冷再生机
	乳化沥青再生设备	固定式乳化沥青再生设备、移动式乳化沥青再生设备
	泡沫沥青再生设备	固定式泡沫沥青再生设备、移动式泡沫沥青再生设备
	碎石封层机	碎石封层机

（续）

组	型	主要产品
路面养护机械	就地再生搅拌列车	就地再生搅拌列车
	路面加热机	路面加热机
	路面加热复拌机	路面加热复拌机
	割草机	割草机
	树木修剪机	树木修剪机
	路面清扫机	路面清扫机
	护栏清洗机	护栏清洗机
	施工安全指示牌车	施工安全指示牌车
	边沟修理机	边沟修理机
	夜间照明设备	夜间照明设备
	透水路面恢复机	透水路面恢复机
	除冰雪机械	转子式除雪机、犁式除雪机、螺旋式除雪机、联合式除雪机、除雪卡车、融雪剂撒布机、溶雪液喷洒机、喷射式除冰雪机
其他路面施工与养护机械		

7. 混凝土机械（表A-7）

表A-7　混凝土机械组型划分及产品系列名称

组	型	主要产品
搅拌机	锥形反转出料式搅拌机	齿圈锥形反转出料混凝土搅拌机、摩擦锥形反转出料混凝土搅拌机、内燃机驱动锥形反转出料混凝土搅拌机
	锥形反转倾翻出料式搅拌机	齿圈锥形反转倾翻出料混凝土搅拌机、摩擦锥形反转倾翻出料混凝土搅拌机、轮胎式锥形反转倾翻出料混凝土搅拌机
	涡桨式搅拌机	涡桨式混凝土搅拌机
	行星式搅拌机	行星式混凝土搅拌机
	单卧轴式搅拌机	单卧轴式机械上料混凝土搅拌机、单卧轴式液压上料混凝土搅拌机
	双卧轴式搅拌机	双卧轴式机械上料混凝土搅拌机、双卧轴式液压上料混凝土搅拌机
	连续式搅拌机	连续式混凝土搅拌机

（续）

组	型	主要产品
混凝土搅拌楼	锥形反转出料式搅拌楼	双主机锥形反转出料混凝土搅拌楼
	锥形倾翻出料式搅拌楼	双主机锥形出料混凝土搅拌楼、三主机锥形出料混凝土搅拌楼、四主机锥形出料混凝土搅拌楼
	涡桨式搅拌楼	单主机涡浆式混凝土搅拌楼、双主机涡浆式混凝土搅拌楼
	行星式搅拌楼	单主机行星式混凝土搅拌楼、双主机行星式混凝土搅拌楼
	单卧轴式搅拌楼	单主机单卧轴式混凝土搅拌楼、双主机单卧轴式混凝土搅拌楼
	双卧轴式搅拌楼	单主机双卧轴式混凝土搅拌楼、双主机双卧轴式混凝土搅拌楼
	连续式搅拌楼	连续式混凝土搅拌楼
混凝土搅拌站	锥形反转出料式搅拌站	锥形反转出料式混凝土搅拌站
	锥形倾翻出料式搅拌站	锥形倾翻出料式混凝土搅拌站
	涡桨式搅拌站	涡桨式混凝土搅拌站
	行星式搅拌站	行星式混凝土搅拌站
	单卧轴式搅拌站	单卧轴式混凝土搅拌站
	双卧轴式搅拌站	双卧轴式混凝土搅拌站
	连续式搅拌站	连续式混凝土搅拌站
混凝土搅拌运输车	自行式搅拌运输车	飞轮取力混凝土搅拌运输车、前端取力混凝土搅拌运输车、单独驱动混凝土搅拌运输车、前端卸料混凝土搅拌运输车、带皮带输送装置混凝土搅拌运输车、带上料装置混凝土搅拌运输车、带臂架混凝土泵混凝土搅拌运输车、带倾翻机构混凝土搅拌运输车
	拖式搅拌运输车	拖式混凝土搅拌运输车
混凝土泵	固定式泵	固定式混凝土泵
	拖式泵	拖式混凝土泵
	车载式泵	车载式混凝土泵

（续）

组	型	主要产品
混凝土布料杆	卷折式布料杆	卷折式混凝土布料杆
	“Z”形折叠式布料杆	“Z”形折叠式混凝土布料杆
	伸缩式布料杆	伸缩式混凝土布料杆
	组合式布料杆	卷折“Z”形折叠组合式混凝土布料杆、“Z”形折叠伸缩组合式混凝土布料杆、卷折伸缩组合式混凝土布料杆
臂架式混凝土泵车	整体式泵车	整体式臂架式混凝土泵车
	半挂式泵车	半挂式臂架式混凝土泵车
	全挂式泵车	全挂式臂架式混凝土泵车
混凝土喷射机	缸罐式喷射机	缸罐式混凝土喷射机
	螺旋式喷射机	螺旋式混凝土喷射机
	转子式喷射机	转子式混凝土喷射机
混凝土喷射机械手	混凝土喷射机械手	混凝土喷射机械手
混凝土喷射台车	混凝土喷射台车	混凝土喷射台车
混凝土浇注机	轨道式浇注机	轨道式混凝土浇注机
	轮胎式浇注机	轮胎式混凝土浇注机
	固定式浇注机	固定式混凝土浇注机
混凝土振动器	内部振动式振动器	电动软轴行星插入式混凝土振动器、电动软轴偏心插入式混凝土振动器、内燃软轴行星插入式混凝土振动器、电动机内装插入式混凝土振动器
	外部振动式振动器	平板式混凝土振动器、附着式混凝土振动器、单向振动附着式混凝土振动器
混凝土振动台	混凝土振动台	混凝土振动台
气卸散装水泥运输车	气卸散装水泥运输车	气卸散装水泥运输车
混凝土清洗回收站	混凝土清洗回收站	混凝土清洗回收站
混凝土配料站	混凝土配料站	混凝土配料站
其他混凝土机械		

8. 掘进机械（表 A-8）

表 A-8 掘进机械组型划分

组	型	主要产品
全断面隧道掘进机	盾构机	土压平衡式盾构机、泥水平衡式盾构机、泥浆式盾构机、异型盾构机、泥水式盾构机
	硬岩掘进机(TBM)	硬岩掘进机
	组合式掘进机	组合式掘进机
非开挖设备	水平定向钻	水平定向钻
	顶管机	土压平衡式顶管机、泥水平衡式顶管机、泥水输送式顶管机
巷道掘进机	悬臂式岩巷掘进机	悬臂式岩巷掘进机
其他掘进设备		

9. 桩工机械（表 A-9）

表 A-9 桩工机械组型划分及产品系列名称

组	型	主要产品
柴油打桩锤	筒式打桩锤	水冷筒式柴油打桩锤、风冷筒式柴油打桩锤
	导杆式打桩锤	导杆式打桩锤
液压锤	液压锤	液压打桩锤
振动桩锤	机械式桩锤	普通振动桩锤、变矩振动桩锤、变频振动桩锤、变矩变频振动桩锤
	液压马达式桩锤	液压马达式振动桩锤
	液压式桩锤	液压式振动桩锤
桩架	走管式桩架	走管式柴油锤打桩架
	轨道式桩架	轨道式柴油锤打桩架
	履带式桩架	履带三支点式柴油锤打桩架
	步履式桩架	步履式桩架
	悬挂式桩架	履带悬挂式柴油锤桩架
压桩机	机械式压桩机	机械式压桩机
	液压式压桩机	液压式压桩机
成孔机	螺旋式成孔机	长螺旋钻孔机、挤压式长螺旋钻孔机、套管式长螺旋钻孔机、短螺旋钻孔机
	潜水式成孔机	潜水式钻孔机

（续）

组	型	主要产品
成孔机	正反回转式成孔机	转盘式钻孔机、动力头式钻孔机
	冲抓式成孔机	冲抓成孔机
	全套管式成孔机	全套管钻孔机
	锚杆式成孔机	锚杆钻孔机
	步履式成孔机	步履式旋挖钻孔机
	履带式成孔机	履带式旋挖钻孔机
	车载式成孔机	车载式旋挖钻孔机
	多轴式成孔机	多轴钻孔机
地下连续墙成槽机	钢丝绳式成槽机	机械式连续墙抓斗
	导杆式成槽机	液压式连续墙抓斗
	半导杆式成槽机	液压式连续墙抓斗
	铣削式成槽机	双轮铣成槽机
	搅拌式成槽机	双轮搅拌机
	潜水式成槽机	潜水式垂直多轴成槽机
落锤打桩机	机械式打桩机	机械式落锤打桩机
	法兰克式打桩机	法兰克式打桩机
软地基加固机械	振冲式加固机械	水冲式振冲器、干式振冲器
	插板式加固机械	插板桩机
	强夯式加固机械	强夯机
	振动式加固机械	砂桩机
	旋喷式加固机械	旋喷式软地基加固机
	注浆深层搅拌式加固机	单轴注浆深层搅拌机、多轴注浆深层搅拌机
	粉体喷射深层搅拌式加固机械	单轴粉体喷射式深层搅拌机、多轴粉体喷射式深层搅拌机
取土器	厚壁式取土器	厚壁取土器
	敞口薄壁式取土器	敞口薄壁取土器
	自由活塞薄壁取土器	自由活塞薄壁取土器
	水压固定活塞取土器	水压固定活塞取土器

（续）

组	型	主要产品
取土器	束节式取土器	束节式取土器
	黄土取土器	黄土取土器
	三重管回转式取土器	三重管单动回转取土器、三重管双动回转取土器
	取沙器	原状取沙器
其他桩工机械		

10. 市政与环卫机械（表 A-10）

表 A-10　市政与环卫机械组型划分及产品系列名称

组	型	主要产品
环卫机械	扫路车(机)	扫路车、扫路机
	吸尘车	吸尘车
	清扫车	清扫车
	清洗车	清洗车、护栏清洗车、洗墙车
	洒水车	洒水车、清洗洒水车、绿化喷洒车
	吸粪车	吸粪车
	厕所车	厕所车
	垃圾车	压缩式垃圾车、自卸式垃圾车、垃圾收集车、自卸式垃圾收集车、三轮垃圾收集车、自装卸式垃圾车、摆臂式垃圾车、车厢可卸式垃圾车、分类垃圾车、压缩式分类垃圾车、垃圾转运车、桶装垃圾运输车、餐厨垃圾车、医疗垃圾车
	垃圾处理设备	垃圾压缩机、履带式垃圾推土机、履带式垃圾挖掘机、垃圾渗滤液处理车、垃圾中转站设备、垃圾分选机、垃圾焚烧炉、垃圾破碎机、垃圾堆肥设备、垃圾填埋设备
市政机械	管道疏通机械	吸污车、清洗吸污车、下水道综合养护车、下水道疏通车、下水道疏通清洗车、掏挖机、下水道检查修补设备、污泥运输车
	电杆埋架机械	电杆埋架机械
	管道铺设机械	铺管机
停车洗车设备	垂直循环式停车设备	垂直循环式下部出入式停车设备、垂直循环式中部出入式停车设备、垂直循环式上部出入式停车设备

（续）

组	型	主要产品
停车洗车设备	多层循环式停车设备	多层圆形循环式停车设备、多层矩形循环式停车设备
	水平循环式停车设备	水平圆形循环式停车设备、水平矩形循环式停车设备
	升降式停车设备	升降机纵置式停车设备、升降机横置式停车设备、升降机圆置式停车设备
	升降移动式停车设备	升降移动纵置式停车设备、升降移动横置式停车设备
	平面往复式停车设备	平面往复搬运式停车设备、平面往复搬运收容式停车设备
	两层式停车设备	两层升降式停车设备、两层升降横移式停车设备
	多层式停车设备	多层升降式停车设备、多层升降横移式停车设备
	汽车用回转盘停车设备	旋转式汽车用回转盘、旋转移动式汽车用回转盘
	汽车用升降机停车设备	升降式汽车用升降机、升降回转式汽车用升降机、升降横移式汽车用升降机
	旋转平台停车设备	旋转平台
	洗车场机械设备	洗车场机械设备
园林机械	植树挖穴机	自行式植树挖穴机、手扶式植树挖穴机
	树木移植机	自行式树木移植机、牵引式树木移植机、悬挂式树木移植机
	运树机	多斗拖挂式运树机
	绿化喷洒多用车	液力喷雾式绿化喷洒多用车
	剪草机	手推式旋刀剪草机、拖挂式滚刀剪草机、乘坐式滚刀剪草机、自行式滚刀剪草机、手推式滚刀剪草机、自行式往复剪草机、手推式往复剪草机、甩刀式剪草机、气垫式剪草机
娱乐设备	车式娱乐设备	小赛车、碰碰车、观览车、电瓶车、观光车
	水上娱乐设备	电瓶船、脚踏船、碰碰船、激流勇进船、水上游艇
	地面娱乐设备	游艺机、蹦床、转马、风驰电掣
	腾空娱乐设备	旋转自控飞机、登月火箭、空中转椅、宇宙旅行
	其他娱乐设备	其他娱乐设备
其他市政与环卫机械		

11. 混凝土制品机械（表 A-11）

表 A-11 混凝土制品机械组型划分及产品系列名称

组	型	主要产品
混凝土砌块成型机	移动式	移动式液压脱模混凝土砌块成型机、移动式机械脱模混凝土砌块成型机、移动式人工脱模混凝土砌块成型机
	固定式	固定式模振液压脱模混凝土砌块成型机、固定式模振机械脱模混凝土砌块成型机、固定式模振人工脱模混凝土砌块成型机、固定式台振液压脱模混凝土砌块成型机、固定式台振机械脱模混凝土砌块成型机、固定式台振人工脱模混凝土砌块成型机
	叠层式	叠层式混凝土砌块成型机
	分层布料式	分层布料式混凝土砌块成型机
混凝土砌块生产成套设备	全自动	全自动台振混凝土砌块生产线、全自动模块混凝土砌块生产线
	半自动	半自动台振混凝土砌块生产线、半自动模块混凝土砌块生产线
	简易式	简易台振混凝土砌块生产线、简易模块混凝土砌块生产线
加气混凝土砌块成套设备	加气混凝土砌块设备	加气混凝土砌块生产线
泡沫混凝土砌块成套设备	泡沫混凝土砌块设备	泡沫混凝土砌块成型机
混凝土空心板成型机	挤压式	外振式单块混凝土空心板挤压成型机、外振式双块混凝土空心板挤压成型机、内振式单块混凝土空心板挤压成型机、内振式双块混凝土空心板挤压成型机
	推压式	外振式单块混凝土空心板推压成型机、外振式双块混凝土空心板推压成型机、内振式单块混凝土空心板推压成型机、内振式双块混凝土空心板推压成型机
	拉模式	自行式外振混凝土空心板拉模成型机、牵引式外振混凝土空心板拉模成型机、自行式内振混凝土空心板拉模成型机、牵引式内振混凝土空心板拉模成型机

（续）

组	型	主要产品
混凝土构件成型机	振动台式成型机	电动振动台式混凝土构件成型机、气动振动台式混凝土构件成型机、无台架振动台式混凝土构件成型机、水平定向振动台式混凝土构件成型机、冲击振动台式混凝土构件成型机、滚轮脉冲振动台式混凝土构件成型机、分段组合振动台式混凝土构件成型机
	盘转压制式成型机	混凝土构件盘转压制成型机
	杠杆压制式成型机	混凝土构件杠杆压制成型机
	长线台座式	长线台座式混凝土构件生产成套设备
	平模联动式	平模联动式混凝土构件生产成套设备
	机组联动式	机组联动式混凝土构件生产成套设备
混凝土管成型机	离心式	滚轮离心式混凝土管成型机、车床离心式混凝土管成型机
	挤压式	悬辊式挤压混凝土管成型机、立式挤压混凝土管成型机、立式振动挤压混凝土管成型机
水泥瓦成型设备	水泥瓦成型机	水泥瓦成型机
墙板成型设备	墙板成型机	墙板成型机
混凝土构件整修机	真空吸水装置	混凝土真空吸水装置
	切割机	手扶式混凝土切割机、自行式混凝土切割机
	表面抹光机	手扶式混凝土表面抹光机、自行式混凝土表面抹光机
	磨口机	混凝土管件磨口机
模板及配件机械	钢模板轧机	钢模板连轧机、钢模板凸棱轧机
	钢模板清理机	钢模板清理机
	钢模板校形机	钢模板多功能校形机、钢模板校形机
	钢模板配件	钢模板 U 形卡成型机、钢模板钢管校直机
其他混凝土制品机械		

12. 高空作业机械（表 A-12）

表 A-12 高空作业机械组型划分及产品系列名称

组	型	主要产品
高空作业车	普通型高空作业车	伸缩臂式高空作业车、折叠臂式高空作业车、垂直升降式高空作业车、混合式高空作业车
	高树剪枝车	高树剪枝车、拖式高树剪枝车
	高空绝缘车	高空绝缘斗臂车、拖式高空绝缘车
	桥梁检修设备	桥梁检修车、拖式桥梁检修车
	高空摄影车	高空摄影车
	航空地面支持车	航空地面支持用升降车
	飞机除冰防冰车	飞机除冰防冰车
	消防救援车	高空消防救援车
高空作业平台	剪叉式高空作业平台	固定剪叉式高空作业平台、移动剪叉式高空作业平台、自行剪叉式高空作业平台
	臂架式高空作业平台	固定臂架式高空作业平台、移动臂架式高空作业平台、自行臂架式高空作业平台
	套筒油缸式高空作业平台	固定套筒油缸式高空作业平台、移动套筒油缸式高空作业平台、自行套筒油缸式高空作业平台
	桅柱式高空作业平台	固定桅柱式高空作业平台、移动桅柱式高空作业平台、自行桅柱式高空作业平台
	导架式高空作业平台	固定导架式高空作业平台、移动导架式高空作业平台、自行导架式高空作业平台
其他高空作业机械		

13. 装修机械（表 A-13）

表 A-13 装修机械组型划分及产品系列名称

组	型	主要产品
砂浆制备及喷涂机械	筛砂机	电动式筛砂机
	砂浆搅拌机	卧轴式灰浆搅拌机、立轴式灰浆搅拌机、筒转式灰浆搅拌机
	砂浆输送泵	柱塞式单缸灰浆泵、柱塞式双缸灰浆泵、隔膜式灰浆泵、气动式灰浆泵、挤压式灰浆泵、螺杆式灰浆泵

（续）

组	型	主要产品
砂浆制备及喷涂机械	砂浆联合机	灰浆联合机
	淋灰机	淋灰机
	麻刀灰拌和机	麻刀灰拌和机
涂料喷刷机械	喷浆泵	喷浆泵
	无气喷涂机	气动式无气喷涂机、电动式无气喷涂机、内燃式无气喷涂机、高压无气喷涂机
	有气喷涂机	抽气式有气喷涂机、自落式有气喷涂机
	喷塑机	喷塑机
	石膏喷涂机	石膏喷涂机
油漆制备及喷涂机械	油漆喷涂机	油漆喷涂机
	油漆搅拌机	油漆搅拌机
地面修整机械	地面抹光机	地面抹光机
	地面磨光机	地面磨光机
	踢脚线磨光机	踢脚线磨光机
	地面水磨石机	单盘水磨石机、双盘水磨石机、金刚石地面水磨石机
	地板刨平机	地板刨平机
	打蜡机	打蜡机
	地面清除机	地面清除机
	地板砖切割机	地板砖切割机
屋面装修机械	涂沥青机	屋面涂沥青机
	铺毡机	屋面铺毡机
高处作业吊篮	手动式高处作业吊篮	手动高处作业吊篮
	气动式高处作业吊篮	气动高处作业吊篮
	电动式高处作业吊篮	电动爬绳式高处作业吊篮、电动卷扬式高处作业吊篮
擦窗机	轮载式擦窗机	轮载式伸缩变幅擦窗机、轮载式小车变幅擦窗机、轮载式动臂变幅擦窗机
	屋面轨道式擦窗机	屋面轨道式伸缩臂变幅擦窗机、屋面轨道式小车变幅擦窗机、屋面轨道式动臂变幅擦窗机

（续）

组	型	主要产品
擦窗机	悬挂轨道式擦窗机	悬挂轨道式擦窗机
	插杆式擦窗机	插杆式擦窗机
	滑梯式擦窗机	滑梯式擦窗机
建筑装修机具	射钉机	射钉机
	铲刮机	电动铲刮机
	开槽机	混凝土开槽机
	石材切割机	石材切割机
	型材切割机	型材切割机
	剥离机	剥离机
	角向磨光机	角向磨光机
	混凝土切割机	混凝土切割机
	混凝土切缝机	混凝土切缝机
	混凝土钻孔机	混凝土钻孔机
	水磨石磨光机	水磨石磨光机
	电镐	电镐
其他装修机械	贴墙纸机	贴墙纸机
	螺旋洁石机	螺旋洁石机
	穿孔机	穿孔机
	孔道压浆机	孔道压浆机
	弯管机	弯管机
	管子套螺纹切断机	管子套螺纹切断机
	管材弯曲套螺纹机	管材弯曲套螺纹机
	坡口机	电动坡口机
	弹涂机	电动弹涂机
	滚涂机	电动滚涂机

14. 钢筋及预应力机械（表 A-14）

表 A-14 钢筋及预应力机械组型划分及产品系列名称

组	型	主要产品
钢筋强化机械	钢筋冷拉机	卷扬式钢筋冷拉机、液压式钢筋冷拉机、滚轮式钢筋冷拉机
	钢筋冷拔机	立式冷拔机、卧式冷拔机、串联式冷拔机

（续）

组	型	主要产品
钢筋强化机械	冷轧带肋钢筋成型机	主动冷轧带肋钢筋成型机、被动冷轧带肋钢筋成型机
	冷轧扭钢筋成型机	长方形冷轧扭钢筋成型机、正方形冷轧扭钢筋成型机
	冷拔螺旋钢筋成型机	方形冷拔螺旋钢筋成型机、圆形冷拔螺旋钢筋成型机
单件钢筋成型机	钢筋切断机	手持式钢筋切断机、卧式钢筋切断机、立式钢筋切断机、颚剪式钢筋切断机
	钢筋切断生产线	钢筋剪切生产线、钢筋锯切生产线
	钢筋调直切断机	机械式钢筋调直切断机、液压式钢筋调直切断机、气动式钢筋调直切断机
	钢筋弯曲机	机械式钢筋弯曲机、液压式钢筋弯曲机
	钢筋弯曲生产线	立式钢筋弯曲生产线、卧式钢筋弯曲生产线
	钢筋弯弧机	机械式钢筋弯弧机、液压式钢筋弯弧机
	钢筋弯箍机	数控钢筋弯箍机
	钢筋螺纹成型机	钢筋锥螺纹成型机、钢筋直螺纹成型机
	钢筋螺纹生产线	钢筋螺纹生产线
	钢筋镦头机	钢筋镦头机
组合钢筋成型机械	钢筋网成型机	钢筋网焊接成型机
	钢筋笼成型机	手动焊接钢筋笼成型机、自动焊接钢筋笼成型机
	钢筋桁架成型机	机械式钢筋桁架成型机、液压式钢筋桁架成型机
钢筋连接机械	钢筋对焊机	机械式钢筋对焊机、液压式钢筋对焊机
	钢筋电渣压焊机	钢筋电渣压焊机
	钢筋气压焊机	闭合式气压焊机、敞开式气压焊机
	钢筋套筒挤压机	径向钢筋套筒挤压机、轴向钢筋套筒挤压机
预应力机械	预应力钢筋镦头器	电动冷镦机、液压冷镦机
	预应力钢筋张拉机	机械式张拉机、液压式张拉机
	预应力钢筋穿束机	预应力钢筋穿束机、预应力钢筋灌浆机
	预应力千斤顶	前卡式预应力千斤顶、连续式预应力千斤顶

（续）

组	型	主要产品
预应力机具	预应力筋用锚具	前卡式预应力锚具、穿心式预应力锚具
	预应力筋用夹具	预应力筋用夹具
	预应力筋用连接器	预应力筋用连接器
其他钢筋及预应力机械		

15. 凿岩机械（表A-15）

表A-15 凿岩机械组型划分及产品系列名称

组	型	主要产品
凿岩机	气动凿岩机	气动手持式凿岩机、手持气腿两用凿岩机、气腿式凿岩机、气腿式高频凿岩机、气动向上式凿岩机、气动导轨式凿岩机、气动导轨式独立回转凿岩机
	内燃手持式凿岩机	手持式内燃凿岩机
	液压凿岩机	手持式液压凿岩机、支腿式液压凿岩机、导轨式液压凿岩机
	电动凿岩机	手持式电动凿岩机、支腿式电动凿岩机、导轨式电动凿岩机
露天钻车钻机	气动、半液压履带式露天钻机	履带式露天钻机、履带式潜孔露天潜孔钻机、履带式潜孔露天中压/高压潜孔钻机
	气动、半液压轨轮式露天钻车	轮胎式露天钻车、轨轮式露天钻车
	液压履带式钻机	履带式露天液压钻机、履带式露天液压潜孔钻机
	液压钻车	轮胎式露天液压钻车、轨轮式露天液压钻车
井下钻车钻机	气动、半液压履带式钻机	履带式采矿钻机、履带式掘进钻机、履带式锚杆钻机
	气动、半液压式钻车	轮胎式采矿/掘进/锚杆钻车、轨轮式采矿/掘进/锚杆钻车
	全液压履带式钻车	履带式液压采矿/掘进/锚杆钻车
	全液压钻车	轮胎式液压采矿/掘进/锚杆钻车、轨轮式液压采矿/掘进/锚杆钻车

（续）

组	型	主要产品
气动潜孔冲击器	低气压潜孔冲击器	潜孔冲击器
	中、高气压潜孔冲击器	中压/高压潜孔冲击器
凿岩辅助设备	支腿	气腿/水腿/油腿/手摇式支腿
	柱式钻架	单柱式/双柱式钻架
	圆盘式钻架	圆盘式/伞式/环形钻架
	其他	集尘器、注油器、磨钎机
其他凿岩机械		

16. 气动工具（表 A-16）

表 A-16　气动工具组型划分及产品系列名称

组	型	主要产品
回转式气动工具	雕刻笔	气动雕刻笔
	气钻	直柄式/枪柄式/侧柄式/组合用气钻/气动开颅钻/气动牙钻
	攻螺纹机	直柄式/枪柄式/组合用气动攻螺纹机
	抛光机	端面/圆周/角向抛光机
	砂轮机	直柄式/角向/端面式/组合气动砂轮机/直柄式气动钢丝刷
	磨光机	端面/圆周/往复式/砂带式/滑板式/三角式气动磨光机
	铣刀	气铣刀/角式气铣刀
	气锯	带式/带式摆动/圆盘式/链式气锯、气动细锯
	剪刀	气动剪切机、气动冲剪机
	气螺刀	直柄式/枪柄式/角式失速型气螺刀
	气扳机	枪柄式失速型/离合型/自动关闭型纯扭气扳机、角式失速型/离合型纯扭气扳机、棘轮式/双速型/组合式纯扭气扳机、开口爪型套筒/闭口爪型套筒纯扭气扳机、气动螺柱气扳机、直柄式定扭矩气扳机、储能型气扳机、直柄式高速气扳机、枪柄式/枪柄式定扭矩/枪柄式高速气扳机、角式/角式定扭矩/角式高速气扳机、组合式气扳机、直柄式/枪柄式/角式/电控型脉冲气扳机

（续）

组	型	主要产品
回转式气动工具	振动器	回转式气动振动器
冲击式气动工具	铆钉机	直柄式/弯柄式/枪柄式气动铆钉机、气动拉铆钉机/压铆钉机
	打钉机	气动打钉机/条形钉/U形钉气动打钉机
	订合机	气动订合机
	折弯机	折弯机
	打印器	打印器
	钳	气动钳/液压钳
	劈裂机	气动/液压劈裂机
	扩张器	液压扩张器
	液压剪	液压剪
	搅拌机	气动搅拌机
	捆扎机	气动捆扎机
	封口机	气动封口机
	破碎锤	气动破碎锤
	镐	气镐、液压镐、内燃镐、电动镐
	气铲	直柄式/弯柄式/环柄式气铲/铲石机
	捣固机	气动捣固机/枕木捣固机/夯土捣固机
	锉刀	旋转式/往复式/旋转往复式/旋转摆动式气锉刀
	刮刀	气动刮刀、气动摆动式刮刀
	雕刻机	回转式气动雕刻机
	凿毛机	气动凿毛机
	振动器	气动振动棒、冲击式振动器
其他气动机械	气动马达	叶片式气动马达、活塞式/轴向活塞式气动马达、齿轮式气动马达、透平式气动马达
	气动泵	气动泵、气动隔膜泵
	气动吊	环链式/钢绳式气动吊
	气动绞车/绞盘	气动绞车/气动绞盘
	气动桩机	气动打桩机/拔桩机
其他气动工具		

17. 军用工程机械（表A-17）

表A-17　军用工程机械组型划分及产品系列名称

组	型	主要产品
道路机械	装甲工程车	履带式装甲工程车、轮式装甲工程车
	多用工程车	履带式多用工程车、轮式多用工程车
	推土机	履带式推土机、轮式推土机
	装载机	轮式装载机、滑移装载机
	平地机	自行式平地机
	压路机	振动式压路机、静作用式压路机
	除雪机	转子式除雪机、犁式除雪机
野战筑城机械	挖壕机	履带式挖壕机、轮式挖壕机
	挖坑机	履带式挖坑机、轮式挖壕机
	挖掘机	履带式挖掘机、轮式挖掘机
	野战工事作业机械	野战工事作业车、山地丛林作业机
	钻孔机具	土钻、快速成孔钻机
	冻土作业机械	机-爆炸式挖壕机、冻土钻井机
永备筑城机械	凿岩机	凿岩机、凿岩台车
	空压机	电动机式空压机、内燃机式空压机
	坑道通风机	坑道通风机
	坑道联合掘进机	坑道联合掘进机
	坑道装岩机	轨道式装岩机、轮胎式装岩机
	坑道被覆机械	钢模台车、混凝土浇注机、混凝土喷射机
	碎石机	颚式碎石机、圆锥式碎石机、辊式碎石机、锤式碎石机
	筛分机	滚筒式筛分机
	混凝土搅拌机	倒翻式混凝土搅拌机、倾斜式混凝土搅拌机、回转式混凝土搅拌机
	钢筋加工机械	直筋-切筋机、弯筋机
	木材加工机械	摩托锯、圆锯机
布、探、扫雷机械	布雷机械	履带式布雷车、轮胎式布雷车
	探雷机械	道路探雷车
	扫雷机械	机械式扫雷车、综合式扫雷车

（续）

组	型	主要产品
架桥机械	架桥作业机械	架桥作业车
	机械化桥	履带式机械化桥、轮胎式机械化桥
	打桩机械	打桩机
野战给水机械	水源侦察车	水源侦察车
	钻井机	回转式钻井机、冲击式钻井机
	汲水机械	内燃抽水机、电动抽水机
	净水机械	自行式净水车、拖式净水车
伪装机械	伪装勘测车	伪装勘测车
	伪装作业车	迷彩作业车、假目标制作车、遮障（高空）作业车
保障作业车辆	移动式电站	自行式移动式电站、拖式移动式电站
	金木工程作业车	金木工程作业车
	起重机械	汽车起重机、轮胎式起重机
	液压检修车	液压检修车
	工程机械修理车	工程机械修理车
	专用牵引车	专用牵引车
	电源车	电源车
	气源车	气源车
其他军用工程机械		

18. 电梯及扶梯（表 A-18）

表 A-18　电梯及扶梯组型划分及产品系列名称

组	型	主要产品
电梯	乘客电梯	交流乘客电梯、直流乘客电梯、液压乘客电梯
	载货电梯	交流载货电梯、液压载货电梯
	客货电梯	交流客货电梯、直流客货电梯、液压客货电梯
	病床电梯	交流病床电梯、液压病床电梯
	住宅电梯	交流住宅电梯
	杂物电梯	交流杂物电梯

（续）

组	型	主要产品
电梯	观光电梯	交流观光电梯、直流观光电梯、液压观光电梯
	船用电梯	交流船用电梯、液压船用电梯
	车辆用电梯	交流车辆用电梯、液压车辆用电梯
	防爆电梯	防爆电梯
自动扶梯	普通型自动扶梯	普通型链条式自动扶梯、普通型齿条式自动扶梯
	公共交通型自动扶梯	公共交通型链条式自动扶梯、公共交通型齿条式自动扶梯
	螺旋型自动扶梯	螺旋型自动扶梯
自动人行道	普通型自动人行道	普通型踏板式自动人行道、普通型胶带滚筒式自动人行道
	公共交通型自动人行道	公共交通型踏板式自动人行道、公共交通型胶带滚筒式自动人行道
其他电梯及扶梯		

19. 其他专用工程机械（表 A-19）

表 A-19　其他专用工程机械组型划分及产品系列名称

组	型	主要产品
电站专用工程机械	扳起式塔式起重机	电站专用扳起式塔式起重机
	自升式塔式起重机	电站专用自升式塔式起重机
	锅炉炉顶起重机	电站专用锅炉炉顶起重机
	门座起重机	电站专用门座起重机
	履带式起重机	电站专用履带式起重机
	龙门式起重机	电站专用龙门式起重机
	缆索起重机	电站专用平移式高架缆索起重机
	提升装置	电站专用钢索液压提升装置
	施工升降机	电站专用施工升降机、曲线施工电梯
	混凝土搅拌楼	电站专用混凝土搅拌楼
	混凝土搅拌站	电站专用混凝土搅拌站
	塔带机	塔式皮带布料机

（续）

组	型	主要产品
轨道交通施工与养护工程机械	架桥机	高速客运专线混凝土箱梁架桥机、高速客运专线无导梁式混凝土箱梁架桥机、高速客运专线导梁式混凝土箱梁架桥机、高速客运专线下导梁式混凝土箱梁架桥机、高速客运专线轮轨走行移位式混凝土箱梁架桥机、实胶轮走行移位式混凝土箱梁架桥机、混合走行移位式混凝土箱梁架桥机、高速客运专线双线箱梁过隧道架桥机、普通铁路T梁架桥机、普通铁路公铁两用T梁架桥机
	运梁车	高速客运专线混凝土箱梁双线箱梁轮胎式运梁车、高速客运专线过隧道双线箱梁轮胎式运梁车、高速客运专线单线箱梁轮胎式运梁车、普通铁路轨行式T梁运梁车
	梁场用提梁机	轮胎式提梁机、轮轨式提梁机
	轨道上部结构制运铺设备	有砟线路长轨单枕法运铺设备、无砟轨道系统制运铺设备、无砟板式轨道系统制运铺设备、无砟轨道系统直运铺设备
	道砟设备养护用设备系列	专用运道砟车、配砟整形机、道砟捣固机、道砟清筛机
	电气化线路施工与养护用设备	接触网立柱挖坑机、接触网立柱竖立设备、接触网架线车
水利专用工程机械	水利专用工程机械	水利专用工程机械
矿山用工程机械	矿山用工程机械	矿山用工程机械
其他特种工程机械		

20. 工程机械配套件（表A-20）

表A-20　工程机械配套件组型划分及系列名称

组	型	主要产品
动力系统	内燃机	柴油发动机、汽油发动机、燃气发动机、双动发动机
	动力蓄电池组	动力蓄电池组
	附属装置	水散热器(水箱)、机油冷却器、冷却风扇、燃油箱、涡轮增压器、空气滤清器、机油滤清器、柴油滤清器、排气管(消声器)总成、空气压缩机、发电机、起动马达

（续）

组	型	主要产品
传动系统	离合器	干式离合器、湿式离合器
	变矩器	液力变矩器、液力偶合器
	变速器	机械式变速器、动力换挡变速器、电液换挡变速器
	驱动电动机	直流电动机、交流电动机
	传动轴装置	传动轴、联轴器
	驱动桥	驱动桥
	减速器	终传动、轮边减速
液压与密封装置	液压缸	中低压液压缸、高压液压缸、超高压液压缸
	液压泵	齿轮泵、叶片泵、柱塞泵
	液压马达	齿轮马达(驱动马达、工作装置马达)、叶片马达(驱动马达、工作装置马达)、柱塞马达(驱动马达、工作装置马达)
	液压阀	多路换向阀、压力控制阀、流量控制阀、液压先导阀
	液压减速机	行走减速机、回转减速机
	蓄能器	蓄能器
	中央回转体	中央回转体
	液压管件	高压软管、低压软管、高温低压软管、液压金属连接管、液压管接头
	液压系统附件	液压油滤油器、液压油散热器、液压油箱
	密封装置	动油封件、固定密封件
制动系统	储气筒	储气筒
	气动阀	气动换向阀、气动压力控制阀
	加力泵总成	加力泵总成
	气制动管件	气动软管、气动金属管、气动管接头
	油水分离器	油水分离器
	制动泵	制动泵
	制动器	驻车制动器、盘式制动器、带式制动器、湿式盘式制动器

（续）

组	型	主要产品
行走装置	轮胎总成	实心轮胎、充气轮胎
	轮辋总成	轮辋总成
	轮胎防滑链	轮胎防滑链
	履带总成	普通履带总成、湿式履带总成、橡胶履带总成、三联履带总成
	四轮	支重轮总成、托链轮总成、引导轮总成、驱动轮总成
	履带张紧装置总成	履带张紧装置总成
转向系统	转向器总成	转向器总成
	转向桥	转向桥
	转向操作装置	转向装置
车架及工作装置	车架	车架、回转支承、驾驶室、司机座椅总成
	工作装置	动臂、斗杆、铲/挖斗、斗齿、刀片、伸缩臂等
	配重	配重
	门架系统	门架、挡货架、货叉、链条
	吊装装置	吊钩、吊具
	振动装置	振动装置
专用属具	液压锤	液压锤
	液压剪	液压剪
	液压钳	液压钳
	松土器	松土器
	夹木叉	夹木叉
	叉车专用属具	叉车专用属具
	挖掘机专用属具	挖掘机专用属具
	其他属具	其他属具
电器装置	电控系统总成	电控系统总成
	组合仪表总成	组合仪表总成
	监控器总成	监控器总成
	仪表	计时表、速度表、温度表、油压表、气压表、油位表、电流表、电压表

（续）

组	型	主要产品
电器装置	报警器	行车报警器、倒车报警器、故障报警器
	车灯	照明灯、转向指示灯、制动指示灯、雾灯、驾驶室顶灯
	空调器	空调器
	暖风扇	暖风扇
	电风扇	电风扇
	刮水器	刮水器
	蓄电池	蓄电池
其他配套件		

附录B　2001～2012年工程机械获中国机械工业科学技术奖项目

表B-1　2002～2012年工程机械获中国机械工业科学技术奖一等奖项目

序号	获奖项目名称	主要完成单位	获奖年份
1	ZLG50G(ZL50G)轮式装载机	广西柳工集团有限公司	2002
2	前移式蓄电池系列叉车	安徽叉车集团有限公司	2002
3	RP1250沥青混凝土摊铺机	徐工集团路面机械分公司	2003
4	QAY25全地面起重机	徐工集团徐州重型机械厂	2004
5	重型起吊与搬运机械关键技术研究及装备开发和典型工程应用	郑州大方桥梁机械有限公司、北京航空航天大学	2007
6	SCC4000型履带起重机	上海三一科技有限公司	2007
7	全地面起重机核心技术研究与产业化	徐州重型机械有限公司	2007
8	全向防爆蓄电池侧面叉车	中国人民解放军总装备部军械技术研究所	2008
9	QUY600履带起重机	长沙中联重工科技发展股份有限公司	2008
10	QJRN-112泥水平衡盾构机	沈阳重型机械集团有限责任公司	2009
11	QAY500全地面起重机	徐州重型机械有限公司	2010
12	超高压泵送混凝土成套设备及施工技术	长沙中联重工科技发展股份有限公司	2010
13	碳纤维复合材料臂架系列泵车及其关键技术	中联重科股份有限公司	2012

（续）

序号	获奖项目名称	主要完成单位	获奖年份
14	1000t、2000t 履带起重机关键技术及产业化	徐工集团工程机械股份有限公司建设机械分公司	2012

表 B-2　2001～2012 年工程机械获中国机械工业科学技术奖二等奖项目

序号	获奖项目名称	主要完成单位	获奖年份
1	强制式（LQC160）型沥青混凝土搅拌设备	徐州工程机械制造厂	2001
2	H2000 系列 3.5～4.5t 新型内燃平衡重式叉车	安徽叉车集团公司	2002
3	TLK220 高速轮式推土机	郑州郑工机械集团有限责任公司	2002
4	ZLJ5290THB125-37 型混凝土泵车	长沙建设机械研究所、长沙中联重工科技发展股份有限公司、长沙高新技术产业开发区中标实业有限公司	2002
5	YZC12A 型双钢轮串联式振动压路机	徐州工程机械制造厂	2002
6	YZ25（XS260）型自行式振动压路机	徐工集团徐州工程机械制造厂	2003
7	PY5450JQZ65H 汽车起重机	湖南省浦沅集团有限公司	2003
8	TY130B 型履带式推土机	山推工程机械股份有限公司	2003
9	1220MAXI-PAV 型滑模式水泥摊铺机	江苏华通机械集团公司、镇江华晨华通路面机械有限公司	2003
10	KHU2000 组合式钻孔机	徐工集团徐州工程机械研究所、徐州工程机械股份有限公司混凝土机械分公司	2003
11	ZL50GH 高原型特种装载机	徐州工程机械科技股份有限公司铲运机械分公司	2004
12	CPD10/15S 平衡重式三支点蓄电池叉车	安徽叉车集团有限责任公司技术中心	2004
13	产品数据管理（PDM）系统的开发应用	安徽叉车集团有限责任公司	2004
14	搅拌车罐体生产流水线	重汽集团专用汽车公司	2004
15	YB 系列氮爆式液压破碎锤	马鞍山惊天液压机械制造有限公司、安徽工业大学	2005
16	QUY150 型履带起重机	徐工集团徐州重型机械有限公司	2005

（续）

序号	获奖项目名称	主要完成单位	获奖年份
17	LHZ25 沥青混合料转运车	三一重工股份有限公司、长沙理工大学	2005
18	RP955 型沥青混凝土摊铺机	徐州工程机械科技股份有限公司筑路机械分公司	2005
19	CDZ32B 型登高平台消防车	徐工集团徐州重型机械有限公司	2006
20	工程机械远程监控系统	石家庄开发区天远科技有限公司	2006
21	CLG862 · CLG888 轮式装载机	广西柳工机械股份有限公司	2006
22	BUDI180 型水泥混凝土搅拌站	镇江华晨华通路面机械有限公司	2006
23	1.3 ~2t J 系列三支点电动叉车	浙江杭叉工程机械股份有限公司	2007
24	ZLJ5700JQZ130H 汽车起重机	长沙中联重工科技发展股份有限公司	2007
25	LW168G 轮式装载机	徐州徐工特种工程机械有限公司	2007
26	SD42-3 履带式推土机	山推工程机械股份有限公司	2007
27	CLG375 滑移转向装载机	广西柳工机械股份有限公司	2007
28	SR28MR 垃圾压实车	山推工程机械股份有限公司	2007
29	XR250 旋挖钻机	徐州工程机械科技发展股份有限公司	2007
30	TC308A 型履带式潜孔钻车	天水风动机械有限责任公司	2007
31	ZLJ5164GQXE3 型清洗车	长沙中联重工科技发展股份有限公司	2008
32	多功能装载机	浙江濠泰机械有限公司	2008
33	RSC45 5M 集装箱正面吊运机研究开发与应用	三一重工股份有限公司	2008
34	TR50 矿用自卸汽车	内蒙古北方重型汽车股份有限公司	2008
35	SD8 高驱动履带推土机	河北宣化工程机械股份有限公司	2008
36	XZ160 水平定向钻机	徐州徐工筑路机械有限公司	2008
37	ZR220A 旋挖钻机	长沙中联重工科技发展股份有限公司	2008

（续）

序号	获奖项目名称	主要完成单位	获奖年份
38	沥青路面微波养护设备	佛山市威特公路养护设备有限公司	2008
39	18m 桁架臂式桥梁检测作业车	徐州徐工随车起重机有限公司	2008
40	AMP5000-C 型在线自控沥青混合料搅拌设备	无锡雪桃集团有限责任公司	2009
41	大吨位履带起重机关键技术研究及产业化	徐州重型机械有限公司	2009
42	QAY180 型全地面起重机	长沙中联重工科技发展股份有限公司	2009
43	YZC12B 双钢轮振动压路机	长沙中联重工科技发展股份有限公司	2009
44	SM2000 路面铣刨机设备研究开发与应用	三一重工股份有限公司	2009
45	XZ320 水平定向钻机	徐州徐工筑路机械有限公司	2009
46	XR280 旋挖钻机	徐州徐工筑路机械有限公司	2009
47	DG68 登高平台消防车及核心技术的研究应用	徐州重型机械有限公司	2009
48	大型工程机械巨型全钢工程子午胎	山东时风（集团）有限责任公司	2009
49	GH215 全液压平地机	徐州徐工筑路机械有限公司	2010
50	14m 自走式高空作业车	沈阳北方交通重工集团有限公司	2010
51	QUY650 履带起重机	徐工集团工程机械股份有限公司建筑机械分公司	2010
52	特种电动双钢轮双振动压路夯实机	武汉科技大学、泰山泰安工程机械股份有限公司、南海南洋电机电器有限公司、荆州市群力金属制品有限公司	2010
53	高速铁路板式无碴轨道施工关键设备与技术	三一重工股份有限公司	2010
54	三桥 46m 混凝土输送泵车	三一重工股份有限公司	2010
55	RP952 型多功能摊铺机	徐工集团工程机械股份有限公司科技分公司	2010
56	Ⅰ/Ⅱ-S-L-800 水泥沥青砂浆搅拌车	长沙中联重工科技发展股份有限公司	2010

（续）

序号	获奖项目名称	主要完成单位	获奖年份
57	QY160K 汽车起重机	徐工集团徐州重型机械有限公司	2011
58	多功能登高平台消防车关键技术研究与产业化	徐工集团徐州重型机械有限公司	2011
59	XZJ5100JGK 高空作业车	徐州徐工随车起重机有限公司	2011
60	XRS680 旋挖钻机	徐州徐工基础工程机械有限公司	2011
61	徐工第四代成套路面机械	徐工集团工程机械科技股份有限公司科技分公司	2011
62	智能高效环保道路清洗设备关键技术研究与产业化	长沙中联重工科技发展股份有限公司	2011
63	多关节长臂架关键技术及在混凝土泵车上的应用	长沙中联重工科技发展股份有限公司	2011
64	SG 型液压连续墙抓斗	上海金泰工程机械有限公司	2011
65	液压驱动平地机关键技术研究及应用	三一重工股份有限公司、长安大学	2012
66	静压传动及智能化控制关键技术研究与应用	山推工程机械股份有限公司	2012
67	多功能举高喷射消防车关键技术攻关及产业化	徐州重型机械有限公司	2012
68	SUPER130 超级摊铺机	中联重科股份有限公司	2012
69	28～46t 重型系列内燃叉车研究及产业化	安徽合力股份有限公司	2012
70	大吨位装载机及其核心技术的研发	徐工集团工程机械股份有限公司科技分公司	2012
71	XZ3000 水平定向钻机	徐州徐工基础工程机械有限公司	2012
72	QJYS-058 双护盾硬凿岩掘进机	北方重工集团有限公司	2012
73	CLG856Ⅲ轮式装载机	广西柳工机械股份有限公司	2012
74	GR150M 平地机	徐州徐工筑路机械有限公司	2012

表 B-3　2001～2012 年工程机械获中国机械工业科学技术奖三等奖项目

序号	获奖项目名称	主要完成单位	获奖年份
1	ZL50G 轮式装载机	徐工集团工程机械科技股份有限公司铲运机械分公司	2001
2	结构振动疲劳试验台在工程机械及车辆行业的推广应用	徐工集团徐州工程机械制造厂	2001
3	BG 型周边传动刮泥机	无锡市通用机械厂有限公司	2001
4	YZ16J 型自行式振动压路机	徐工集团徐州工程机械制造厂	2001
5	QJB 潜水搅拌机	南京蓝深制泵集团股份有限公司	2001
6	混凝土双轴徐变试验机	长春试验机研究所	2001
7	回转支承生产线数控化改造	马鞍山市马钢巨龙有限责任公司	2002
8	YZ20 型自行式振动压路机	徐工集团徐州工程机械制造厂	2002
9	GJWⅢ(JYL200G)轮胎式液压挖掘机	贵州詹阳机械工业有限公司	2002
10	PY190C 平地机	常林股份有限公司	2002
11	H2000 系列 CPD20B、CPD30B 蓄电池平衡重式叉车	安徽叉车集团公司	2002
12	BG20 型路面铣刨机	徐工集团徐州工程制造厂	2002
13	SXH25A 卸荷阀及 ZLF25A 流量放大阀	浙江临海海宏集团有限公司	2002
14	ZL40G 轮式装载机	广西柳工机械股份有限公司	2003
15	CLG230 履带式液压挖掘机	广西柳工机械股份有限公司	2003
16	QY80 汽车起重机	徐工集团徐州重型机械有限公司	2003
17	LQC240 型沥青混凝土搅拌设备	徐工集团徐州工程机械有限公司	2003
18	WTD9500 多功能摊铺机	天津鼎盛工程机械有限公司	2003
19	YZ25 型自行式振动压路机	长沙中联重工科技发展股份有限公司	2003
20	复合式冲击压实机开发及压实技术研究	太原重型机械学院	2004
21	YD13 液力变速器	杭州前进齿轮箱集团有限公司	2004
22	GR215 平地机	徐州工程机械科技股份有限公司徐州筑路机械厂	2004

（续）

序号	获奖项目名称	主要完成单位	获奖年份
23	1～3t系列蓄电池平衡重式叉车	浙江杭叉工程机械股份有限公司	2004
24	WB21K稳定土拌和机	徐州工程机械科技股份有限公司	2004
25	LTL60型沥青混凝土摊铺机	陕西建设机械股份有限公司	2004
26	ABH2000型沥青混合料搅拌设备	镇江华晨华通路面机械有限公司	2004
27	BG2000路面冷铣刨机	长沙中联重工科技发展股份有限公司	2004
28	WODU150型水泥混凝土搅拌设备	镇江华晨华通路面机械有限公司	2004
29	FD240K7集装箱型内燃平衡重式叉车	大连叉车有限责任公司	2005
30	QY65K汽车起重机	徐工集团徐州重型机械有限公司	2005
31	LXZY系列全液压轮胎式沥青路面铣刨机	镇江华晨华通路面机械有限公司	2005
32	C系列液压挖掘机	广西柳工机械股份有限公司	2005
33	ZL50Ⅲ静液装载机	中外建发展股份有限公司	2005
34	DGY25履带液压吊管机	山推工程机械股份有限公司	2005
35	SD13B履带式推耙机	山推工程机械股份有限公司	2005
36	SR20R垃圾清压机	山推工程机械股份有限公司	2005
37	XG6321F（4YF32）垃圾压实机	厦工集团（三明）重型机器有限公司	2006
38	WJ04型多功能排障车	中国人民武装警察部队司令部装备部、徐州工程机械科技股份有限公司	2006
39	PY5300TDL4电缆车	长沙建设机械研究院有限责任公司	2006
40	装载机机电一体化监控系统	山东临工工程机械有限公司	2006
41	TY160高原型履带式推土机	上海彭浦机器厂有限公司	2006
42	PD410Y-1履带式推土机创新研制	上海彭浦机器厂有限公司	2006
43	RP951A型沥青混凝土摊铺机	徐州工程机械科技股份有限公司	2006

（续）

序号	获奖项目名称	主要完成单位	获奖年份
44	HB37 系列混凝土泵车	徐工集团徐州重型机械有限公司	2006
45	TA288 型气腿式凿岩机	天水风动机械有限责任公司	2007
46	ABH4500 型沥青混合料搅拌设备	镇江华晨华通路面机械有限公司	2007
47	GR215A 全轮驱动平地机	徐州徐工筑路机械有限公司	2007
48	C5614 塔式起重机	昆明力神重工有限公司	2007
49	XSM220 型自行式振动压路机	徐州工程机械科技股份有限公司	2007
50	XP301 轮胎压路机	徐州工程机械科技股份有限公司	2007
51	XZ280 水平定向钻机	徐州徐工筑路机械有限公司	2007
52	GR215C 平地机	徐州徐工筑路机械有限公司	2008
53	CLG877/CLG877Ⅲ轮式装载机	广西柳工机械股份有限公司	2008
54	LH300ATV 四轮驱动全地形车的研制开发	江苏林海动力机械集团公司	2008
55	FD180FK5 型集装箱叉车	大连叉车有限责任公司	2008
56	环保型内燃叉车	浙江杭叉工程机械股份有限公司	2008
57	1～3t J 系列四支点电动叉车	浙江杭叉工程机械股份有限公司	2008
58	TC7052 塔式起重机	长沙中联重工科技发展股份有限公司	2008
59	XC800 型稳定土厂拌设备	徐州徐工筑路机械有限公司	2008
60	XM200 路面铣刨机	徐州徐工筑路机械有限公司	2008
61	RP1256 型智能化沥青混凝土摊铺机	徐州工程机械科技股份有限公司	2008
62	EPC 全电子控制摊铺机开发及产业化	镇江华晨华通路面机械有限公司	2008
63	XD120 型串联式振动压路机	徐州工程机械科技股份有限公司	2008

（续）

序号	获奖项目名称	主要完成单位	获奖年份
64	面向工程机械的嵌入式机电控制开发平台研究与系统应用	北京航空航天大学、北京博创兴工科技有限公司	2008
65	XR160 旋挖钻机	徐州徐工筑路机械有限公司	2008
66	TCM188 型多功能锚杆钻机	天水风动机械有限责任公司	2008
67	YZC12 智能化振动压路机	厦工集团（三明）重型机器有限公司	2009
68	XM130 型铣刨机	徐州徐工筑路机械有限公司	2009
69	挖掘装载机 WZ30-25	常林股份有限公司	2009
70	CLG766 挖掘装载机	广西柳工机械股份有限公司	2009
71	3304 矿用自卸汽车	内蒙古北方重型汽车股份有限公司	2009
72	SD32 型履带式推土机	山推工程机械股份有限公司	2009
73	YC60 系列液压挖掘机	广西玉柴重工有限公司	2009
74	XZJ5310JJH 计量检衡车	徐州徐工随车起重机有限公司	2009
75	RP802 型多功能摊铺机	徐州工程机械科技股份有限公司	2009
76	液压承载设备研制及立体施工体系的研究应用	中国电力科学研究院	2009
77	碾压混凝土路面配套设备	中国葛洲坝集团股份有限公司、三峡大学	2009
78	LSQ066 林业起重机	徐州徐工随车起重机有限公司	2010
79	XZJ5060JCK 高空作业车	徐州徐工随车起重机有限公司	2010
80	XLZ250 型路面冷再生机	徐州徐工筑路机械有限公司	2010
81	TCR6055-32 大型动臂塔机研究与产业化开发	长沙中联重工科技发展股份有限公司	2010
82	陶瓷超大超薄板材冷加工设备	广东科达机电股份有限公司	2010
83	SR33YR 垃圾压实机	山推工程机械股份有限公司	2010
84	XR360 旋挖钻机	徐州徐工基础工程机械有限公司	2010

（续）

序号	获奖项目名称	主要完成单位	获奖年份
85	GD2800 水平定向钻机技术	中国建筑科学研究院建筑机械化研究分院、上海谷登建筑机械制造有限公司	2010
86	XZ680 水平定向钻机	徐州徐工基础工程机械有限公司	2010
87	ZR250 旋挖钻机	长沙中联重工科技发展股份有限公司	2010
88	剪切乳化机	太仓液压元件有限公司	2010
89	XM50 路面铣刨机	徐州徐工筑路机械有限公司	2010
90	LW800K 轮式装载机	徐工集团工程机械股份有限公司科技分公司、连云港港口集团有限公司	2011
91	节能型 LG953L 轮式装载机开发	山东临工工程机械有限公司	2011
92	SQ25ZK6Q 随车起重机	徐州徐工随车起重机有限公司	2011
93	SAC2200 全地面起重机	三一重工股份有限公司	2011
94	300t 铁液运输车	大连重工·起重集团有限公司	2011
95	XZJ5320JQJ22 桁架式桥梁检测作业车	徐州徐工随车起重机有限公司	2011
96	4～5t J 系列大吨位电动叉车	杭叉集团股份有限公司	2011
97	叉车门架用系列异型钢	机械科学研究院工程机械军用改装车试验场、北京兴力通达科技发展有限公司、太原科技大学、杭叉集团股份有限公司、宁波如意股份有限公司	2011
98	XM35 型铣刨机	徐州徐工筑路机械有限公司	2011
99	高速铁路轨道板振源设备	安阳振动器有限责任公司（集团）	2011
100	XZ1000 水平定向钻机	徐州徐工基础工程机械有限公司	2011
101	国内工程机械行业用润滑油调研及建议	中国石油化工股份有限公司润滑油研发（北京）中心、中国工程机械工业协会	2011
102	HPS30 混凝土湿喷机	三一重工股份有限公司	2012

（续）

序号	获奖项目名称	主要完成单位	获奖年份
103	移动式大型可展开装备的关键结构设计及其产业化	湖南大学、湖南衡山汽车制造有限公司	2012
104	TSD新型伸缩式皮带输送车研制	三一重工股份有限公司	2012
105	XRS1050旋挖钻机	徐州徐工基础工程机械有限公司	2012
106	集成式高适应性商品干混砂浆柔性生产设备关键技术及产业化	中联重科股份有限公司	2012
107	工程机械全纤维轮边支承轴近净(终)成型技术的研究与应用	南阳市红阳锻造有限公司	2012
108	XM200D型铣刨机	徐州徐工筑路机械有限公司	2012
109	多功能装载物流机械关键技术研究与应用	浙江濠泰机械有限公司、杭州电子科技大学	2012
110	2～6t电动牵引车	杭叉集团股份有限公司	2012
111	352系列3.5～5.0t内燃平衡重式叉车	林德（中国）叉车有限公司	2012
112	60系列干混砂浆搅拌站	徐州天地重型机械制造有限公司	2012
113	高速铁路900t架运提成套施工装备	徐州徐工铁路装备有限公司	2012
114	SPSE90型多功能摊铺机	江苏华通动力重工有限公司	2012
115	高效绿化喷洒装备关键技术研究与产业化	中联重科股份有限公司	2012
116	HBMD-90/16-180S型煤矿用混凝土泵	方圆集团有限公司	2012
117	异型高耸建筑主体施工多功能升降机	中国建筑科学研究院建筑机械化分院、廊坊凯博建设机械科技有限公司	2012

附录C 齿轮钢材创新发展情况调研

1. 莱芜钢铁集团有限公司齿轮钢材创新发展情况

(1) 生产发展情况

莱钢特钢事业部是在原特殊钢厂的基础上，整合了银山前区转炉系统及销售、研发、质量检验等部门，于2011年挂牌成立，是目前山东省最大的特殊钢精品生产和研发基地，具备年产 280 万 t 钢、160 万 t 优质钢材的生产能力，拥有一条 50t 电炉生产线、两条 120t 转炉生产线、三条轧材生产线和引进于美国的 GE 漏磁、超声波联合检测精整线，具备先进、完善的检验能力，主要产品为 φ12 ~ φ160mm 热轧圆钢及 φ260 ~ φ350mm 连铸圆坯。莱钢正在建设的 100t 电炉生产线，其产品规格为 φ120 ~ φ280mm 热轧圆钢及 φ650 ~ φ800mm 连铸圆坯。特钢事业部以汽车、工程机械等齿轮钢生产为主，自改造投产以来，已连续 9 年保持国内市场占有率第一位，2011 年达到 66 万 t，市场占有率达 20% 以上。

（2）代表品种

首先开发窄淬透性齿轮钢，提高了齿轮钢的质量稳定性和附加值；其次开发生产 Cr-Mo、Cr-Ni-Mo 系列和 Cr-Mn 系列齿轮钢，形成了齿轮钢系列高端产品，打造成国内齿轮钢品种齐全、单一企业销售量最大的齿轮钢生产基地。齿轮钢主要系列有 Cr、Cr-Mn-Ti、Cr-Mn、Cr-Mo、Cr-Ni-Mo、Cr-Mn-Mo，主要品种有 20CrMnTiH、20CrMnTiH1 ~ 6、16 ~ 20CrMnTiSH、20CrMnTiSH1、30CrMnTiSH、20CrMoH、SCM420H、22CrMoH、22CrMoH1、22CrMoH2、SCM822H、SCM822H1、SCM822H2、SCM440H、20 ~ 40CrH、SCr420H、SCr440H、SAE8620H、SAE8620SH、20CrNiMoH、22CrNiMoH、SNCM220H、18NiCrMo5、20CrMnMoH、40CrMnMoH、16 ~ 28MnCrS 等。可按国家标准、日本标准、美国标准、欧洲标准及德国标准等标准体系或技术协议供货，产品规格包括 φ30 ~ φ280mm 热轧圆钢。

（3）莱钢 CrMnTi 系齿轮钢子钢号开发情况

2001 年以来，莱钢顺应市场需求，把握市场发展趋势，积极开发了汽车、工程机械、农机用 CrMnTi 系窄淬透性齿轮钢，率先实现了 20CrMnTiH1 ~ H6 全系列窄淬透性齿轮钢子钢号的生产与应用，成为全国实施子钢号最早、最齐全、技术最领先的企业。莱钢 20CrMnTiH 齿轮钢子钢号淬透性带宽均≤6HRC，更好地满足了汽车齿轮行业差异化、个性化及对齿轮钢质量和性能要求越来越高的需要，增强了国产传统齿轮钢的市场适应能力，培育并扩大了 20CrMnTiH 齿轮钢在高端市场中的应用，实现了产品质量升级，部分产品替代 CrMo 系齿轮钢用于汽车齿轮中高端领域，填补了市场对高性能、经济型、低噪声、高精度齿轮及其对材料的需求。

2007 年，在大量实践和若干项技术协议的基础上，莱钢形成了 Q/LYS 198—2007《汽车用 Cr-Mn-Ti 系保证淬透性齿轮钢》企业标准，进一步规范和稳定了 CrMnTi 系齿轮钢子钢号的生产及产品质量。

20CrMnTiH1 ~ H6 子钢号的成功开发，有效地解决了普通 20CrMnTiH 齿轮钢淬透性不稳定、热处理后变形大、齿轮制造精度低等问题，适应汽车、工程机械材料轻量化发展方向，生产工艺技术及产品质量均达到了国内领先水平。

（4）莱钢 CrMo、CrNiMo 系高档齿轮钢开发情况

2005 年以来，莱钢陆续成功开发了 20CrMoH、22CrMoH、SCM822H、SCM420H、SAE8620H、20CrMnMoH 高档齿轮钢，并已形成较稳定的客户群。以 SAE8620H 为例，其钢材粒度均为 7 ~ 8 级，金相组织为铁素体 + 珠光体，金相组织均匀，带状组织轻微，可用于制造中、重型汽车、工程机械变速器齿轮及后桥齿轮，较好地满足了用户技术条件和使用要求。

（5）莱钢齿轮钢技术进步主要措施

1）工艺技术　莱钢齿轮钢 100% 经过 LF + VD 双精炼，齿轮钢含氧量全部 $\leqslant 20 \times 10^{-4}\%$，重点用户齿轮钢根据客户要求，其含氧量 $\leqslant 15 \times 10^{-4}\%$，重点品种钢材含氧量 $\leqslant 12 \times 10^{-4}\%$。近年来，莱钢与东北大学、北京科技大学等院校及终端战略用户组建了齿轮钢联合研发团队，成功开发并运用了精炼渣系优化控制技术、齿轮钢窄成分-窄淬透性控制及在线预报技术、无缺陷连铸坯工艺技术等，搭建了特殊钢洁净工艺技术平台。其采取的主要技术措施包括：

① 采用精料进货方针，电炉配加 50% 以上热装铁液，净化粗钢液；合金全烘烤、辅料全干燥，使用高活性、高品位石灰。

② 电路采用全程泡沫渣工艺，严格控制终碳量，采用偏心炉底无渣出钢技术。

③ 采用齿轮钢专用精炼渣，全程智能吹氩去除夹杂物；采用成分性能预报系统指导窄成分、窄淬透性控制。

④ Heraeus 在线定氢、定氧，控制气体含量，采用 Al 表面细晶控制技术。

⑤ 全程保护低过热度浇注、高液面自动控制。

⑥ 采用结晶器十二冷区 + 凝固末端组合电磁搅拌技术。

⑦ 采用生产过程温度实时控制技术。

⑧ 控制矩形坯轧制压缩比，钢坯加热采用计算机控制技术。

⑨ 实施精细化产品包装。

⑩ 实施企业标准与用户技术协议相结合，推行差异化交货。

2）莱钢齿轮钢实物质量控制水平　莱钢齿轮钢执行的技术标准如下：

① 主要品种及牌号均已形成完善的企业标准体系，如《汽车用 CrMnTi 系保证淬透性齿轮钢》（Q/LY 198—2007）、《重型汽车高性能 SCM822H 齿轮钢》（Q/LYS 223—2007）、《SAE8620H 高性能汽车齿轮钢》（Q/LYS 249—2007）等。

② 齿轮专业协会行业（CGMA）标准。

③ 国家标准，包括 GB/T 5216—2004、GB/T 3077—1999 等，还有日本标准、美国标准、欧洲标准等。

④ 可根据用户需求签订差异化、个性化技术协议。

目前，莱钢齿轮钢实物质量控制可以达到以下水平：

化学成分：$w(C) \leqslant 0.01\%$，其他合金元素按要求搭配，质量分数不大于 0.05%，如 $w(P) \leqslant 0.020\%$，$w(S) \leqslant 0.010\%$，残余元素低含量。

含氧量：钢材含氧量按不高于 $15 \times 10^{-4}\%$ 控制，重点品种可不高于 $12 \times 10^{-4}\%$ 控制。

淬透性：淬透性带全部按照不高于 6HRC 控制，重点产品不高于 4HRC 控制。

低倍组织：一松不高于 2.0 级，中松不高于 2.0 级，偏析不高于 2.0 级；带状组织不高于 2.0 级，最高不高于 3.0 级。

（6）莱钢“十二五”规划措施

“十二五”规划期间，莱钢实施“特钢做特”的发展战略，重点做好以下工作，更好地为用户需求服务，巩固市场地位。

1）优化生产组织，加强过程管控，产品提档升级。强化过程控制管理，实现产品质量进一步升级。主要包括稳定原材料的供应；加强过程控制，推行精益管理和以“三恒定”（恒定的液面、恒定的温度和恒定的拉速）为代表的标准化作业，确保均衡稳定生产，提高产品质量稳定性。

2）对 CrMnTi 系列进行提质升级，以满足主机生产企业的研发设计要求。首先从改善材料成分及组织均匀性、洁净度，降低含氧量入手，适当降低含 Ti 量，开发微钛处理的长寿命齿轮钢。

3）大力研究、开发高档齿轮钢的生产工艺技术、市场和用户。瞄准重点战略目标客户，大力开展用户应用技术研究，持续提升产品使用性能，积极推广现有高档高效齿轮钢，稳定和扩大齿轮钢市场优势和市场占有率，形成较强的市场控制力。

4）加强科研团队建设，推进齿轮钢研发水平。“十二五”规划期间，莱钢技术中心组织策划并实施以齿轮钢、轴承钢为重点的特殊钢科研开发计划；加大特钢研究所齿轮钢研究室的人才培养力度，引进高端人才，与北京科技大学、东北大学联合培养在职研究生、博士生，主要研究开发人员全部具备研究生学历，建成“用、研、产、销”一体化、精干高效的研发团队。

5）在现有20CrMnTiH齿轮钢的基础上，发展低钛、复合微合金化齿轮钢材，解决CrMnTi系齿轮钢“钛夹杂”的问题。提高微钛处理水平，控制钛含量，实现既可保证齿轮钢晶粒度和渗碳组织，又可不断提高齿轮疲劳寿命，使其适用于重负荷用户技术进步的需要。

6）持续优化齿轮钢生产工艺。深入开展高洁净特殊钢生产工艺技术、全等轴晶铸坯生产技术的研究与应用，提升齿轮钢窄淬透性控制水平，将淬透性波动控制在不高于4HRC的范围内，满足高端用户的要求。开展齿轮钢切削性能改良研究与控制，进一步开发高质量的适合高速切削的齿轮钢，适应高速切削加工市场需求。

7）进一步提升齿轮钢实物质量，向市场提供精整探伤材料，满足精密锻造、温冷锻造及冷挤压等高端用户的加工和使用需求。

8）研究开发新一代贝氏体齿轮钢。

9）推进齿轮钢带状组织控制研究与应用。

10）与终端用户合作开展高强度齿轮钢热处理变形机理研究、齿轮钢热处理变形机理研究、齿轮热处理变形控制与应用研究、齿轮钢高疲劳寿命技术研究，提高齿轮接触疲劳、弯曲疲劳和台架疲劳寿命。

11）扩大齿轮钢应用领域，加大船用、重机等高端市场的推广应用。

12）研究开发NiMo系高性能重载齿轮钢、19CrNiS轿车用齿轮钢、17CrNiMo6H风电齿轮钢、高温渗碳或碳氮共渗微合金化齿轮钢。

13）加强用户应用技术研究，开发满足用户差异化需求的温、冷精密锻造齿轮钢等高性能齿轮钢。

14）加强对齿轮钢高洁净度、窄淬透性带、高疲劳寿命、高强韧性集成控制技术的研究。

2. 石家庄钢铁有限责任公司齿轮钢材创新发展情况

（1）公司简介

石家庄钢铁有限责任公司（以下简称石钢）始建于1957年，隶属于河北钢铁集团，迄今已发展成为资产总额75亿元，年产能力260万t钢的国内主要特殊钢专业棒材生产企业。其主要产品有轴承钢、齿轮钢、弹簧钢、易切削非调质钢、优质碳素结构钢、合金结构钢，广泛应用于汽车、工程机械、铁路、船舶工业、石油及矿山开采等行业。

公司按照 ISO 9001 标准、TS16949 技术规范和 APIQ1 规范要求建立了完善的质量管理体系。其多项产品先后荣获冶金产品实物质量“金杯奖”是丰田、雷诺/日产、卡特彼勒、阿文美驰、采埃孚、麦格纳、小松等国际知名公司的指定供应商，并通过了中国、美国、英国、挪威、韩国等船级社的质量认证。现能够为客户提供 500 多个品种、1 000 多个协议供货钢种，并能满足日本、德国、美国标准的要求。

石钢也是国内齿轮钢的主要生产企业之一，其各类齿轮钢的年产量已达 40 多万 t，齿轮钢产品符合德国标准、日本标准、美国标准、英国标准等多国标准和国内外知名公司的企业标准。石钢生产的齿轮钢已广泛应用于一汽集团、东风汽车、中国重汽、卡特彼勒、日本小松、三一重工、日立建机、住友、沃尔沃等工程机械著名企业，并出口到欧美市场。

（2）石钢齿轮钢材的生产工艺流程

工艺一：烧结→高炉→转炉→LF 精炼→VD 真空脱气→连铸→轧制→探伤。

工艺二：电炉→LF 精炼→VD 真空脱气→连铸→轧制→探伤。

（3）石钢齿轮钢典型钢号

1）GB 标准代表钢号　18CrMnTiH、20CrMnTiH 系列（含 20CrMnTiH1 ~ H6）、20CrMoH、22CrMoH、42CrMoH、20CrH ~ 40CrH、20CrMnMoH、40CrMnMoH、20CrNi2H、20CrNi3H、16CrMnBH、17CrMnBH、18CrMnBH 等。

2）JIS 标准代表钢号　SCr415H、SCr420H、SCM415H、SCM420H、SCM435H、SCM440H、SCM822H、SNCM439H 等。

3）SAE、ALSI、ASTM 标准代表钢号　SAE8620H、SCr420H、4120H、4130H、4135H、4137H、4140H、4142H、4145H、4320H、4340H、5137H 等。

4）EN 标准代表钢号　16MnCr5、16MnCrS5、20MnCr5、20MnCrS5、28MnCr5、15CrNi6、16NiCr4、19NiCr5、17CrNiMo6、34CrNiMo6 等。

5）DIN 标准代表钢号　25CrMo4、42CrMo4、49CrMo4、39CrMoV9 等。

6）BS 标准代表钢号　709M40、817M40 等。

（4）石钢公司齿轮钢质量水平

1）窄成分控制（质量分数,%）（表 C3-1）

表 C3-1　石钢齿轮钢窄成分控制

元素	C	Si	Mn	Cr	Ni	Mo
控制范围	0.03	0.05	0.05	0.05	0.05	0.03

2）夹杂物控制（级）（表 C3-2）

表 C3-2　石钢齿轮钢夹杂物控制

A 类		B 类		C 类		D 类	
细系	粗系	细系	粗系	细系	粗系	细系	粗系
≤2.0	≤1.0	≤1.5	≤1.0	≤0.5	≤0.5	≤1.0	≤1.0

注：夹杂物可按 DIN 或 JIS 标准控制。

3）淬透性带宽控制　齿轮钢淬透性带宽按 4～6HRC 控制。

4）钢中含氧量控制　齿轮钢中含氧量不高于 $12\times10^{-4}\%$。

5）带状组织控制　齿轮钢带状组织不高于 2.5 级。

附录 D　工程机械行业国际化战略重点企业简介

1. 广西柳工机械股份有限公司

（1）公司简介

广西柳工机械股份有限公司（以下简称柳工机械）柳工集团旗下的核心企业，它是我国装备制造业 500 强企业，也是国内工程机械行业和广西第一家上市的国有控股公司，被誉为“中国工程机械行业装载机排头兵企业”，目前社会公众股占其总股份的 65.02%。公司主导产品为 1.5～10t（额定载重量）轮胎式装载机、0.11～1.2m^3（斗容规格）履带式液压挖掘机、10～25t（工作质量）压路机、中大吨位轮式起重机，路面机械有沥青摊铺机、平地机、铣刨机、路拌机，以及多用途小型工程机械系列产品等。2011 年，公司员工数量达 13 100 人，销售收入为 178.78 亿元，主要产品销售量达 61 700 台，其中出口 8 400 台，出口销售收入 21.16 亿元，占销售总额的 11.84%。

（2）公司产业布局

柳工机械总部设在广西壮族自治区柳州市，其在国内的子公司和基地有：江苏扬州混凝土搅拌机产业、镇江市的挖掘装载机和滑移转向装载机产业、江阴市的压路机产业、常州市的挖掘机产业、安徽省蚌埠市的轮式起重机产业、天津市的推土机产业园、辽宁省抚顺迁山矿用卡车产业及位于北京的融资公司。2012

年7月，该公司又在江苏昆山市合资成立创投公司，为公司优化投资服务。在公司总部，主导产品主要是轮胎式装载机、液压挖掘机、平地机、叉车、液压件配套产业、柴油发动机合资项目、装载机驱动桥与变速箱生产合资项目等。柳工机械国内营销服务网络有144个代理商、1 446个网点、5个配件中心；国际营销服务网络有235个代理商，覆盖全球95个国家。

2011年，柳工机械收购了波兰HSW公司的59~383kW（80~520马力）推土机技术与制造产业，并以此建立了欧洲制造中心；在印度印多尔设立轮胎式装载机和挖掘机“OEM”制造工厂，为开拓印度和南亚市场建立了基地；与美国康明斯公司合资成立广西康明斯工业动力有限公司，发展装载机、液压挖掘机等产品的配套动力。

（3）公司经营战略

1）调整产品结构

提升产品技术水平，扩大和延伸售前服务范围，满足不同客户群需求。客户的需求主要体现在产品适用性、经济性、安全性、节能、环保、舒适性和成本可控性。

2）严格遵守相关法规制度，积极参与标准的制定

柳工机械一直重视产品的环保性和使用安全性，采用EN474系列土方机械安全协调标准，产品通过了CE认证。柳工机械参加8项土方机械噪声和安全强制性国家标准的起草，产品涉及装载机、挖掘机、压路机、滑移转向装载机、挖掘装载机、平地机、推土机及相关派生机型。

3）改进现有产品，提高安全性

对于国内销售的现有产品，应根据2010年12月23日国家标准化管理委员会发布的《土方机械　安全》（GB 25684.1~25684.13—2010）强制性国家标准进行改进，以降低事故水平，包括驾驶室可靠固定、防火特性、操作手册的标识化、灭火器位置及配置；FOPS/ROPS研发要满足欧盟机械指令的要求（EN13627/EN13150）；采取预防机械、电气、热和辐射危险等改进措施。

4）开展降低噪声研究

2010年12月23日，国家标准化管理委员会发布了《土方机械　噪声限值》（GB 16710—2010），借助当今先进的研究工具，解决产品的噪声、振动和声振粗糙度（NVH，Noise、Vibration、Harshness）问题。对现阶段针对国内销售的装载机产品进行摸底测试排查，开展降低噪声改进研究，使机外和驾驶员身边噪

声下降 2 ~ 5dB，基本满足土方机械噪声Ⅰ阶段的要求，部分产品接近和超过Ⅱ阶段水平。研究目标是要达到欧盟机械指令和噪声指令的要求，以满足国外高端市场，同时加快对落后机型的淘汰。

5）大力开展节能技术研究

节能技术已成为当今工程机械知名产品的重要指标，是市场的重要卖点。柳工机械对现有产品动力消耗的各个环节进行分析研究，一方面进行大力度试验改进，另一方面进一步优化液压系统，降低无用功消耗。

① 应用 Venturi 式冲压导风罩　此前常规使用的是环式焊接导风罩，对风场阻力较大，工艺性复杂，生产率低。通过对 Venturi 式冲压导风罩的试验应用，可使散热系统风量增大，这样可减少风扇直径或缩小散热器尺寸，达到降低功耗的目的。

② 采用温控液压驱动风扇系统　在应用电控发动机的同时，采用温控液压马达驱动风扇系统，对整机冷却液、液压油、变矩器、中冷器等的温度进行监控，使得风扇转速随着散热的需要而调整，达到降低功耗的目的。

③ 采用低转速动力装置　使用额定转速为 2 000r/min 的发动机，以达到降低整机油耗的目的。通过在低转速项目上的试验，可使整机油耗降低 10% 左右，同时发动机等旋转零件的摩擦力也随之下降，使用寿命得到提高。此项目的应用难点在于：与低转速发动机相匹配的传动系统资源有限，目前只在部分产品上有所应用。

④ 降低风扇转速（发动机直驱）　降低风扇转速，同时加大散热器正面积，优化散热器结构，达到降低风扇功耗、减少噪声的目的，从而提高或保持整机散热性能。

⑤ 优化液压系统　液压系统采用卸载回路，使装载机在掘进工作时减少溢流损失；采用定变量合流技术，使转向系统为负荷敏感系统，工作系统为恒压系统，实现无溢流损失；采用负荷敏感技术，使工作系统与转向系统为负荷敏感系统，实现无节流、无溢流损失；通过液压系统的合理匹配，提高工作装置的作业效率；优化设计液压管路通径、接头形式，选择通油能力大、压力损失小的分配网，减少系统远程压力损失。

⑥ 积极遵守排放法规

针对欧美市场，2011 年 1 月，柳工机械首先在 130 ~ 560kW 功率段执行 Tire4 过渡阶段排放法规；2012 年 1 月，在 56 ~ 130kW 功率段执行 Tire4 过渡阶段排放法规，在额定载重为4t/5t轮胎式装载机上推出Tire4排放系列产品。针对国内市场，根据用户需求，可以提供符合Tire3排放标准的装载机。

2. 山推工程机械股份有限公司

（1）公司简介

山推工程机械股份有限公司（以下简称山推）创建于1980年，是我国生产、销售铲土运输机械、混凝土机械、路面及压实机械等主机及工程机械关键零部件的国有控股上市公司，是全球建设机械制造商50强、中国制造业500强。其产品涵盖推土机、压路机、压实机、平地机、装载机、混凝土搅拌站、搅拌运输车、臂架式泵车、消防车、履带底盘、传动部件、金属结构件等10余类系，共120多种规格型号的产品。2009年，山推成为山东重工集团权属子公司，其2011年营业收入为147亿元，利润达6.87亿元，实现了大幅度跨越式发展。

山推是中国机械工业百强企业、国家一级安全质量标准化企业、山东省高新技术企业、山东省制造业信息化示范企业、山东省企业文化建设示范单位，并获得全国五一劳动奖状。山推商标是中国驰名商标，公司通过ISO 14001环境管理体系认证、ISO 9001国际质量体系认证、CE认证和EPA认证。

目前，该公司在国内已形成山推国际事业园、山推重工产业园、山推武汉产业园和山推抚顺产业园四大产业基地，并在阿拉伯联合酋长国、南非、俄罗斯、巴西等国家建立了子公司。公司生产能力和制造水平、产品质量处于国内领先水平并接近国际先进水平，现在年产销能力已达到1.5万台推土机、7 000台路面机械、5 000台混凝土机械、18万条履带总成、8万台液力变矩器、2.5万台变速器、140万件工程机械“四轮”。公司拥有健全的销售体系、完善的销售服务网络，产品遍及全国，远销120多个国家和地区。2011年，其主导产品推土机的产销量达到世界第一。

（2）山推研发中心

山推研发中心，是为适应公司整体发展而建立的，集产品开发、关键技术研究、产品试制和试验为一体的研发体系。研发中心拥有国家级技术中心、省级工程技术研究中心和博士后科研工作站等创新平台，它以公司研究员为平台，以事业部为依托，通过整合和优化内部资源，以“塑造一流人才，开发一流产品”为奋斗目标，设立了技术中心办公室、科技管理部、标准化研究所及各专业研究所、试验中心等机构，使公司具备了技术管理、开发设计、产品试制和试验等完整的研发体系。山推公司在北京成立了山推工程机械研究院北京分院，搭建了一个国际化研发平台，研发中心建有传动综合性能试验室、履带底盘试验室、电气智能化试验室、液压试验室、产品分析中心、新产品试制和试验中心等设施，建立起了完善的新产品试验体系，使关键部件、整机得到了有效验证。

研发中心具有先进的开发手段，广泛采用国际先进的三维及仿真软件和PDM数据管理系统，使开发设计、工艺、制造得到有效集成；采用协同设计手段，提高了产品的开发速度和质量；加强校企合作，培育核心竞争力，先后与同济大学、浙江大学、长安大学、北京科技大学、山东大学、山东理工大学等高等院校及专业公司建立了长期的合作关系，共同进行了多项技术合作和课题攻关，对工程机械前沿技术进行研究，并承担了国家科技支撑计划项目。公司注重引进和培养专业的技术人才，先后聘请了德国、日本、瑞士、意大利等国的工程机械专家对企业进行技术咨询与指导。另外，公司还先后选派多名高中级技术管理人员到国外进修学习，为公司尽快成为国际化的工程机械制造商进行了有效的人才培养和储备。

（3）公司经营理念和发展规划

山推本着时间就是金钱的服务理念，为用户创造效益。山推以遍布全国的31家代理服务公司形成了完善的售后服务网络，保证用最快的速度、最佳的途径赶赴现场，为用户赢得时间、创造效益。购买山推设备在省级以上的重点工程中施工，将享受到山推精心策划的特色服务（涂装服务、带件现场服务、工程现场延时服务等）。通过用户走访，对用户的应用水准、要求进行必要的良好管理，以改善服务工作；山推也将针对用户业务发展的情况，为用户提出新的建议，而且还将邀请一些用户参与其新产品的开发和测试工作，为此山推建立了用户走访制度，为用户提供更方便的沟通渠道。

根据山东重工集团的整体发展规划，集团未来将发展成为全球知名、拥有核心技术、可持续发展的装备制造集团。未来5～10年，山推将大力发展推土机、混凝土机械、道路机械等主机和工程机械零部件，成为拥有核心技术、具有国际竞争力和可持续发展的工程机械制造商。

放眼未来，山推将以更广阔的国际化视野，锐意进取、创新求变，成为拥有核心技术、核心竞争力，在国际市场所向披靡的领跑者，推动我国工程机械制造业的发展。

3. 三一集团有限公司

（1）企业简介

三一集团有限公司（以下简称三一）始创于1989年。自成立以来，三一秉持“创建一流企业，造就一流人才，做出一流贡献”的企业宗旨，打造了业内知名的“三一”品牌。2007年，三一实现销售收入135亿元，成为湖南省首家销售过百亿的民营企业。2008年，尽管受到了国际金融危机的影响，三一仍然延续了以往的高增长，全年实现销售收入209亿元，同比增长54.8%；2009年实现销售收入306亿元；2010年，销售收入超过500亿元；2011年实现销售收入802亿元，利润106亿元。公司目前拥有员工6万余名。

三一主业，是以“工程”为主题的机械装备制造业，目前已全面进入工程机械制造领域。主导产品为混凝土机械、筑路机械、挖掘机械、桩工机械、起重机械、非开挖施工设备、港口机械、风电设备等全系列产品，其中混凝土机械、桩工机械、履带式起重机械为国内知名品牌，混凝土泵车全面取代了进口，国内市场占有率达57%，居国内首位，且连续多年产销量居全球第一。

三一是全球最大的混凝土机械制造商，也是全球排名第六的工程机械制造商。近年来，三一连续获评为中国企业500强、工程机械行业综合效益和竞争力最强企业、福布斯“中国顶尖企业”、中国制造业内最具成长力自主品牌、中国最具竞争力品牌、中国工程机械行业标志性品牌、亚洲品牌500强企业。

三一的核心企业——三一重工于2003年7月3日上市，是我国首家成功施行股权分置改革并实现全流通的企业。2010年，三一重工的A股总市值首次超过1000亿元，成为我国工程机械行业中首家市值过千亿元的上市公司。

三一秉承“品质改变世界”的经营理念，将销售收入的5%~7%用于研发，致力于将产品升级换代至世界一流水准。公司拥有国家级技术研发中心和博士后流动工作站，目前共申请专利2 600余项，拥有授权有效专利1 500项，并多次荣获国家机械工业科技进步奖。2009年11月，由三一重工自主研制的86m泵车问鼎吉尼斯世界纪录，实现了对混凝土泵送技术的又一次突破。

在国内，三一在上海、北京、沈阳、昆山、长沙等地建有产业基地。在全球，三一业务覆盖150多个国家和地区，产品出口到110多个国家和地区。

（2）三一的国际化发展道路

从2002年第一台平地机出口，到金融危机前2008年实现出口销售5.23亿美元，三一年均出口销售增长率高达213.33%。

2004年，三一以5台参展产品、500m^2的参展面积，首次在德国慕尼黑国际工程机械、矿山机械、建材机械、工业车辆及零部件博览会（BAUMA）上留下了自己的名字；到2010年，三一携26台参展产品，以4 500m^2的参展面积参加德国BAUMA博览会，以高品质的产品和极具中国文化特色的展示，向世界同行和客商展现了中国工程机械制造企业“品质改变世界”的雄心壮志和雄厚实力。

目前，三一已经在印度、美国、德国、巴西投资建厂，在国外拥有30多家子公司；有超过1 300名的营销和服务人员，常年在国外为全球客户提供一流的产品和服务，其中近300名外籍员工逐渐成长为三一国外的中坚力量。同时，三一在全球已建成15个物流中心，以配件仓库为核心的物流体系和服务支持系统已经形成。

在印度建厂，是三一向国际化迈出的第一步。2006年11月23日，三一与印度马哈拉斯特拉邦政府签订了三一浦那投资协议，三一在该地投资6 000万美元建设工程机械制造基地。2009年末，三一与印度最大的吊装公司桑微公司签订56台履带式起重机，共计4亿多元人民币的销售合同。2010年4月20日，三一印度产业园正式开业。在未来几年内，三一浦那产业园还将建设6个大型厂房，成为集工程机械研发、制造、销售和服务为一体的大型综合基地，为印度及整个南亚地区的工程建设服务。

2007年9月12日，三一与美国乔治亚州政府正式签署投资6 000万美元建设工程机械制造基地的投资备忘录，成立三一美国研发和制造中心，将生产三一成熟的、具有质量和成本竞争优势的产品，进一步辐射加拿大、墨西哥市场，五年内实现了5亿美元的产能。

2009年1月29日，三一集团董事长与德国北威州州长在柏林举行了签字仪式，斥资1亿欧元在德国科隆建立了欧洲研发中心及机械制造基地，覆盖整个欧洲市场。项目年产工程机械产品3 000余台，年销售收入3.5亿欧元，利润总额4802万欧元。

2011年2月22日，三一与巴西圣保罗州政府达成了投资2亿美元，在该州建立工程机械生产基地的计划。三一将在圣保罗州征地建设研发制造基地，展开针对南美市场研发、营销管理的相关工作，以实现产品在巴西的本地化制造和销售，并进一步辐射南美市场。建成后，五年内其年销售收入将达5亿美元。

一次次大规模的国外扩张，让三一成为同行业乃至整个中国民营企业国际化进程中的“试水者”。作为世界最大的混凝土机械制造商，三一的国际化战略是：首先产品走出去，提高品牌和国际市场上的快速反应能力；其次企业走出去，在国外进行投资设厂；再次资本走出去，通过国际化的资本运作，去整合国际范围的人才、资本、市场等资源。目前，三一已经完成了战略中的前两大步骤。

（3）三一的技术创新

技术创新支撑着三一在国内外市场的发展。在混凝土机械领域，“三一”品牌连续多年在国内市场占有率排名第一，使国内混凝土机械市场格局由20世纪90年代初外资品牌占据95%以上，转变成国内品牌占有率达95%以上。此外，其履带式起重机械、桩工机械、挖掘机械等，连续多年在国内市场居第一位。而在国外市场，全球工程机械行业巨头卡特彼勒公司、小松公司已把三一列为未来十年最强劲的对手之一。

目前，三一拥有5 000多人的研发团队；在美国、德国等国家和地区设立了24个研究院、138个产品研究所；建立了国家级企业技术中心、国家博士后科研工作站、2个省级企业技术中心、2个省级工程技术研究中心和1个省级工业设计中心。这样的研发实力，可以支撑三一达到2 000亿元的销售规模。特别是企业完整的创新平台的建成，让三一在技术研发上所向披靡。2011年1月，三一的创新平台建设获得国家科技进步二等奖，国家科技进步奖评委专家给出的获奖理由是，三一走出了一条民营装备制造企业的技术跨越之路，实现了国家重大装备核心技术的国产化，为提升我国工程机械产品在国际上的地位做出了突出贡献。

4. 安徽叉车集团有限责任公司

（1）公司简介

安徽叉车集团有限责任公司是我国工业车辆行业的“排头兵”企业，2011年公司销售收入达到64.21亿元，实现利润51 527万元。其核心企业是安徽合力股份有限公司（以下简称合力）。

合力始终坚持自主创新、自主制造、自主营销、自主品牌，坚持为顾客创造价值，为员工创造机会，为股东创造财富，与相关利益者共同发展。上市以来，合力始终保持持续、健康、稳定的发展，在国内外客户和资本市场中树立了良好的形象。

（2）合力的自主创新

作为中国叉车行业的领军者，坚持自主创新是提升企业核心竞争力的关键。为提高企业的自主创新能力，合力持续加大研发投入，2001—2010年，十年累计研发投入达10.3亿元，先后研发了具有自主知识产权的H2000系列叉车和节能环保型G系列叉车。公司主动调整产品结构，迅速打开欧美发达国家市场，大幅度缩小了与国际先进水平的差距，提升了国际竞争力，并成功当选全球工业车辆制造业联盟会议中国区主席单位，争得了我国在世界工业车辆领域的话语权。目前，合力拥有国内外同行业最完整的产品系列，形成了内燃叉车、电动仓储叉车、重装叉车、工程机械、特种车辆和核心零部件六大系列产品。自2001年以来，公司已获授权专利130项，其中发明专利7项，为国内本行业中获得专利授权最多的企业之一；主持和参与制订了国家和行业标准14项。

通过自主创新，合力全面提高了叉车在主动安全、环保排放、振动噪声和舒适性等方面的技术水平；成功研发了系列交流蓄电池叉车，填补了国内交流控制蓄电池叉车的空白，达到该类产品的同期国际先进水平；成功研制了集装箱搬运系列设备、牵引车等一系列高端技术产品，大幅度拓展了公司产品的应用领域；研制成功了软连接变速器、湿式桥、高品质铸件、叉车属具等一系列关键零部件，部分实现了关键零部件的国产化替代，打破了国外技术垄断，形成了企业的核心竞争优势；巩固并提高了我国自主品牌叉车在国内外市场的占有率，避免了我国叉车产业被外资垄断；带动了我国叉车关键零部件产业的发展，促进了民族叉车工业技术进步和产业升级。

2003年以来，合力以合力工业园建设为中心，实施二次创业，奠定了公司在更大规模、更高水平和更宽领域参与全球竞争的产业基础和竞争地位。目前，基本形成了以合肥合力工业园为中心，以宝鸡合力、衡阳合力两个整机厂为西部和南方基地，以合肥铸造工厂、蚌埠液力厂、安庆车桥厂及合力配套产业园等若干部件厂为支撑的战略产业布局；并通过资本层面的投资和股权合作，先后完成了属具项目、仓储车辆项目、防爆车辆项目的产业延伸与拓展；同时，围绕做精中间内燃车辆，向重装车辆和电动仓储车辆两个方向拓展，不断延伸产业价值链，提高了变速器、车桥、属具、液压缸、变矩器、制动器等关键零部件的制造能力，提升了企业核心竞争力和综合发展能力。

（3）合力的经营模式及自主品牌

合力在国内建立了23个省级营销网络和320多个二级代理销售服务网点；在国外72个国家和地区建立了国外代理网络，产品销往世界130多个国家和地区，其中欧美发达国家占公司出口量的60%。建立了自己的国内外经销网络，并组建了区域营销服务中心——“4S”店，向国内外用户提供整机销售、配件供应、维修保养、技术咨询等一系列服务。合力通过对原有网点进行改制和股权分配、创新，走出了一条适应市场挑战与竞争的“35＋65”股权经营营销模式，增强了营销活力和持续发展后劲。

合力在国内外市场中始终坚持自主品牌，“合力”是中国叉车市场自主创新第一品牌。2005 年，“HELI”注册商标被国家工商行政管理总局商标局认定为“中国驰名商标”；2011 年，“HELI”还被中国机电产品进出口商会认定为“推荐出口品牌”，被国家商务部认定为“重点培育和发展的中国出口品牌”。

“中国合力、提升未来”，是合力对国家及公司本身美好未来的展望。作为民族叉车工业的龙头企业和国际化的本土品牌，在“十二五”规划期间乃至更长一段时间，合力将以“树百年合力、进世界五强”为愿景，以加快转变经济发展方式为主线，实现全过程的高效管控、全方位的合作共赢，全面增强战略竞争实力，为我国叉车工业全面走向世界做出更大贡献。

5. 杭叉集团股份有限公司

(1) 公司简介

杭叉集团股份有限公司（以下简称杭叉）是原杭州叉车总厂经改制成立的股份有限公司，下属 1 家合资公司、44 家控股子公司和 2 家参股子公司，是浙江省装备制造业重点培育企业。杭叉在 2009 年中国大企业集团竞争力 500 强中排名第 35 位，2011 年营业收入突破 80 亿元，目前已跻身世界物料搬运设备制造企业前 12 强。

作为一家创新驱动型企业，杭叉在 2000 年改制至今的 10 多年时间里，前 5 年通过体制机制创新，实现规模的迅速扩张，成为行业中的一匹“黑马”；之后 5 年，公司则围绕提高经济运行质量，大力实施以满足用户要求和行业技术发展方向为宗旨的技术创新，实现了又好又快的发展。

通过 10 多年的快速发展，杭叉无论是在技术创新能力、产品开发能力、制造能力，还是产业链掌控能力方面，都实现了跨越式的提升，企业不仅实现了规模上的持续扩张、核心竞争力的全面提升，其全球产业地位也迅速跃升。杭叉正在成为行业增长的主导者和变革者，为“中国叉车制造”增添活力。

“十一五”期间，杭叉投资 10 亿元建成了位于浙江省科创园区的杭叉工业园，实行了异地扩张。其叉车年产量可达到 6 万 ~8 万台，是目前全球单厂产量最大的叉车生产基地。

(2) 杭叉的技术研发和自我创新

改制以来的杭叉，始终坚持整合、创新、不断超越的发展理念。

在杭叉工业园各车间，全部实行了专业化生产流水线组装、调试和整机检测，同时大规模地应用了数控焊接变位机，焊接机械手、激光切割机等新设备。

ERP 等信息化手段的应用，保证了技术创新成果能迅速、全面地应用到最终产品上，大大提高了产品制造水平。

杭叉拥有占地面积达 500m^2 的，符合国家试验标准的叉车整机试验场、稳定性试验台等全套叉车整车性能试验设备，同时拥有发动机综合试验台、多路阀综合试验台、牵引电动机性能试验台、盐雾实验室等叉车零部件试验设备，以及三坐标测量、金属材料金相分析、金属材料成分分析、油料清洁度检测等理化检测设备。

这些设备对加快整车及零部件相关技术和核心技术的研发，全面提升产品的节能、环保、操作舒适性、可靠性，安全性，使产品性能达到国际先进水平，满足国内外市场对中高端产品的需求，并逐步形成自己的技术特色，引领叉车整车和配套产业的发展，引导国内叉车行业的技术进步，发挥了重要作用。

除了技改和设备的投入，杭叉每年的研发投入总额达到了其经营利润的 50% 以上。依托高新技术研发中心和技术中心，杭叉于 2010 年开始筹建国家认可的试验室，并与浙江工业大学等高等院校共建了产学研基地。

面对日益向好的叉车行业，杭叉在自主创新、研发新品方面，实现了新产品开发速度和效益的同步提升，呈现出对科技创新和市场占有的良好兼顾。相继推出了 2～3t 机场型内燃叉车、14～16t 系列内燃平衡重式叉车等产品，这些具有自主知识产权、拥有大批专利技术的产品，既提升了我国叉车行业的国际地位，也为杭叉和用户带来极大的经济效益。

杭叉自主发明的高效发动机冷却系统，采用组合型管带式铝水箱技术，使发动机效率高、成本低、使用寿命长，达到了国际先进水平；采用微型计算机控制的符合欧盟和美国 EPATier 3 排放标准的环保型发动机及闭环控制、三元催化等先进环保技术，使得发动机尾气排放更清洁；其自主研发的降噪系统，使噪声和振动降到了最低，达到了欧盟对叉车整机振动和噪声的要求；创新研发的 XF 新系列平衡重叉车获得了 5 项国家专利。

（3）杭叉的人才理念

人才是创新的源泉，留住人才、用好人才，也是杭叉集团十多年得以快速发展的重要原因。多年来，杭叉一直通过不断创新的用人机制和激励机制来吸引、培养和用好人才。

目前，在公司技术中心的框架下，共拥有 4 个叉车整机研究所、4 个配套研究所和工艺研究所，还组建了公司检测试验中心，通过不断搭建新的发展平台，使更多的人才有发挥才能的天地。

公司对技术中心进行多层次激励，如对研发带头人实行股权激励，对关键技术岗位每月增加岗位津贴，对住房困难的技术人员提供住房奖励，对技术骨干提供出国交流和深造学习的机会等。2010 年，公司设立专门经费用于奖励在产品研发、工艺革新、管理创新中获得科技成果的技术人员。

（4）杭叉的发展规划

经济全球化、企业国际化，使得叉车行业市场竞争日益激烈，对先进技术的需求日益加大，营销方式日趋多样化，这些都是影响公司竞争地位的重要因素，杭叉要成为世界最强的叉车企业之一，实施国际化战略是必然趋势。

在从竞争走向竞合、从竞合走向双赢的市场竞争中，杭叉充分发挥了自身在装备制造能力、生产成本、国内市场营销、行业地位等方面的优势，实施高端对接，把整合范围进一步扩大到全球范围，通过合作，吸引各国先进技术和管理经验，逐步形成国际化优势，先后与日本、美国、法国等的世界著名叉车公司进行了项目合作。

杭叉集团提出了“十二五”期间发展的总体目标：2015 年实现叉车整机销售 10 万台，实现营业收入 150 亿元，利润 10 亿元，出口创汇 3.5 亿美元，进入世界叉车企业前五位，成为世界最强的叉车企业之一。

6. 北方重工集团有限公司盾构机分公司

（1）公司简介

北方重工集团有限公司（以下简称北方重工）是在沈阳重型机械集团有限责任公司和沈阳矿山机械（集团）有限公司合并重组的基础上组建的国有独资公司。2007 年并购德国维尔特控股的法国 NFM 公司后，成为跨国经营企业。2008 年，公司进入中国机械和世界机械 500 强行列，2010 年进入中国企业 500 强。公司新址在沈阳市经济技术开发区，占地面积 130 万 m^2，资产总额 127 亿元。

盾构机分公司是北方重工集团有限公司的二级法人单位，公司主要承担全断面掘进机（盾构机）的市场订货、研发设计、生产制造、总装试车、安装调试及售后服务等工作。该公司现拥有全断面掘进机自主知识产权技术，可以根据各种隧道工程项目及各种工程地质条件，为客户量身定做多种类型的全断面掘进机产品，包括硬岩隧道掘进机、泥水平衡盾构机和土压平衡盾构机。公司现已形成了完整的产品系列，成为国内唯一一家能自主生产全系列断面掘进机的企业。

2010 年，公司资产总额达 13 亿元，实现销售收入 10 亿元，利润约 4 200 万元，工业总产值达 11 亿余元，上缴税金 4 000 万元。截止到 2010 年，出口 4 台盾构机，出口总额达 5.4 亿元，已为国内外市场提供不同规格的全断面掘进机 50 余台。

盾构机分公司占地面积 54 856m^2，拥有 2 个大型盾构机装配车间，最大起吊能力为 600t，最大起吊高度 21m，具备同时组装 15 台 11m 级别以上大型盾构机的能力。目前，其全断面掘进机产品在引水工程、过江隧道、铁路隧道、城际快速轨道交通和城市地下轨道交通等大型工程中得以广泛使用。

面向未来，北方重工盾构机分公司依托强大的技术优势，正在加速向全断面掘进机核心技术和产业化领域进军，全力打造世界上最大的盾构机研发制造基地。

（2）公司发展概况

作为国内全断面掘进机研制的龙头企业，北方重工盾构机分公司从 20 世纪 80 年代开始关注全断面掘进机技术，曾先后考察德国德马克、日本日立和三菱等公司，并一直跟踪世界先进国家的全断面掘进机技术的发展，收集积累了大量国内外全断面掘进机的资料，对国内外盾构施工技术进行了深入研究。

2004 年，北方重工盾构机分公司成立特邀院士工作站，在钱七虎院士、孙钧院士等六位隧道及地下工程领域的专家的具体指导下开展隧道掘进机的国产化研制。同时，公司陆续派出大批工程技术人员赴德国维尔特控股公司、法国 NFM 公司和日本石川岛播磨重工业株式会社（IHI）进行隧道掘进机技术的培训，学习三家公司在隧道掘进机方面的设计技术、制造技术和检验技术。

2005 年 8 月，北方重工盾构机公司中标青海省“引大济湟”工程一台直径为 5.93m 的双护盾岩石掘进机，并于 2006 年 4 月交付使用，标志着国内企业开始作为投标和设备总承包主体进入国内全断面掘进机市场。

2006 年，结合地铁项目全面掘进机的需求，北方重工盾构机分公司采取了国产化的技术路线，不断提高产品的国产化比例，立足自主创新，加速消化吸收国外先进技术，开始形成完整的自主研发能力。同时，北方重工还与东北大学、大连理工大学、中国矿业大学、中科院沈阳自动化研究所和中科院武汉岩土力学研究所等科研院所建立了产学研的科研合作关系，共同进行全断面掘进机的研制。

2007 年 7 月 27 日，北方重工集团与德国维尔特控股的法国 NFM 公司原股东方共同签署了股权转让协议，北方重工以绝对控股方式成功并购了德国维尔特控股的法国NFM公司，使北方重工拥有了世界上最先进的全系列隧道盾构机的核心技术和知名品牌。

2010年，科技部下发《关于组织制定第二批企业国家重点实验室建设计划的通知》（国科办基［2010］2号），批复北方重工集团承担全断面掘进机国家重点实验室建设，进一步确立了企业在全断面掘进机领域的国内领军地位。

实验室由掘进机综合模拟试验室、刀具破岩与耐磨研究室、液压与电控系统模拟研究室和虚拟样机技术研究室等四个研究室组成。实验室拥有集中科研场所，总面积达到6000多m^2，设备总值达3800万元。实验室具有盾构机掘进试验综合研究平台、滚刀破岩试验平台、常压换刀试验平台、全断面掘进机试验机等基础实（试）验设备，可以实现从全断面掘进机的设计、分析、试制、检测，到工程应用等各个环节的完整开发过程，具备包括主要功能组件、重点功能部件的整机开发能力和全断面掘进机关键技术问题的研究条件。

实验室的建成，对于提升国产断面掘进机的研制水平，满足国家国防建设、重大施工工程的需要都具有重要推动作用。

（3）公司“十二五”期间发展规划

1）指导思想

坚持以邓小平理论、“三个代表”重要思想为指导，认真落实科学发展观，按照构建社会主义和谐社会、发挥国有企业在国民经济中主导地位的总体要求，抓住国家大力开展基础设施建设的发展机遇，以解决我国地下隧道用全断面掘进机的关键技术为出发点，进一步提高自主创新能力，在已掌握的土压平衡盾构机设计基础上，力争在五年时间内，全面掌握微型盾构机、硬岩掘进机、泥水平衡盾构机设计及施工全套关键技术，进而培育和发展全断面掘进机装备产业，将北方重工盾构机分公司逐步打造成为世界级全断面掘进机研制基地。

2）基本原则

① 坚持以人为本、统筹发展的原则　企业发展要坚持以人为本，充分调动员工的积极性和创造性；积极拓宽业务渠道、提高员工基本素质、增加员工收入、改善员工生活条件、维护员工权益；按照建立全断面掘进机行业统一市场的要求，规范和维护市场经济秩序，统筹公司业务持续稳定发展。

② 坚持以国内市场为先导，集中扩大国外市场的原则　采取一定措施和手段，坚持按市场规律办事，建立和打造稳定的市场关系，以国内地铁工程、海底

隧道工程及城市管道建设为基础，同时积极实施“走出去”战略，大力开拓国外市场。

③ 坚持节约资源、绿色环保的原则　大力开展对绿色制造技术的研究，积极推动适应不同地质条件的绿色环保施工技术，提高全断面掘进机制造原材料的利用率和环保性，使盾构机施工更加安全、环保，进而降低成本、提高效率。

④ 坚持发挥自身优势、提升核心竞争力的原则　充分发挥企业自身优势，加大企业对全断面掘进机产品关键技术研究的资金投入，注重提升企业自主创新能力，不断提高企业的市场竞争能力。

3）企业发展战略

坚持“团队、诚信、创新、绩效”方针，大力推进人才战略和品牌战略；向创新要效益，向质量要效益，向服务要效益，向降耗节支要效益；国内市场、国外市场一起抓，确保经济平稳运行，主要指标稳步增长。为全面提升公司的“软、硬”实力，应从以下几方面入手：

① 实施技术创新战略，提高自主创新能力　坚持以创新引领发展，实施技术创新策略，着力培养一批高水平的科技专家、技术能手，提升企业创新能力。完善科技创新，加强企业与国内相关科研机构、高等院校的战略合作，与高等院（校）、研究院（所）联合成立研发平台；以特邀院士工作站与博士后工作站为平台，吸引国内外隧道设备及施工的相关专家来公司进行关键技术研究，逐步形成“以我为主，互利共赢”的新型合作方式。

② 实施人才强企战略，强化人力资源管理　将引进高端人才与自主培养相结合，制定员工激励机制，努力打造一批具有国家级行业技术水平的专家和技能人才队伍。

③ 实施“两手抓”策略，兼顾开发国际、国内两大市场　近年来，国内施工企业已经采购了相当数量的盾构机，其对新产品的采购数量较地铁建设高潮期将逐步减少；另外，国内越来越多的企业通过联合生产或自主研发的形式涉足盾构机生产领域，国内的市场竞争将会越发激烈。因此，面对欠发达国家及第三世界国家快速发展的需要，公司务必抓住机遇抢先进入国外市场，通过国外市场打造世界级盾构机品牌，以此进一步提高公司的影响力和市场竞争力。

④ 实施“企业联盟”策略，提升资源整合系统集成能力　遵循市场机制，在平等竞争的行业环境和资源流动的体制条件下，积极推行战略联盟的组建。与国内一些盾构机制造企业不同的是，北方重工盾构机分公司仅仅是地铁设备的设

计制造企业，目前还不能参与地铁隧道施工，这在一定程度上影响了北方重工盾构机在地铁隧道市场上的竞争力。如果北方重工与地铁隧道施工企业建立企业联盟，由北方重工盾构机分公司提供盾构机和机电液技术人员，施工企业提供资质和施工管理方式，这样不但可以解决北方重工不能参与地铁隧道施工的不足，又能解决地铁施工单位在机电液技术方面的不足，以及前期大额资金筹备的问题，从而达到互利共赢的目的。

4）企业规划目标

在不断开发满足市场需求的新型盾构机产品的同时，不断拓展产品种类和规格，推进现有产品的技术升级。到2015年，全面掌握土压式盾构机、泥水式盾构机、硬岩掘进机、微型盾构机的关键技术和成套技术。

继续扩展国内、国际市场，培育知名品牌，将盾构机分公司打造成为拥有核心技术、产品种类规格齐全的世界顶级盾构机制造商。

充分利用“全断面掘进机国家重点实验室”建设项目，积极参与国家级高新技术领域技术研发，加快消化吸收盾构机核心技术的步伐，努力缩短新产品研发周期，提升企业自主研发、技术创新的能力，努力将全断面掘进机国家重点实验室打造成为世界级的全断面掘进机实验基地。

2011—2015年，主要经济指标每年递增20%～30%；到2015年，盾构机分公司实现隧道施工、设备租赁、设备销售和合作制造等经营业务年销售收入达30亿元，上缴利税2.4亿元，员工收入比“十一五”末期翻一番。

产品覆盖种类：6m地铁盾构机，12～18m公路、铁路盾构机，5～12m护盾式硬岩掘进机，3～5m微型盾构机、一次成形异型盾构机、敞开式硬岩掘进机等适合各种施工要求的产品机型。

7. 厦门厦工机械股份有限公司

（1）公司简介

厦门厦工机械股份有限公司（以下简称厦工）创建于1951年，于1993年12月由厦门工程机械厂改制为上市公司，是国家重点生产装载机、挖掘机等工程机械产品的大型一类企业。

截至2011年底，厦工总资产达106亿元，净资产约37.67亿元，资产负债率64.49%，主营业务收入119.992亿元，利润6.74亿，出口额39 713万元。2010年主要产品销售量及出口量为：轮式装载机为34 350台，其中出口997台；液压挖掘机为2 802台，其中出口38台；平衡重式叉车为5 658台，其中出口

230 台；路面机械为 2 336 台，其中出口 408 台。

（2）公司发展概况

1951 年，厦门工程机械厂成立；

1964 年，我国第一台装载机在厦工诞生；

1992 年，厦工作为国内唯一一个工程机械品牌开始远征南极；

1993 年，厦工改制为股份公司；

1994 年，厦工在上海证交所挂牌上市；

2003 年，厦工率先在行业内突破年产、销装载机数量双超万台的大关；

2004 年，厦工机械机被评为“中国名牌产品”；

2005 年，厦工机械商标被认定为“中国驰名商标”；

2007 年，厦工实现整机销售 22 000 多台，销售收入突破 50 亿元，增长速度高于行业平均水平；

2008 年，厦工北方生产基地正式在焦作投产，构筑了厦工一南一北两大生产基地，拉近了与市场的距离，加快了厦工工程机械主业的发展；

2009 年，厦工以 93.14 亿元的品牌价值，位居中国 500 最具价值品牌排行榜第 68 位，在工程机械行业居第一位；

2010 年，厦工装载机实现历史产销累计突破 20 万台；厦工第九次助力极地考察事业；营业收入突破百亿，纳税近 4 亿元，被评为福建省纳税百强企业；“厦工”品牌再次入选“中国 500 最具价值品牌”排行榜，品牌价值为 110.83 亿元，代表了我国工程机械品牌的先进水平；

2011 年，厦工在全球（工程机械）装备 50 强中排名第 26 位。同年，厦工被评为全国机械行业文明企业、中国机械工业百强企业、中国 500 最具价值品牌，并获得福建省质量奖。

（3）公司“十二五”期间发展规划

公司的“十二五”战略方针为：整合全球资源，布局海内外市场；获取领先技术和知识，赶超国际先进水平，打造国际化厦工。

“十二五”规划时期，可称为公司的战略拐点：2011—2012 年实施战略追随策略，瞄准国际领先水平，获取领先技术和知识，实施战略布局；2013—2015 年实施战略超越策略，创新模式，构筑核心竞争力，赶超国际领先水平。

2020 年发展目标：销售收入达到 1 000 亿元，进入国际工程机械行业排名前 10 位。

8. 中国铁建重工集团有限公司

（1）公司简介

中国铁建重工集团有限公司（以下简称铁建重工）的前身为中铁轨道系统集团，隶属于“世界500强”中国铁建股份有限公司，是集高端轨道装备和地下工程装备的研究、设计、制造、施工于一体的大型专业化集团。公司在湖南、四川、河北和甘肃等地建立了多个制造基地，是国家认定的高新技术企业、长沙十大工业最具潜力企业、年利税过亿元企业及我国重大技术装备首台（套）示范单位，荣登“2010中国轨道交通创新力企业TOP50”。

铁建重工是同时具备盾构机和矿山法隧道施工特种装备研制能力的专业企业，拥有生产能力强、设备齐全、工艺先进的全断面隧道掘进机（盾构/TBM）专业生产线，其自主研制的具有完全自主知识产权的高端盾构/TBM广泛使用在长沙、北京、西安、武汉、广州、苏州、南京、福州等城市地铁工程；自主研制的具有世界先进水平的矿山法隧道机械服务于我国高铁施工现场；拥有世界上最先进的道岔、弹条扣件、闸瓦生产线，产品广泛应用于京沪、武广、沪杭等高速铁路建设施工，同时还出口到美国和加拿大等国家。

公司主要有盾构/TBM、矿山法隧道机械、混凝土机械、桩工机械、特种施工装备和道岔、弹条扣件、闸瓦、轨枕、轨道板、电气化制品、钢结构等尖端产品。2010年，公司资产总额达39 700万元，主营业务收入343 449万元，实现利润29 431万元，资产负债率为76%，其中盾构机销售收入为10 139万元，铁路道岔销售收入为13 973万元，弹条扣件销售收入为63 062万元，弹条扣件出口额为968万元。

（2）公司发展概况

2007年，中铁轨道系统集团有限公司成立，以中铁株洲桥梁厂和中铁十七局集团株洲战备材料总厂为基础，重组成立了中铁株洲桥梁有限公司和株洲铁建重工系统物资有限公司；

2008年5月，集团并购中铁隆昌工务器材厂，改制为中铁隆昌铁路器材有限公司；

2008年5月，在株洲筹建成立了中铁轨道系统集团道岔分公司；

2008年7月，在长沙筹建盾构产业基地，2009年8月建成并试产，先后改名为中铁轨道系统集团重型装备公司和隧道筹备公司；

2010年7月，将中铁十八局金属结构公司划转到集团公司，改名为中国铁建钢结构工程有限公司；

2010 年 11 月，集团公司总部整体搬迁至长沙；

2011 年 7 月，中铁轨道系统集团有限公司更名为中国铁建重工集团有限公司；

2011 年 8 月，在兰州筹建中国铁建重工集团兰州公司。

集团公司现有子（分）公司 6 个，员工 5 700 余人。

（3）公司“十二五”期间的发展规划

铁建重工积极发挥其在铁路行业的优势，充分利用中国铁建长期积累的施工技术与施工经验，以原始创新、集成创新和引进、消化、吸收再创新的自主创新模式，掌握了多项具有世界领先水平和完全自主知识产权的核心技术，不断推出新产品、新工法、新工艺，相继研发了一批我国施工领域急需而又领先于世界水平的高端工程专用装备和轨道装备。公司不仅为用户提供盾构/TBM、矿山法隧道机械、混凝土机械、桩工机械、特种施工装备和道岔、弹条扣件、闸瓦、轨枕、岔枕、轨道板、电气化制品、钢结构等尖端产品，而且为用户量身打造新工法、新装备，提供解决各种隧道施工难题的独特方法，打造了我国隧道施工和轨道交通行业最具影响力的自主品牌。

铁建重工“十二五”期间规划将公司产品定位为轨道装备和地下工程装备等两个专业板块。

（1）轨道装备专业板块　道岔和扣件产品业务的综合竞争实力达到国内领先水平，并在国际上具有较强的影响力；矿山法隧道机械要达到“世界一流、国内第一”的水平；轨枕、岔枕、道岔板、管片达到国内行业领先地位。

（2）地下工程装备专业板块　盾构/TBM 产品业务的综合竞争力达到国内领先水平，并在国际上具有较强的影响力；混凝土机械和旋挖钻机要达到国内领先水平；矿用特种施工装备有较大起色，成为独特的矿山用机械装备新兴行业领导者。建成地下工程成套装备制造中心、中国铁建地下工程技术研究中心和中国铁建盾构机产业基地、盾构机培训中心、盾构机配件供应中心、盾构机修理翻新中心。

9. 武桥重工集团股份有限公司

（1）公司简介

武桥重工集团股份有限公司（以下简称武桥重工）是一家主要从事海洋工程、桥梁工程和铁路运营专用装备研发与制造的高新技术企业。自 1953 年成立以来，该公司始终保持着我国桥梁工程机械行业的领军地位，是我国装备制造行业内拥有核心技术和自主创新能力的企业，建有省级企业技术中心和工程技术中心，是目前国内研发实力最强的桥梁工程专用装备提供商之一，特别是在特大型桥梁施工装备领域，该公司的技术水平和市场占有率均领先于国内同类企业。

公司现有员工 2 000 余人，其中工程技术人员占 30% 以上。公司总部设在九省通衢的武汉，于武汉本地和长江、珠海等地设有 10 余家子公司和生产基地。公司成立以来，为跨海大桥建设、海上风电安装等国家重点工程提供了大型专用装备，创 20 余项国内领先技术，填补了国内空白，产品遍及多个国家和地区。公司的新产品先后多次获得国家、省部级科学技术进步奖，并有多项产品被列为国家火炬计划和省市科技专项。“十二五”期间，武桥重工将重点进军海洋工程的高端装备制造，为海洋油气开采平台和海上风电工程提供专用装备。

2010 年 6 月，我国建成上海东海大桥 10 万 kW 海上风电场，标志我国海上风电工程正式开始启动。同年，国家能源局在江苏省盐城海域组织了 4 个海上风电特许项目的招标工作，总建设规模达 100 万 kW。2012 年下半年，国家能源局启动了第二批海上风电特许项目的招标准备工作，预计 2013 年上半年完成招标，总建设规模为 150 万 ~200 万 kW。

（2）公司“十二五”期间发展规划

“十二五”能源规划和可再生资源规划中，我国海上风电的发展目标是，2015 年建成 500 万 kW，形成海上风电的成套技术，并建立完整产业链；2015 年后，进入规模化发展阶段，达到国际先进技术水平，到 2020 年建成海上风电 3 000 万kW。可见，海上风电工程专用装备市场前景广大。同时，以跨海大桥（港珠澳大桥、琼州海峡跨海大桥）、海上油气开发为重点的海洋工程施工方兴未艾，各类专用施工装备需求量极大。

武桥重工进入海洋工程装备市场以来，经过多年的发展，通过对液压驱动技术、自动控制技术、材料学、工程力学、动平衡理论技术等多门跨学科技术的有效集成，掌握了超大直径回转支承制造技术、整机电液比例控制驱动技术、多卷扬机同步动作控制技术等海洋工程专用装备关键技术，并为我国第一个海上风电场（上海东海大桥风电场）研制了海上风电安装船。当前，武桥重工正在研制海上风电工程专用船。这种船不仅可以进行风电安装，还可以实现风机桩基打桩作业、风机整体运输和风机散件安装等功能，实现海上风电施工一体化作业。而在这之前，这些功能必须由多艘专业船舶分别承担，也就是说，该船可完成以往一个船队的作业量。在海上油气开采平台专用装备方面，武桥重工已成功研发具有世界最大起吊重量的22 000t起重机；在铁路安全救援专用装备方面，武桥重工获得了国家1 000万元的产业扶持资金，用于研发新型160t高速铁路救援起重机，并已通过铁道部的评审验收。

下一步，武桥重工将紧跟海上风电工程的建设热潮，优化海上风电工程专用船的设计，并在海上风电其他专用装备领域开拓市场。此外，还将结合当前跨海大桥的建设机遇，扎实抓好3 000t/5 000t/8 000t起重船、150m船上打桩船等海洋工程专用装备，以及500kN·m动力头钻机等桥梁工程专用设备的设计研发工作。“十二五”期间，武桥重工销售收入将以每年30%的速度增长，实现各项经济指标翻一番的目标。

10. 抚顺永茂建筑机械有限公司

(1) 公司简介

永茂建机是在抚顺永茂建筑机械有限公司的基础上经多次重组兼并而成的，现已成长为国内外同行业瞩目、全球用户信赖、极具影响力的大型专业塔式起重机生产企业。永茂建机成立于1996年，最初是一家塔式起重机配件生产企业。依托抚顺、沈阳地区老工业基地的技术和设备优势，公司于1997年转入塔式起重机的生产领域，且产品品种、数量不断加大，从最初的生产小型、单一品种，逐步发展为以生产大型、超大型塔式起重机为主，成为拥有自主知识产权、自主品牌的国际知名企业。

截至2010年12月31日，抚顺永茂建筑机械有限公司（以下简称永茂建机）资产总额为106 072万元，资产负债率为34%。其中塔式起重机销售810台，销售收入为115 237万元，利润为8 927万元；出口120台，出口额为3 050万美元。

(2) 公司发展概况

随着市场规模的不断扩大，公司领导作出“整合国内现有资源，走集团化道路，提高创新能力与综合竞争力”的战略部署。

2003年，正值我国国有企业改革进入以产权制度改革为核心的攻坚阶段，许多大型国有企业积极探索以改制求发展的新途径。抓住这一有利时机，永茂建机于当年9月成功收购了抚顺起重机厂的全部资产。经过大力改造，解决了永茂塔式起重机发展急需生产用地、设备和技术人员等问题，盘活了濒临破产的老牌企业。

2004 年前后，永茂建机逐步转变成出口导向性集团企业，成为第一家以整机打入欧盟和美国市场的中国塔式起重机制造企业，并先后获得了韩国 KOSHA、新加坡 MOM、欧盟 CE、俄罗斯 GOST 和乌克兰 UkrSEPRO，以及马来西亚、澳大利亚等国家和地区的产品认证。

2006 年 9 月，永茂建机收购了全国三大塔式起重机制造企业之一的北京建筑工程机械厂及其旗下的其他企业，并更名为北京永茂建工机械制造有限公司，扩大了永茂建机的生产能力和永茂的品牌影响力。同年 12 月，公司收购了抚顺工程机械制造有限公司。

2008 年 2 月，永茂建机在新加坡证交所主板上市，成为新加坡永茂控股公司的全资子公司。它是抚顺市第一家在海外上市的民营企业，也是截至目前，我国唯一一家在国外资本市场上市的塔式起重机专业制作公司。此举彰显了永茂建机的强大经营实力与优秀管理水平，同时扩大了企业融资渠道，为未来的持续、快速发展确立了可靠的资金保障。

之后，永茂控股又与新加坡一家世界著名的起重机租赁企业达丰控股有限公司强强联合，组建了中国达丰兆茂机械租赁有限公司，为促进我国塔式起重机租赁产业的健康发展作出了贡献。

目前，永茂控股集团旗下拥有抚顺永茂建筑机械有限公司（及所属的北京永茂建工机械制造有限公司、抚顺永茂液压机械有限公司、北京市威腾专用汽车有限公司）、中国达丰昭茂投资有限公司（及所属的北京达丰兆茂机械租赁有限公司）、香港永茂机械、新加坡永茂机械等多家子公司。

2009 年，永茂集团控股公司北京市威腾专用汽车有限公司发挥其国内领先的工艺技术，出色地完成了“浴血奋斗”“艰苦创业”“众志成城”和“同一世界”4 辆大型国庆彩车的制造任务，并因此获由首都国庆 60 周年庆祝活动筹委会群众游行指挥部颁发的“奋进”杯、群众游行彩车最佳组织单位奖和彩车设计制作优秀奖 3 个奖项，为永茂集团赢得了荣誉。

经过几次重组兼并，不仅企业的生产经营规模扩大了，而且由于对原有资源进行了重新整合、利用，实现了资源共享、优势互补，进而产生了新的规模效应，使生产与管理成本明显降低。随着生产能力的增强、销售网络的完善，产品的市场份额也有了更大提高。

更重要的是，公司因并购、重组而获得了大量人力资源、管理资源、技术资源与销售资源，显著增强了企业的整体竞争实力。

随着集团优势的显现，永茂建机的产品系列越来越完善，其塔式起重机涵盖了平头式、塔头式、动臂式和门座式四大类别，型号已达 70 多种；其履带式起重机和特种运输车等产品，也分别开创出各自的市场生存空间。

截至目前，永茂塔式起重机已在国家大剧院、首都机场 T3 航站楼、上海南站、南京长江二桥、“鸟巢”和“水立方”等国家重点工程，以及电力、船舶、桥梁、高铁、航天等大型项目中发挥了重要作用。2007 年，永茂建机凭借产品的突出优势，被中国核工业集团公司列为核电站建设用塔式起重机指定供应商。

在集团公司的多元化与国际化发展战略的双重推动下，永茂塔式起重机的销售网络已覆盖亚洲、欧洲、非洲，以及南、北美洲的 70 多个国家和地区，出口份额一度高达其销售总量的 80%。2006 年和 2007 年，永茂建机的塔式起重机出口创汇连续两年居全国同行业首位，使得永茂建机在业内的战略地位不断提升，并稳居世界塔式起重机行业的前列。

（3）研发先行，加强竞争优势

多年来，永茂集团坚持自主创新、科技兴企的发展路线，不断引进和吸收国内外先进技术，扎实提高产品质量，增强了其在国际和国内市场上的核心竞争力。

永茂建机一贯坚持“生产一代、储备一代、研发一代”的方针，为确保永茂品牌的打造与自主知识产权的获得奠定了扎实的基础。为实现快速发展，2008 年起，永茂集团与哈尔滨工业大学联合成立了研发中心，与沈阳建筑大学建立了长期、稳定的技术合作关系。2010 年 11 月，北京永茂建工机械制造有限公司与北京建筑工程学院签约，实施校企合作，对确保永茂建工在国内塔式起重机制造业中的领跑者地位，跻身世界塔式起重机界的前列，产生了巨大的推动作用。

为保证设计工作的高端、高效，2008 年，永茂建机引进了当时世界上最先进的 CAD 设计软件，与 ANSYS 计算软件相结合，提高了其设计水平和设计速度。

截至 2010 年末，永茂建机经国家专利局批准的专利和已被受理的专利申请达 50 多项，“永茂”商标已在 50 多个国家注册，“永茂”商标被全国工商总局认定为“中国驰名商标”，是我国塔式起重机制造界唯一的驰名商标。

2007 年，永茂建机被确定为辽宁省省级企业技术中心、辽宁省高新技术企业，被抚顺市认定为全市科技创新先进单位，并获得了抚顺市政府颁发的高新技术产业发展促进奖。2008 年，永茂建机成为全国起重机标准化技术委员会的编委成员单位，多次参与了起重机械的标准起草和制定工作。2010 年，在法国巴黎召开的 ISO TC96 国际标准化会议上，研究和讨论了与起重机械相关国际标准的修订和完善，中、美、英、法、日等 35 个国家的代表参加了此次会议，而在由 7 人组成的中国代表团中，有 2 人来自永茂建机。凭借自身的技术、产品与市场实力，永茂建机赢得了在国际高端论坛上的发言权。

永茂建机及其产品连续 9 年被中国质量协会评为全国用户售后服务满意单位和全国用户满意产品，多次荣获“辽宁省名牌产品”和“辽宁省自主出口名牌产品”称号；公司多次被评为辽宁省优秀民营企业。2004 年以来，永茂建机多次参加大型国际工程机械、建筑机械博览会，包括上海宝马展、慕尼黑宝马展，以及美国拉斯维加斯工程机械展览会、中东 BIG5 国际博览会、俄罗斯工程机械展、比利时国际建筑机械展等，提升了永茂品牌的市场影响力，建立了客户网络，扩大了市场份额。在塔式起重机领域，永茂建机已成为可与法国波坦、德国利勃海尔等一争高下的国际知名品牌，为中国制造赢得了市场和荣誉。

（4）公司“十二五”期间的发展规划

1）发展战略

2007 年，永茂建机投资 4 亿元，建立了占地面积约 26.7 万 m^2、建筑面积达 12 万 m^2 的永茂工业园，并于 2011 年下半年开始正式投产使用。依托工业园的技术、设备和管理优势，提升了永茂建机的自主创新能力。在此基础上，充分发挥工业园产能，开展多元化产品的设计研究，以大型、超大型塔式起重机为主，填补超大型塔式起重机进口的空白，型号将达到 4 大类、100 多种。同时积极开发其他建筑机械、工程机械高端产品，如履带式起重机、汽车改装、港口机械等，增加新的经济增长点。随着工业园的全面投产，永茂建机的产能将大大提高，到 2015 年，公司年产塔式起重机将达到 3 000 台以上，成为亚洲最大的塔式起重机制造基地，其产值可超过 50 亿元。到 2020 年，实现各项指标提高 30% 的目标。

2）强化系统战略，完善各项工作制度，继续提升企业整体管理水平

3）加强队伍建设，打造优秀员工团队

进一步完善现代企业制度，努力构建企业具有核心竞争力、各项管理工作规范运行、员工心系企业的优秀团队。

4）规范客户服务流程，提升售后服务能力及水平

5）实施卓越绩效考核机制，管理创新

加大技术研发力度，提升产品科技含量；全面提升科技实力和经营管理水平，培育自主创新能力，扩大“永茂”品牌影响力，进一步加强与高等院校和科研院所的合作，形成“产、学、研、用”紧密结合的研发机制，结合生产实际，加快技术创新成果的转化。2012 年，永茂建机自主研发的 STL2400（2400TM）动臂式塔式起重机已批量投入市场，缓解了同类型号塔式起重机的进口依赖。

6）培育供应链，加强产业集群建设

在节能、环保、低碳、绿色方面加大创新力度，增加新产品、新材料、新工艺、新设备的应用，以带动产品结构升级、产品质量的提升和生产率的提高，做世界一流产品，做世界一流品牌。

通过对“十二五”期间整体规划的实施，永茂集团将走出一条人才、产品、服务、品牌和标准全面国际化的新路。永茂将继续秉承“天道酬勤、人道重情”的企业文化，站在更高的起点上，继续保持高速发展，为我国工业的发展做出新的贡献。

11. 中交西安筑路机械有限公司

（1）公司简介

中交西安筑路机械有限公司（以下简称西筑）是目前我国起步最早和最大的专业筑养路机械研发制造企业之一，是中国交通建设股份有限公司（以下简称中交股份）的一级子公司，总资产近 13 亿元。

西筑创建于 1959 年，其前身交通部西安筑路机械厂是交通部直属骨干企业。公司成立至今一直致力于公路路面机械产品的研发和制造，我国第一套强制间歇式沥青混合料搅拌设备、第一台沥青混合料摊铺机、第一台稳定土拌合机等都在这里诞生。近年来，西筑依靠四大系列产品，即沥青搅拌设备系列、摊铺机系列、养护及其生产设备系列、铁路建设专用设备系列的稳健发展，确立了其在筑路机械行业中的龙头地位。达到国际先进水平的 J 系列集装箱式沥青混合料搅拌设备，被评为中国企业新纪录、中国公路学会科技进步二等奖，在国内高端搅拌设备市场中市场占有率第一；多功能系列摊铺机、系列稀浆封层机、系列沥青路面铣刨机、系列同步碎石封层机、冷（热）再生设备系列等新型高级公路大型施工和养护关键设备，在国内处于领先水平，多次获得国家、交通部和陕西省的奖励。

以“西筑机械同步世界”为战略方针，以“实现使用者与制造者共同价值”

为经营理念，以“构筑市场未来，超越客户期待”为经营目标，依靠完善的营销网络和专业的营销队伍，西筑产品畅销国内各省区及海外几十个国家和地区，特别是近几年，在不断稳固和扩大国内市场份额的同时，公司积极开拓国际市场，出口量不断加大，企业在国际市场中的形象显著提升。西筑组建了国内最专业的售后服务队伍，在业内率先提出了产品全生命周期跟踪服务的理念，打造西筑模式的品牌服务，产品质量和售后服务在市场中享有良好的声誉。2007 年和 2009 年，公司荣获“全国用户满意的筑养路机械企业”和“全国铁路建设用户满意的工程机械企业”称号，其沥青搅拌设备荣获用户满意度第一名；2009 年荣获“全国售后服务行业十佳单位”称号。公司产品通过了 ISO 9001 质量认证、国际 UKAS 认证、俄罗斯 GOST-R 认证和欧盟 CE 认证。

西筑经过五十多年的建设和发展，积累了丰富的路面机械设计开发和批量制造经验，初步建立了科学的管理体系和完善的检测手段，培养了一大批筑养路机械设计、制造、营销和管理人才；不断以市场为导向，以科技创新为动力，加快建立企业自主知识产权和核心技术，保持了西筑的品牌优势和技术优势。企业连续多年入围中国机械 500 强和中国交通企业 100 强，且排名持续上升，显示了西筑不断发展的强劲势头。现在，西筑正在逐步发展为具有较强国际竞争力的专业路面机械研发制造企业，“西筑”品牌成为行业内著名的首选品牌。

（2）公司“十二五”期间的发展规划

1）发展战略

成为国内领先、国际知名的，具有综合竞争优势的专业筑养路机械研发制造企业，引领我国筑养路机械行业的发展。

主要体现为：成为我国沥青搅拌设备的领先制造商；成为国内摊铺设备的主要制造商；成为我国道路养护设备的先进制造商；成为我国工程机械行业市场推崇、用户首选、品牌特色鲜明、装备先进的现代化企业。

2）指导思想

根据国家公路建设和城市轨道交通建设规划，以中交股份“十二五”期间的规划为指导，以公路建设和养护设备市场为主线，紧密围绕节能减排和低碳环保主题，充分发挥西筑的品牌效应，以效益优先为原则，通过管理创新和技术创新，不断提升企业运营质量，保持适度规模，走专业化之路，做精做强筑机产业，持续引领行业新技术发展，不断拓展国内国外两个市场，构筑市场未来，超越客户期待，实现使用者与制造者的共同价值。

3）发展目标

在“十二五”期间，公司将围绕一个核心，开拓两个市场，发展三大主业，提升四种能力，实现五个同步。

① 一个核心　以质量效益为核心，统筹协调好发展速度、发展质量、企业规模和效益的关系，增强企业可持续发展的能力。

② 两个市场　立足国内市场，拓展国外市场。强化国内市场的渠道建设，不断扩大各类产品的市场占有率；实施独立走出去和紧跟集团及央企走出去相结合的战略，以更加灵活的机制，努力扩展国外市场，使国外业务量在营业额中占比达到30%以上。

③ 三大主业　强势发展沥青搅拌设备系列、摊铺设备系列、养护设备系列产品，按照横向发展、纵向延伸的思路，不断完善细化三大系列产品。具体目标是：

稳固和扩大搅拌设备市场，通过构建沥青混合料搅拌设备技术研发和制造平台，以加热、温拌、计量、控制等专项技术改进研究为突破口，不断提高产品的关键技术水平，提升产品品质，将已经占据市场主导地位的搅拌设备做精做强，稳步扩大市场份额，使大型高端搅拌设备市场占有率和系列产品综合市场占有率均达到业内第一。

发挥摊铺设备的系列优势，强化实施精品工程，抓住市场主打机型，重点突破，通过调整、完善摊铺机生产组织和装备，提高生产率，不断在产品细节和可靠性上下工夫。在“十二五”末期，使摊铺设备达到国内先进水平，进入国内市场占有率前五名。

优化养护系列产品布局，构建公路养护技术研发和制造平台，在做优做强重点机型的同时，围绕养护工艺和材料技术的发展，超前研发新产品；以目前的稀浆封层机、同步碎石封层机和橡胶沥青洒布车为基础，大力发展以专用汽车底盘改装技术为主的道路养护类产品，不断完善和扩展养护设备系列；大力推广与美国ROADTEC公司合作生产的铣刨机系列产品；在材料再生设备方面，在已有技术的基础上，突出发展ASTEC连续搅拌系列和ROADTEC冷再生机产品，使西筑成为国内养护类产品的主要制造商，进入国内市场的占有率前三名。

在做好三大主业的同时，以更加灵活的机制创新经营租赁业务和配件业务，努力扩大经营规模。以提高运架设备制造技术为基础，紧密依托中交股份的战略布局和核心业务，围绕城际轨道交通和大型钢结构、盾构设备配套等业务，积极展开调研，开发新产品，开辟新市场，努力成为中交股份在西部地区钢结构加工和装备制造业务的主要承载基地。

在“十二五”期间，努力推动公司主要产品创新，积极实施环境和职业健康安全认证。

4）四种能力　在“十二五”期间，公司重点提升可持续发展的技术创新能力、市场渠道建设及拓展能力、成本控制及盈利能力、生产组织及产品质量的管控能力，通过这四种能力的培养和提升，提高企业的经营管理水平。

5）五个同步　筑养路机械技术研究和产品开发与全球技术发展同步；产品品质与世界同类先进产品品质同步；企业管理水平与全球同类先进企业同步；市场服务理念和水平与世界同类先进企业同步；顾客满意度与世界同类先进企业同步。

（3）企业发展的战略重点

1）业务及产品结构调整重点

按照规模适度、效益优先、做精做强、专业发展的思路，围绕核心业务，稳固和提升“西筑”品牌在我国工程机械领域的影响力。

强势发展沥青搅拌设备研发生产业务，抓好主要总成和关键部件的专项技术研究，扩大全系列产品的市场覆盖率，保持技术和市场占有率“双领先”的优势。

强化实施摊铺机精品工程，突出重点机型，抓好生产和试验环节，提高产品的稳定性和可靠性；加强技术改造和创新，提高产品总成的模块化和互换性，提高生产率；加大推销力度，不断扩大市场占有率。

超前发展养护技术研究和产品储备，以汽车底盘改装技术为基础，以稀浆封层机、RODTEC铣刨机等产品为龙头，带动养护类产品的快速发展；强力推动ASTEC双滚筒连锁式搅拌设备的市场运用，形成新的增长点。

2）市场及营销重点

以营销机制的创新来调动销售队伍的积极性，对国内市场强化渠道建设和网络布局调整，加强对销售大区的考核和监督管理，提高销售片区对终端市场的把握能力，加大对客户的日常管理和维护力度，提高客户对西筑品牌的忠诚度。对国外市场实施差异化营销政策，集中优势资源，重点突破，在营销理念上，以客户满意度为核心，围绕“为用户创造效益、提供全生命周期服务和超越客户期待”的主题，加强营销管理信息化建设，加大网络营销的投入，不断提升西筑品牌的知名度和美誉度，打造特色鲜明的品牌价值，实现从设备供应商向设备供应服务商的转变。

12. 山河智能装备集团

（1）公司简介

湖南省工程机械“三驾马车”之一的山河智能装备集团，秉承“做装备制造领域世界价值的创造者”的使命和愿景，立足自主创新和产学研一体化的发展模式，逐步成为一家以工程机械为主业，拥有自主知识产权，在国内外具有一定影响力的现代化国际性企业集团，成为我国工程机械企业中快速、健康、持续和科学发展的典范。

山河智能装备集团的发展一步一个台阶，一年一个跨越。从2006年到2010年，其产值分别达到8亿元、15.6亿元、16亿元、20.6亿元和35亿元。特别是2010年，山河智能装备集团总资产近50亿元，主营业务收入达28.39亿元，利润总额2.395亿元，出口额近3亿元。集团产品成功覆盖大型桩工机械、全系列挖掘机械、现代凿岩设备、工业车辆、军事工程机械、通用航空设备等十多个领域，产品销往全球60多个国家和地区。占地130万m^2的天津山河装备开发有限公司，作为目前集团旗下最大的子公司，首期15万m^2的厂房已建设完成，并有四款新产品，包括国内最大的履带式伸缩臂起重机，成功下线；安徽山河矿业装备股份有限公司的采煤机、掘进机也于2010年成功下线，并以业内最短的时间获得了安全认证，成功实现了销售；占地180万m^2的长沙山河工业城，将建成我国中南地区最大的挖掘机制造基地和全球最大的基础施工装备制造基地。

随着国家对低空领域的开放，集团子公司湖南山河科技股份有限公司开始涉足航空制造业，并迅速成为两座轻型飞机、水陆两用飞行船、动力三角翼、“飞鹰”无人机系统、国土测绘无人机系统全系列产品的专业生产厂家。同时，公司还成为了国内首家获得轻型运动飞机适航认证的民营企业。此外，山河科技股份有限公司还与株洲董家段高科园签署协议，投资10亿元启动通用飞机制造项目，这是目前国内唯一拥有自主知识产权的通用飞机制造项目，达产后年产通用商务飞机1 000架，新增产值超过50亿元。

山河智能装备集团以“修身、治业，怀天下”为核心价值观，始终坚持自主创新，每年的研发投入达到总销售收入的6%，获得专利技术150余项，承担国家级项目10余项，其中863计划项目6项；获得国家科技进步二等奖、国家发明奖等各种奖项数十项，被连续授予国家认定的企业技术中心、国家博士后科研工作站、国家创新型企业、国际科技合作基地、国家863成果产业化基地、国家工程机械动员中心，中国优秀民营科技企业等称号。

（2）公司“十二五”期间的发展规划

在“十二五”期间，山河智能装备集团提出将实现以下目标：产值达到260亿~300亿元；小挖、中挖、旋挖、潜孔钻、压桩机稳居国内一线品牌，并成为世界知名品牌；内燃叉车成为国内精品；电动叉车跨入国内一线品牌；起重机、煤矿机进入国内先进行列。

13. 安徽惊天液压智控股份有限公司

（1）公司简介

安徽惊天液压智控股份有限公司（以下简称惊天液压），自2000年创立以来，一直专注于液压振动技术的研究与创新，并以该技术为依托，开发了各类液压破拆属具与液压破拆装备，是目前国内液压破拆领域中产品组合最宽、产品线最长、产品关联度最高、出口量最大的企业。

公司位于安徽省马鞍山市国家级经济技术开发区，注册资本4 500万元，拥有员工480余人，其中专职技术人员65人。截至2010年年底，企业总资产为2.1亿元，资产负债率41%，主营业务收入1.37亿元，净利润3 540万元，出口额为1 712万元。

惊天液压始终坚持以液压振动技术为核心技术、以液压锤为核心产品，致力打造我国液压破拆特色产业，采取专而精的企业发展战略。其主导产品有两大类：一类是液压破拆属具，包括液压锤、液压破碎抓斗、松土器、液压粉碎斗等；另一类是液压破拆装备，包括拆除机器人、固定式破碎机等。公司通过与液压挖掘机厂商建立长期战略合作关系，在国内23个省市和欧洲市场建立了液压破拆属具的稳定销售渠道；其生产的固定式破碎机在国内大型矿山及冶金企业受到广泛欢迎和良好赞誉。2010年液压锤销售7 651台，出口255台；固定式破碎机销售32台，出口2台。

（2）行业地位

惊天液压是目前国内极少数拥有液压破拆属具及装备核心技术自主知识产权的高新技术企业，拥有目前国内唯一专门从事液压振动技术及相关产品开发的技术中心——安徽省液压振动工程技术研究中心，在国内同行业中，其市场占有率高、产品结构优化合理，是具有发展潜力的特色企业和创业领军企业。

惊天液压是科技部国家火炬计划重点高新技术企业、商务部确认的13家工程机械行业核心层重点联系企业、国家知识产权局全国企事业知识产权试点单位、安徽省首批创新型企业、中国工程机械配套件行业属具最具影响力品牌企业，是中国工程机械工业协会常务理事单位、中国工程机械工业协会挖掘机分会和配套件分会常务理事单位，也是行业标准《液压锤》（JB/T 5953—2008）和国家标准《土方机械—遥控拆除机》（GB/T 25693—2010）的主要起草单位。

（3）公司核心竞争优势

1）突出的自主创新能力

惊天液压专注于液压振动技术领域的研究与创新，其多项产品填补了国内空白，多项研发成果达到国际先进和国内领先水平，不仅有力地推动了企业的持续发展，而且推动了全行业的技术进步。

惊天液压的技术中心——安徽省液压振动工程技术研究中心，这也是目前国内唯一专门从事液压振动技术研究与产品开发的技术中心，现有研究技术人员65 人，其在液压破拆属具及装备领域共开发出 8 项高科技产品，已取得 3 项发明专利、8 项实用新型专利和 3 项外观设计专利。

惊天液压自主研发的氮爆式液压破碎锤是国家重点新产品，于 2004 年通过安徽省科技厅科学技术成果鉴定，其综合技术指标达到国际先进水平，2005 年荣获中国机械工业科学技术二等奖；固定式液压破碎机于 2008 年通过安徽省高新技术产品认定，并于 2010 年通过安徽省科技厅科学技术成果鉴定，其综合性能达到了国内领先水平；拆除机器人具有远程遥控、无线视频、大功率作业等优点，适合高危作业环境，于 2007 年被评为国家重点新产品，2010 年通过安徽省科技厅科学技术成果鉴定，其综合性能达到国际先进水平，填补了国内空白。

2）领先的市场占有率和良好的品牌影响力

惊天液压是中国工程机械配套行业属具最具影响力品牌企业，并荣获安徽省知名品牌、安徽省著名商标等称号。根据中国工程机械工业协会的统计，2010 年惊天液压在国内液压破碎锤市场营销量位居第一，与山重建机、熔安重工、力士德等主要挖掘机主机厂商建立了长期战略合作关系，开创了国内属具生产企业直接与主机厂配套合作的先河。公司为中国人民解放军部队项目植桩系统、南车集团隧道钻机开发的专用液压锤成为其核心产品，是目前国内唯一能够提供特种液压锤定制的厂家。2008 年汶川地震时，公司液压锤被国家发展改革委紧急调往灾区支援抗震救灾部队，在现场救灾过程中发挥了重要作用，国家发展改革委专函予以表彰；中国人民解放军致信感谢。

惊天液压自主研发的固定式液压破碎机，自2008年正式投入市场以来，已在中国有色矿业集团有限公司、中国黄金集团公司、金川集团股份有限公司、鞍山钢铁集团公司等数十家大型国有企业得到了推广应用。根据中国冶金矿山企业协会的统计，惊天液压固定式液压破碎机占目前国内固定式液压破碎机保有量的58%，并在多项工程项目创造了第一。例如：为国内最大的露天矿之一——鞍钢集团齐大山铁矿研制的一台GTP90型固定式破碎机，其作业半径达18m，是目前亚洲作业范围最大的固定式液压破碎机；为国内大型磷矿——开磷集团开元磷矿开发的井下放矿溜井破碎系统（共7台固定式破碎机，安装在不同的作业面、不同的溜井口），在国内首次实现由地表中央控制室集中远程监控、实时处理，成为矿山数字化建设的重要环节；为西部铜业有限公司霍各琦铜矿开发了具有机械手功能的固定式破碎机，安装于颚式破碎机底部出料口，是国内第一台可以将液压锤通过机械手臂深入颚式破碎机底部破碎的固定式破碎机；为我国最大的镍锭生产基地——金川集团金川镍矿冶炼厂开发了第一台专门用于镍锭破碎的固定式破碎机，20min内即可破碎一块重达30t的镍锭，比传统方法提高效率3倍以上；为中色集团缅甸达贡山镍矿项目研发的固定式破碎机系统，是国内固定式破碎机第一次应用于国际市场。

3）严格的质量控制体系

液压破拆属具及装备属于先进制造业，其质量控制贯穿于产品设计、生产到装备的全过程。惊天液压始终视产品质量为生命，坚持把质量控制作为公司的核心工作。公司自成立以来，注重从技术研发、硬件平台、现场管理、ERP系统四个方面持之以恒地推进产品精益生产体系的建立与完善。

惊天液压拥有标准生产厂房2万m^2，建设了核心部件无尘化装备车间、液压锤测试中心、热处理试验室，配备有高端加工中心、车削中心、三坐标钻床、大型镗铣床、大型数控磨床、热处理自动生产线等关键生产与检测设备100余台（套）；具备液压破碎锤、液压破碎斗、万向快接、固定式液压破碎机等全套工艺技术和生产线，其设备先进性达到国内一流、国际先进水平。公司全面推行“5S”管理制度，有力地提升了生产率和产品可靠性；采用全球最先进的SAP系统，实现了信息流、资金流、物资流、工作流与管理的高度集成，有效整合企业的各种资源，为控制生产成本、保障产品质量提供有力支持。

惊天液压已通过全球最权威的第三方认证机构之一——德国莱茵TUV对公司ISO 9001质量管理体系和ISO 14001环境管理体系的认证。公司还通过了鞍山钢铁集团公司、中国黄金集团公司、北方重工等众多大型客户对公司产品的生产治理体系现场考核，并已在代表液压破拆属具及装备最高水平的欧洲建立了稳固的销售网络，充分证明公司产品质量已经达到国外产品同等水平，满足国际市场客户的要求。

4）完善的综合服务体系

液压破拆属具是挖掘机等工程机械的功能扩展，其产品的销售特点是终端用户即需即选即用，因而要求厂商必须紧贴市场，随时掌握需求信息，随时供应产品和零配件，随时提供技术和售后服务，全天候的售前、售中、售后服务是抢占市场份额的必要条件。

惊天液压在注重研发和生产的同时，着力加强销售渠道和服务网络建设，目前已经在全国设立了 7 个区域营销服务中心，拥有具有战略合作伙伴意义的经销商 43 家，开通了 24h 全天候服务专线，形成了全国性的营销服务网络和完善的综合服务体系，产品营销服务覆盖全国 23 个省市自治区。

惊天液压成立了液压锤技术培训学校，每年定期开办 4 期培训班，编印培训教材，讲授液压锤基础知识，培训液压锤售后服务技能，为经销商和终端用户培养了大量的专业技术人员，收到广大经销商和终端用户的热烈欢迎和一致好评。

14. 成都市新筑路桥机械股份有限公司

（1）公司简介

2001 年，成都市新津新筑路机械有限公司经四川省人民政府批准，成立了成都市新筑路桥机械股份有限公司（以下简称新筑股份）。新筑股份是一家以民营资本为主体的股份制企业，已建立起完整的全面风险管理体系，于 2010 年 9 月在深交所中小板上市。

新筑股份与西南交通大学、四川大学、重庆交通大学、北京交通大学、长安大学、青岛科技大学等 10 余所院校建立了合作关系，并在西南交通大学、重庆交通大学和长安大学设立了新筑奖（助）学金，与铁道科学研究院，铁道部第一、二、三、四、五勘测设计院，铁道部大桥局勘测设计院、中交公路规划设计院以及各省主要交通设计院保持了长期合作关系。

新筑股份在本部建立了设计研究总院，在成都和北京建立了设计研究分院，建有省级技术中心，公司拥有 11 名由国内权威专家组成的顾问团队，有 15 名教授长期与公司在科研课题方面进行深入的合作，具备很强的自主创新能力。

新筑股份主要从事桥梁功能部件及工程机械等产品的研发、生产、销售和服务，产品广泛应用于国内外公路、铁路、机场、水利及市政等工程，客户遍及全国各地及东南亚、中东、非洲和俄罗斯等国家和地区。2010年，公司销售收入12.96亿元，利润1.43亿元，总资产达34.53亿元。

（2）企业创新机制的建立和完善

新筑股份建立了完善的法人治理结构。在传统产学研模式的基础上，创造性地提出并完善了以“产学研用”为一体的创新发展模式。

在“产”方面，拥有良好的上市资本平台和行业品牌信誉保障，具备自身强大的研发和试验检测能力，桥梁功能部件制造能力居行业第一位。

在“学研”方面，依托于与科研院校构建的合作平台，在基础理论、材料、工艺方法等方面，建立了长期的联合研发机制。同时与西南交通大学、铁道科学研究院等所属的国家级检测中心紧密合作，保证了科研成果能够在第一时间得到权威验证。

在“用”方面，公司各项科技创新成果有效依托于铁道科学研究院、铁道部等第一、二、三、四、五勘测设计院、铁道部大桥勘测设计院、中交公路规划设计院等知名研究机构，得到及时推广。公司与铁道部各铁路局、中铁工集团、中铁建集团、中交集团、中水集团等单位长期保持了良好的合作关系，各类产品可以迅速得到应用，并在用户当中赢得了良好的口碑。

时间证明，“产学研用”机制的良性循环，有力地保证了新筑股份国内领先、国际一流的行业优势地位，近5年来保持着年均40%以上的增长速度，在铁路桥梁功能部件市场上，市场占有额达到了20%左右，在铁路桥梁支座细分市场占有率居行业第一，已成为我国铁路桥梁行业龙头企业。

新筑股份投资8500万元在总部建立了研发试验检测中心，拥有包括世界上最大的12000t支座压力试验机在内的众多大型先进试验检测设备，能满足日本标准、美国标准，英国标准、欧洲标准等绝大多数国际桥梁功能部件的检测标准。目前已经获得国家CMA计量认证。

新筑股份建立了完善的科研项目管理机制，从制度上对科技创新进行鼓励和支持，每年在科研和技改项目中投入大量资金，保障了研发工作的顺利开展。

（3）自主创新的科技成果和社会影响力

在强大的研发力量的支撑下，新筑股份的技术和研发水平在行业内名列前茅，公司取得的大量科技创新成果，主要成果如下：

1）型钢整体轧制工艺（1996年）

新筑股份是行业内首家采用整体热轧伸缩装置型钢技术的公司，攻克了以往伸缩装置型钢需要轧制后焊接的世界难题。该项目获得了3项专利，2001年6月再次获得“九五”国家技术创新优秀新产品奖。产品晶相试验显示，整体热轧型钢金相组织较美国、德国型钢更加细密，力学性能更加可靠。

2）MC系列连续式混凝土搅拌机（1998年）

新筑股份是国内最早开始采用二级搅拌工艺，设计大方量连续式混凝土搅拌站的公司，能够适应搅拌建筑塑性混凝土、干硬性及半干硬性碾压混凝土的需要。产品成功应用于西攀高速、武黄高速，云南小湾水电站、四川紫坪铺水电站等公路、铁路、水工、航运等建设领域。

3）大位移伸缩装置（2000年）

国内首家通过整体性能试验，并应用于重庆大佛寺长江大桥的ZL1120大位移桥梁伸缩装置，通过了国家科技创新项目的验收，自2002年安装以来运行良好。

4）跨座式单轨交通梁承拉盆式橡胶支座（2001年）

跨座式单轨交通梁承拉盆式橡胶支座最早用于重庆轻轨一期工程，并获得国家重点新产品奖项和成都市科技进步奖。

5）HZSG系列高速铁路专用混凝土搅拌站（2006年）

该系列设备是运用于国家第一条铁路客运专线渝遂线（重庆-遂宁）施工的高性能混凝土搅拌站，具有高性能、高精度、高稳定的特点，改变了传统商品混凝土搅拌工艺，并先后应用于京沪、哈大、武广、郑西、大西、桂广等客运专线上，应用业绩名列全国前三强，成为高铁搅拌站制梁行业的标杆。

6）WCBG系列高速铁路基层材料多功能搅拌站（2006年）

新筑股份采用自主专利技术，针对搅拌改良土壤和A/B组填料、级配碎石的特殊工艺要求，生产制造的高速铁路基层材料多功能搅拌站，充分体现了一机多能，成为国内首家向铁路客运专线建设提供高速铁路基层材料多功能搅拌站的生产制造企业。这种搅拌站先后应用于武广、郑西、哈大、京沪等客运专线上。

7）全套橡胶沥青生产设备（2006年）

新筑股份拥有全套橡胶沥青生产设备制造技术和适应我国特点的生产工艺技术，是橡胶沥青生产设备和施工工艺国家标准的制定者。

8）HDR高阻尼橡胶支座（2008年）

新筑股份是国内首家高阻尼橡胶支座通过欧洲CE认证的企业，已在我国对外承接的阿尔及利亚东西高速公路工程中成功应用。

9）锻压摆展技术（2008 年）

新筑股份研发制造的具有自主知识产权的国内最大吨位（1 250t）摆展机，达到国际一流水平。其锻造能力相当于普通锻造设备一万 t 以上的锻造力产生的效果。

10）特大型桥梁支座球面倒置技术（2008 年）

特大型桥梁支座球面倒置技术，是公司针对桥梁支座受力特点设计的一种球型支座，获得了国家专利；16 000t 特大型桥梁支座球面倒置技术，成功用于山东济宁光府河大桥工程。

11）APRC 系列乳化沥青冷再生搅拌设备（2009 年）

该系列产品成功应用于乳化沥青冷再生技术及施工工艺，充分解决了沥青路面铣刨旧料 100% 循环再生利用的问题，使用时不需对旧料进行烘干、加热处理，体现了节能、环保的理念，是一种先进的养护设施。产品性能处于全国领先地位，已经成功应用于京珠高速漯河段扩建工程、西汉高速扩建工程等项目，成为公路养护、节能环保领先者。

12）聚氨酯伸缩装置弹性元件开发（2010 年）

采用聚氨酯作为弹性元件原材料，其性能较普通橡胶弹性元件高 50% 以上，为国内首创。伸缩装置最关键的承压支座通过了重庆公路工程检测中心 500 万次疲劳试验。

13）刚性铰支座（2010 年）

刚性铰支座是突破超过 2 000m 的斜拉桥的关键技术控制因素，很好地解决了多跨斜拉桥钢箱梁因温度载荷所引起的变形，成功应用于嘉绍大桥。嘉绍大桥是国内外建桥史上首例采用刚性铰支座结构的六塔独柱四索面钢箱梁斜拉桥。

14）湿喷台车（2010 年）

新筑股份研制的 XZPS30 湿喷台车是国内第一台具有自主知识产权、采用全液压传动及全智能自动控制的混凝土喷射施工设备，具有先进的可视化操作模式、灵活的喷射机械手系统，可实现 9 个自由度的操作动作，施工范围大，最大喷射高度达 16m，水平喷射宽度为 28m，最大生产率达 $30m^3/h$，各项性能指标居国内领先、图际先进水平，打破了国外设备在我国的垄断地位。

15）高速铁路声屏障（2010 年）

新筑股份能够进行完整的高铁声屏障模型计算及相关数据处理，攻克了高速铁路（380km/h）的噪声治理难题，为京沪高铁声屏障等项目的应用提供了完整的解决方案并已拥有国内10余项专利，是国内在该领域拥有最多、最全自主知识产权的厂家之一。公司还专门设计开发了适用于420km/h高速铁路的金属声屏障，并通过了铁道部产品质量监督检验中心安全卫生检验站及国家建筑材料测试中心的各项吸声和抗疲劳测试，是目前国内唯一一家掌握420km/h高速铁路声屏障技术的厂家，占领了声屏障技术的制高点。

16）模数式超大位移伸缩装置（2011年）

公司自主研发的武汉二七长江大桥ZL1600超大位移桥梁伸缩装置，该产品技术为国产模数式超大位移伸缩装置之最。

（4）公司未来发展目标

新筑股份将依托良好的上市资本平台和行业品牌信誉，充分发挥强大的研发、检测和生产能力，稳步推进多元化发展战略，立足现有业务组合，充分利用公司资源，拓展各业务领域的产品链及产业链，实现跨越式发展，成为公共交通工程和民用建筑工程材料及设备的一流综合供应商，并成为国际知名供应商。

15. 马鞍山方圆回转支承股份有限公司

（1）公司简介

马鞍山方圆回转支承股份有限公司（以下简称马鞍山方圆）成立于2003年7月，是国内规模最大的集研发、设计、制造于一体的回转支承专业化生产厂家之一。2007年8月在深交所挂牌上市，为我国行业内首家上市公司，也是国内第一家正式通过军方鉴定的雷达用回转支承民营生产企业。公司占地面积28万m^2，注册资金2.59亿元，总资产11.95亿元，员工1 500余人，现有长沙方圆回转支承有限公司、浏阳方圆液压有限公司、马鞍山方圆动力科技有限公司三家子公司和通用、精密、重装、方圆机械制造四个事业部。

2011年，马鞍山方圆贯彻实施战略规划措施，持续推进技术创新、产品研发、工艺改进等技术工程，并取得了丰硕成果，各项业绩再创新高，态势喜人。主营业务回转支承产销量同比增长13.28%，稳居国内第一，销售收入同比增长35.8%，净利润同比增长20.8%，规模不断扩大，产能不断提升，巩固了行业内的领军地位。

（2）发展战略

1）企业转型升级，促进健康发展

马鞍山方圆在发展过程中，不断加大与外部的联系，通过合作与控股，先后成立了长沙方圆回转支承有限公司、浏阳方圆液压有限公司、马鞍山方圆动力科技有限公司三个控股子公司，成为国内回转支承行业的龙头企业。公司逐渐形成了以回转支承系列产品为主的主营业务，辅以液压缸、涡轮增压器、热轧环件等多元化产业的发展道路，极大地促进了公司的多元化、规模化发展，满足了公司拓展产业的战略需求。

马鞍山方圆注重对现有产业链进行转型升级，投资新建了重型装备、清洁能源用大型回转支承生产线及检测试验中心，其中精密级回转支承研究与开发项目被列入马鞍山市企业研发机构能力建设科技计划项目。通过新建和改造项目，公司产能和装备技术水平得到了持续提升，极大地促进了公司发展的转型升级，有利于实现成为世界一流的机械基础零部件制造企业这一战略目标。

2）承袭产品优势，实现长足发展

马鞍山方圆自1984年成功研制出具有当时国际先进水平的单排球式回转支承以来，坚持从硬件平台建设、工艺系统完善、管理模式提升和员工观念更新等方面，持之以恒地推进产品制造体系的精益化进程，现拥有5条数控化生产线和900多台具备国内一流水平的精加工设备。公司先后开发生产了单排球式、双排球式、交叉滚珠式、三排柱式、双回转式、腰鼓式、哈夫式等7大类2 000多种规格的回转支承，其产品广泛应用于建筑机械、工程机械、港口机械、冶金机械、轻工机械、医疗机械、军工机械等多个领域，多年来为徐工集团、玉柴集团、三一重工、柳工、福田雷沃等国内著名企业提供配套产品，并批量出口美国、加拿大、日本、意大利、俄罗斯等国家，拥有良好的市场知名度和美誉度。

马鞍山方圆直接参与了《建筑施工机械与设备　单排球式回转支承》（JB/T 10839—2008）、《建筑施工机械与设备　交叉滚柱（锥）式回转支承》（JB/T 10838—2008）和《建筑施工机械与设备　三排柱式回转支承》（JB/T 10837—2008）三项回转支承行业标准的制定工作，具有国内一流的生产技术，品质过硬。公司于2006年顺利通过了ISO 9001质量管理体系认证，形成了“三合一”的综合管理体系，并于2011年先后通过了中国船级社型式认证和国军标质量体系认证。多年来，该公司积极参加国际工程机械展、北京国际风能大会及成都国际雷达展，成功拓展了其港口机械、风电领域及军品市场，满足了市场需要，形成了新的增长点。

3）注重自主创新，巩固领军地位

马鞍山方圆把自主创新视为企业发展的关键所在，组建了一支专家型、高素质的管理团队，培育了一批经验丰富的优秀员工和一支精干务实的技术队伍。近几年来，共有研发项目25项，并全部实现成果转化，实现了巨大的经济效益。

马鞍山方圆始终将创立自主品牌和自主知识产权作为增强企业综合实力的主要途径。主导产品Q系列回转支承、01系列回转支承、1.5MW风力发电机大型回转支承及双列球式回转支承被安徽省科技厅授予“省重点高新技术产品”称号；自主研发的哈夫式回转支承、重载荷大型回转支承、大直径回转支承滚道直径测量杆比对装置及超薄环形件加工方法获得了国家发明专利。公司现拥有各项有效专利33项，其中发明专利5项、实用新型专利28项，另有包括7项发明专利、4项实用新型专利在内的11项专利证书正在申报受理中，研发实力不断提升，企业竞争力不断增强。

马鞍山方圆充分发挥省级企业技术中心和安徽省回转支承工程技术研究中心的平台优势，加大研发投入，自主研制了风电力矩试验台和高低温力矩试验台，填补了国内空白，有效验证了其精密级回转支承具有高精度、高可靠性、高安全性、长寿命和高承载能力；推广有限元分析软件，模拟产品使用工况进行结构受力分析，进一步优化产品结构，提高产品性能。

马鞍山方圆投资建设了目前国内唯一一个回转支承检测试验中心，其检测能力已达到国内回转支承行业领先水平，目前已拥有国内外多种先进检测器具和设备，能够全方位满足回转支承检测、分析的需要。通过各种结构回转支承的检测试验报告，为提高公司产品质量、改进加工工艺及开展新产品研发提供了有力保证，保障了公司质量管理体系的有效运行。检测试验中心的成立，填补了国内回转支承行业的空白，为我国工程机械行业的发展提供了强大的技术支撑。

在进行自主研发的同时，马鞍山方圆与北京建筑机械综合研究所长期合作研究，并与南京工业大学、安徽工业大学等高等院校建立了良好的合作关系，合作研制了数字式多功能试验台等多种设备装置，有效提升了工艺工装水平。先后承担过国家级火炬计划项目、省级火炬计划项目、升级重大攻关项目及众多市级科技计划项目，并将研发成果实现产业化和市场化，形成了公司新的经济增长点，为我国工程机械行的发展做出了贡献。

4）树立品牌至上，全力打造“方圆”商标

马鞍山方圆经过多年的发展，以一流的产品品质、至诚的服务理念及卓越的管理模式造就了公司的品牌优势，在国内外市场上树立了良好的品牌形象。公司连续多年被三一集团、福田雷沃公司等多家大客户评为优秀供应商，被徐州重型机械有限公司、上海三一科技有限公司优选为战略供应商，品牌优势得以进一步发挥。

马鞍山方圆在2011年荣获了全国模范劳动关系和谐企业、全国五一劳动奖状、中国工程机械配套件行业最具影响力技术创新奖、安徽省创新型企业、苏浙皖赣沪名牌产品50佳、马鞍山市长质量奖等荣誉，极大地提升了核心竞争力，为公司做大做强和持续、高效、快速、健康发展，打下了坚实的基础。

16. 昆明中铁大型养路机械集团有限公司

(1) 公司简介

昆明中铁大型养路机械集团有限公司（以下简称昆明中铁）是国家铁路大型养路机械生产基地、国家高新技术企业、全国文明单位，一直致力于铁路养路机械化事业的发展，2008年随中国铁建整体上市。大型养路机械是用于铁路线路检测、养护和修理的大型成套设备，是确保铁路高速重载、安全运营的重大技术装备。1988年，铁道部以技贸结合方式引进了该领域世界一流的奥地利普拉塞陶依尔公司的先进技术，昆明中铁承担了其国产化任务，生产出我国第一台08-32捣固车，实现了我国大型养路机械国产化生产零的突破。截至2011年底，昆明中铁已为我国铁路建设提供各类大型养路机械1 596台，市场占有率达80%以上，并有部分出口，成为亚洲第一、世界第二的铁路养路机械研发制造企业，使我国铁路养路机械整体装备水平跨越了与国外近30年的差距，进入世界先进行列。大型养路机械的广泛应用，结束了我国铁路人工养护的历史，大大提高了线路维修作业质量和效率，保证了我国铁路的安全畅通，对我国铁路历次大面积提速扩能、保障运输安全、加速技术进步、推进工务修程修制改革，以及青藏铁路和高速铁路的顺利开通、安全运营发挥了重要作用。

在引进技术的同时，昆明中铁十分重视自主创新。经过多年努力，在引进消化吸收的基础上，走出了一条再创新的成功之路，创立了符合我国国情的大型养路机械发展模式和技术创新体系，为我国大型养路机械打造民族品牌、走向世界创造了有利条件。昆明中铁现已形成100%的国产化能力，具备了独立研发高端大型养路机械新产品的水平；形成了多个系列共40多个品种、配套齐全的产品格局，其中自主研发产品30余种，填补了国内空白；获国家专利80余项，主持制定大型养路机械铁道行业标准30余项。

近年来，昆明中铁紧紧抓住我国铁路大发展所带来的重大机遇，实现了企业的快速发展，各项经济指标不断攀升。2008年，昆明中铁年营业收入由“十五”

末期不足10亿元一举突破20亿元大关，2010年达到26.92亿元，利税总额达4.9亿元。同时，为加快我国铁路技术装备的现代化进程，由中国铁建投资11.5亿元，实施了国家大型铁路养护设备昆明产业基地建设，大大提高了公司的生产能力和自主创新能力（年生产能力由86个标准台提高到300个标准台）。通过信息化与工业化的融合，昆明中铁构建了以ERP为核心的信息化管理平台，全面推行精益化管理，达到集中统一的生产调度指挥、物流配送和工艺执行，实现“两高两低”，即“高效率、高质量、低成本、低排放”，推动产业升级，建立起手段齐全、工艺先进、管理完善、生产高效的现代化制造体系，打造世界一流基地。

（2）“十二五”期间发展规划

“十二五”期间昆明中铁的发展目标是“把昆明中铁集团公司建设成为国内最具竞争力、国际一流的铁路工程机械国际知名企业，建成世界一流的铁路养护机械设备基地”“十二五”力争实现营业收入200亿元，比“十一五”翻一番。同时，还提出将昆明中铁打造成为世界级的铁路工程机械制造中心、技术中心，世界铁路大型养路机械的工程试验检测中心和大型养路机械的培训中心。

为实现“十二五”期间战略目标，昆明中铁进行了一系列战略布局，结构调整初见成效。下一步，昆明中铁将围绕“商业模式重构”理念，进一步深化企业改革，“转方式、调结构、促升级”，为昆明中铁的“十二五”期间的战略发展提供支撑。

1）大力开拓国际市场，推动产品和服务走出国门，促进企业由本土经营向国际化经营转变

在我国铁路市场容量有限的情况下，将产品推向国际市场已经成为昆明中铁持续发展的唯一选择。通过中铁建股份公司组建国际集团、构建“大海外”格局，以及中国中铁和南、北车集团搭建的海外平台，积极寻求兼并重组国外养路机械企业的机会，多渠道、全力开拓国际市场。“走出去”不仅仅只是产品销售，更重要的是输出铁路养护维修的管理模式和成套装备制造与应用技术，提供包括产品、服务、线路养护施工及管理等在内的一揽子解决方案。通过产品出口、技术出口、服务出口，成为卓越的国际大型养路机械、工程机械产品和服务供应商。力争到“十二五”末，公司国外收入占主营业务收入的30%。

2）强化企业核心竞争力，整合资源，促进企业由产品制造商向系统集成商转变

实现国际化最主要的问题是自主创新。昆明中铁这些年最大的成绩是通过引

进、消化、吸收确立了行业领军地位，现阶段和下一步的主题就是自主创新。2010年以来构建了“4个研究所（昆明）+1个研发中心（北京）”的自主研发平台，全面加速新产品的研发；正在建设国家级技术中心和国家级工程实验室（工程技术研究中心，已向国家科技部申请立项），实现自主研发能力升级；充分发挥国家大型养路机械博士后科研工作站的作用，跟踪研究世界前沿技术，加强基础理论研究、作业模式研究，强化原始创新。实现企业由产品制造商向系统集成商的转变，以科技创新支撑和引领企业发展，真正走上创新驱动内生增长的发展轨道。

3）深化产业结构调整，拓展公司业务，促进企业由单一化经营向多元化经营转变

2010年以来，昆明中铁在产业结构调整、战略布局上作了积极探索，相继在北京组建了瑞维通公司（北方修理基地）、昆维通公司（线路养护施工），在昆明组建了奥通达公司，在唐山组建了唐山昆铁公司等四个子公司，在做大做强大型养路机械主业的基础上，全面拓展大型养路机械修理、铁路线路养护施工、中小型机械制造、配件制造及销售等业务，不断完善产业链，目前这几家子公司都已运营并开始创效。此外，昆明中铁还将积极拓展铁路工程施工机械和其他专用设备、路外工程机械制造等新产业，寻求企业新的经济增长点，实现企业由单一化经营向多元化经营转变。

4）强化服务意识，实现产业链多点创效，促进企业由传统制造型向现代服务型转变

服务不仅是产品生产商的责任，还能创造价值。这里的服务不局限于传统的售后服务，还包括技术支持、培训、修理、配件等全面的服务。以前只注重制造环节的服务，而没有发掘前端研发和后端市场环节的附加值。下一步昆明中铁将构建完善的经营网络和服务体系，实施区域化经营，做到营销到哪里，研发、培训、修理、配件等服务就跟到哪里，在为广大用户提供全面、快捷、优质服务的同时，充分发掘各环节的附加值，实现整个产业链多点创效。

5）推动组织机构改革，实施集团管控，促进公司由单体企业向企业集团转变

昆明中铁实施了一系列改革，启动了集团管控和流程再造，以优化组织构架、人力资源、业务流程，使法人治理结构运作更加规范。2011年成为昆明中铁的“改革年”，2012年为“管理提升年”，并将继续深化改革、夯实管理、完

善提升，逐步建立起办事高效、运转协调、行为规范、管控有力、服务到位的现代企业管理体系，实现企业规范运作和健康可持续发展。

17. 中联重工科技发展股份有限公司

(1) 公司简介

中联重工科技发展股份有限公司（以下简称中联重科）创立于1992年，主要从事建筑工程、能源工程、环境工程、交通工程等基础设施建设所需重大高新技术装备的研发制造，是一家持续创新的全球化企业。公司于2000年在深交所上市、2010年在香港联交所上市。目前，公司注册资本为77.06亿元，员工3万余人。2011年，公司下属各经营单元实现销售收入近850亿元，利税超过120亿元，在全球工程机械行业排名第7位。

中联重科自成立以来，年均复合增长率超过65%，为全球增长最为迅速的工程机械企业之一。公司生产具有完全自主知识产权的13大类别、86个产品系列，近800多个品种的主导产品，为全球产品链最齐备的工程机械企业之一。公司的两大业务板块——混凝土机械和起重机械的产品种类均位居全球前两位。

中联重科的生产制造基地分布于全球各地，在国内形成了中联科技园、麓谷工业园、泉塘工业园、麓谷环保产业园、常德灌溪工业园、常德德山工业园、望城工业园、益阳沅江工业园、岳阳湘阴工业园、上海工业园、陕西渭南工业园和江阴华东工业园等十二大园区，在国外拥有意大利CIFA工业园。公司在全球40多个国家及地区建有分子公司和营销、科研机构，为全球6大洲80多个国家的客户创造价值，拥有覆盖全球的完备销售网络和强大服务体系。

中联重科是我国工程机械首家A+H股上市公司，未来将以资本为纽带，强化国外资源整合和市场投入，在欧洲、南亚、西亚建立更为完善的备件中心，在欧洲、西亚、南亚、东南亚及北美洲建立更为先进的制造中心，在欧洲、南美洲、南亚、东亚建设更加贴近客户的研发中心。

中联重科的前身是原建设部长沙建设机械研究院，它拥有50余年的技术积淀，是我国工程机械技术的发源地。传承国家级科研院所的技术底蕴和行业使命，中联重科坚持“高端导入、重点突破、全面赶超”的科技创新战略，通过高端技术创新体系不断攻克工程机械行业中的世界性科研难题，推出了许多世界级产品，持续推动行业技术进步，被科技部、工业和信息化部、财政部等国家部委认定为全国首批“国家创新型企业”“国家技术创新示范企业”，获得了我国混凝土机械行业第一个国家科技进步奖。

中联重科在拥有国家认定的企业技术中心、国家级博士后工作站的基础上，建有行业唯一的建设机械关键技术国家重点实验室、国家混凝土机械工程技术研究中心、国家级城市公共装备技术研究院，现有研发人员近 7 000 人，在长沙、上海、北京、西安、成都、沈阳及意大利、英国等地建有研发分支机构。

中联重科是多项工程机械行业国家标准的制定者，是混凝土机械等两个国家标准化技术委员会秘书处单位、建筑施工机械等三个技术委员会主任委员单位，参与制定了逾 300 项工程机械国家标准和行业标准，并代表国家在国际标准化组织中履行流动式起重机、塔式起重机的国际表决和国内归口职责。累计申请国内专利 2 400 多项，申请国际专利 200 多项；承担了国家“工程机械电气系统电磁兼容关键技术研究”“起重车安全监控及预警应用系统研制”“大型移动式起重机研究与产业化开发”等 973、863、科技支撑国家重点科技计划 30 余项。

中联重科研发投入占其年营业收入的 5% 以上，年均产生约 300 项新技术、新产品，对公司营业收入的年贡献率超过 50%。仅在 2011 年，中联重科就推出了全球最长碳纤维臂架泵车、全球最大履带式起重机、全球最大塔式起重机及全球最大吨位单钢轮振动压路机等世界领先产品。

中联重科自上市以来，在上海、深圳上市公司综合绩效排名中位居前列。2012 年，中联重科凭借优异的公司治理，第五次捧得“金圆桌”最佳董事会奖，成为我国工程机械行业上市公司唯一上榜企业及沪深股市获该奖项次数最多的上市公司；进入中国企业 500 强、中国机械工业 50 强；连续多年被评为我国最具成长性企业、最具影响力企业、全国用户满意企业、中国机械工业现代化管理进步示范企业；多次获得全国五一劳动奖状、中国自主创新能力十强、中国最具影响力品牌、中国最具国际竞争力品牌、中华慈善事业突出贡献奖、全国抗震救灾英雄集体等奖项和荣誉。2011 年，中联重科荣膺“中国 2011 年度最佳雇主”称号和“2011 年度最具社会责任雇主”称号。

（2）海外业务拓展和战略发展概况

1）秉承“包容，共享和责任”的国际化理念

在国际化的实践中，我国企业要实现国际化，一定要先实现本土化，也就是要遵循国际规则，融入当地文化，做当地的企业。而在这一过程中，首先考量的是融入世界的心态和姿态，中联重科将其归结为三个关键词，即包容、共享和责任。

“所谓包容，就是尊重、理解和主动适应；所谓共享，就是坦诚、开放和合

作；所谓责任，就是企业走出去后，要在当地做一个好的企业公民，要在企业承担应尽的责任。”这是中联重科的国际化理念，这一理念已经贯穿于中联重科全球化竞争的每一个细节中。不仅如此，在这一理念的指导下，中联重科充分利用国内、国际两大资本平台，用“两条腿”走路：一是通过国外并购，在全球范围内进一步整合资源；二是加速自建国外研发平台、装配基地、合资工厂、市场渠道，完善跨国运营体系。

2）跨国并购，成功整合

2001 年，中联重科收购英国保路捷，开启了其跨国并购的序幕：2008 年，中联重科携手弘毅投资、高盛及曼达林基金，收购了世界混凝土机械三大品牌之一的意大利 CIFA 公司，迈出了国际化并购的第一步。与此同时，中联重科一改其他企业对被并购重组企业进行“大换血”“大甩卖”的“休克”模式，不断消解“并购后遗症”，使并购方、被并购方及当地政府实现了最大化的效益共赢。中联重科有效整合了双方的全球资源，经过文化融合期与业务整合期后，赢得了意大利 CIFA 公司的技术与工艺，其遍布全球的国外市场，正为中联重科的品牌扩张不断提供动力。经过时间和市场考验的“CIFA 收购案”也成为公司并购蓝本，在中联重科的国外收购计划中进行复制。目前，中联重科在继续寻找合适的并购对象及合作伙伴，以期在重卡、挖掘机、农业机械、液压零部件等领域实现更大的突破。

3）投资建厂，坚决不造“唐人街”

随着国外扩张战略的逐渐推进，中联重科在关注国外并购项目同时，也已加快了国外建厂、建立研发中心和组装工厂等的脚步。随着 2012 年 8 月 21 日与印度 ElectroMech 公司合资协议的签订，中联重科首个自建国外基地即将诞生，这也是中联重科“完善跨国运营体系”的关键一环。印度工厂是中联重科继 2008 年并购意大利 CIFA 后的第二个国外基地，也是中联重科第一个国外直接投资建厂的项目。

此外，中联重科在巴西设立生产基地的选址工作已接近尾声，2012 年完成协议的签署并进入工厂筹建阶段；针对俄罗斯市场的调研工作也在紧锣密鼓地进行中。未来，新兴市场国家将是中联重科国际化的首要阵地。

针对欧美等市场，充分利用其先进技术、规范的市场环境设立研发中心，是中联重科高端市场国际化的主要策略。目前，中联重科美国、德国研发中心正在积极筹建中；分布在我国和意大利 CIFA 的混凝土机械研发中心通过中欧技术融合，成功推出了以碳纤维臂架泵车为代表的一系列复合品牌产品；同时，中联重科正在筹划扩建意大利 CIFA 工厂，涵盖混凝土机械、工程起重机等产品的生产和装配，以便占领高端市场；在日本、俄罗斯的组装工厂也在筹建中，2013 年可开始投产。面对目前国外拓展模式中的“唐人街”现象，即表面上看在国外建厂了，结果还是在自己的“小圈子”里转，中联重科的理念就是坚决不建“唐人街”，一定要走融合之路。

4）完善销售和服务网点，聚焦重点市场和重点产品，实现全面突破

中联重科在东南亚、南亚、中东、非洲、欧洲等多个地区建立了多家子公司，在 24 个国家和地区设立了常驻机构，目前业务已覆盖全球 97 个国家和地区，产品远销中东、南美、非洲、东南亚、南亚、俄罗斯以及欧美、澳大利亚等高端市场，同时积极参加德国 BAUMA、美国 CONEXPO、法国 INTERMAT、俄罗斯 CTT、中东 BIG5 等大型国际展会，不断壮大其品牌影响力。从 2009 年到 2011 年，虽然受到欧洲债务危机、新兴经济体通货膨胀率居高不下等因素的影响，全球经济复苏放缓，中联重科的国外销售业绩仍获得了较大的提高。2012 年，公司更是加大了聚焦重点市场和重点产品的国外战略，上半年出口南美，泛太、CIS 和中南非四大市场的销售增幅远远超过行业水平；土方与路面机械、环卫机械产品出口增长翻倍，取得了聚焦策略的阶段性成果。

为了进一步贴近客户，打造国际化服务，逐步实施服务阵地前移，中联重科一方面大力发展和扶持国外经销商，提升其相应的配件供应能力、维修能力；另一方面，增强中联重科在当地的服务能力及培训能力，最终实现服务当地化。目前，已逐步建立了以中国总部为核心，辐射全球的服务网络，现有分布在各个区域的 300 多名中外服务工程师队伍，加上近 200 多家经销商、30 家特约维修站，以及分布在阿拉伯联合酋长国、印度、巴西等地的服务培训基地等，共同形成了经销商/特约维修站服务、区域指导、总部支持的三级服务响应体系，最大程度地满足客户对服务快速、高效的需求。中联重科的 14 家自建中心备件库、2 个配件物流中心与经销商备件库形成了有力互补，共同组成了完备的备件保障体系。中联重科的全球资源整合和跨国运营体系正日臻完善。

5）深耕细作，跻身前三

工程机械行业未来广阔的发展空间，国内有关政策的激励，都召唤着中联重科要在新的征程中不遗余力地继续深耕国际化战略。围绕国际化战略，中联重科提出了“融合创新，全球市场”这一独特的发展模式，并力争在未来三年建立

起覆盖全球的国外渠道网络和平台网络，在2015年 实现30%的产品以自主品牌销往国外，实现企业技术、市场、品牌、资本与国际的全面对接，争取进入全球工程机械行业的前三名。

18. 徐工集团工程机械有限公司

（1）公司简介

徐工集团工程机械有限公司（以下简称徐工集团）成立于1989年7月，公司成立以来，始终保持着我国工程机械行业排头兵地位，目前位居世界工程机械行业第5位，中国500强企业第123位，中国机械工业百强第4位，是我国工程机械行业规模最大、产品品种与系列最齐全、最具竞争力和影响力的大型企业集团之一。徐工集团在年营业收入由成立时的3.86亿元，发展到2011年突破870亿元，始终保持国内行业前列。

目前，徐工集团的主要产品类型有：工程起重机械、铲土运输机械、挖掘机械、筑路及养护机械、路面及压实机械、混凝土机械、桩工及非开挖机械、铁路建设装备、高空消防设备、重卡及特种专用车辆、专用底盘、发动机、液压件等主机和工程机械基础零部件产品。

徐工集团注重技术创新，建立了以国家级技术中心和江苏徐州工程机械研究院为核心的研发体系，徐工技术中心在国家企业技术中心评价中持续名列工程机械行业首位，被国家发展改革委、科技部等五部委联合授予“国家技术中心成就奖”，同时被授予国家首批、江苏省首个国家技术创新示范企业。

依托徐工研究院、徐工南京研究院和在建的徐工上海研究院、徐工欧洲研究院，近年来徐工集团诞生了一批代表中国乃至全球先进水平的产品，如800t级、1 000t级、1 200t级全地面起重机，3 000t级履带式起重机，12t级大型装载机，88m高空消防车，第四代智能路面施工设备等，在全球工程机械行业产生了颠覆性的影响，打破了国外企业的全球垄断。目前，徐工集团拥有有效授权专利920项，其中授权发明专利27项，100多项产品为国产首台（套）产品。

同时，徐工集团建立了覆盖全球的营销网络，国外有100多家徐工代理商为全球用户提供全方位的营销服务，徐工产品已销售到世界147个国家和地区，2011年实现出口10.86亿美元，连续23年保持国内同行业出口额首位。目前，徐工集团9类主机和3类关键基础零部件的市场占有率居国内首位；5类主机出口量和出口总额持续位居国内行业首位；汽车起重机、大吨位压路机销量居全球首位。

徐工集团秉承“担大任、行大道、成大器”的核心价值观和“严格、踏实、上进、创新”的企业精神，先后获得中国工业大奖表彰奖、全国五一劳动奖状、全国机械行业文明单位等荣誉；公司党委被中共中央组织部评为全国先进基层党组织。徐工集团已为抗震救灾、建设徐工希望小学等各类社会公益事业捐款6 200万元，捐衣物16万余件，被国家民政部授予中华慈善奖，被中共中央、国务院、中央军委授予全国抗震救灾英雄集体称号。

徐工集团的企业愿景是成为一个全球著名的、极具国际竞争力、让国人为之骄傲的世界顶级企业。徐工集团的战略目标是，到2015年实现营业收入超3 000亿元，跻身世界工程机械行业前3强，进入世界500强企业。

（2）国际化战略

走向世界，实现国际化，是徐工集团坚定不移的发展目标，合理、有效地利用外资，对加快徐工集团的国际化进程具有巨大的推动作用。徐工集团先后同德国蒂森克虏伯、美国阿文美驰、韩国斗山等国际一流的跨国公司建立了多家中外合资企业，与这些知名跨国公司进行合资、合作，不仅提高了徐工集团的产品档次，也大大提升了公司的专业化水平和国际地位。在引进合作伙伴的同时，公司不断加快全球化、国际化经营布局，积极探索和深入分析新形势下国际化并购业务的开展，以进一步拓展国际化发展之路，向极具国际竞争力的世界级企业目标迈进。

随着徐工集团“十二五”期间国际化战略的实施，到2015年公司的国际化指数将大幅提升，为徐工集团3 000亿的目标提供支撑，帮助徐工集团实现世界工程机械前3强的目标。

徐工集团为了实现其国际化战略，将在新兴国家进行战略布局。以巴西、南非、印度、俄罗斯为代表的新兴国家是未来世界工程机械的主战场，通过绿地建厂、合资合作等方式完善其在新兴国家的布局，对于徐工的国际化具有长远的战略意义。

作为我国出口量与出口额最大的工程机械企业，徐工集团正不断强化国际化战略的实施，加强国际市场的开拓力度，使产品出口持续保持高速增长的势头。同时，徐工集团还将在全球进行营销、服务备件体系的建设，并建立健全代理商和营销服务备件的网络。

近年来，徐工集团通过增加国外经销商、建设国外备件中心、加速国外建厂、收购国外研发机构和合资并购海外知名企业等一系列战略举措，加速了国际扩张的步伐。伴随着国际化战略的逐步实施，徐工集团海外业务正迅速发展。“徐工”品牌的影响力、认知度和美誉度在国际市场上得到大幅提升。